广东专插本应试宝典

管理学

华南理工大学出版社科教中心
启航教育普通专升本考试研究中心　编

王迎波　郑镇文　执行主编

华南理工大学出版社
SOUTH CHINA UNIVERSITY OF TECHNOLOGY PRESS
·广州·

图书在版编目（CIP）数据

广东专插本应试宝典 . 管理学 / 华南理工大学出版社科教中心，启航教育普通专升本考试研究中心编 . —广州：华南理工大学出版社，2022.4

ISBN 978-7-5623-7011-6

Ⅰ . ①广…　Ⅱ . ①华…　②启…　Ⅲ . ①管理学 – 成人高等教育 – 升学参考资料　Ⅳ . ① G724.4

中国版本图书馆 CIP 数据核字（2022）第 046051 号

Guangdong Zhuanchaben Yingshi Baodian · Guanlixue

广东专插本应试宝典 · 管理学

华南理工大学出版社科教中心　启航教育普通专升本考试研究中心　编

出 版 人：柯　宁

出版发行：华南理工大学出版社

（广州五山华南理工大学 17 号楼，邮编 510640）

http://hg.cb.scut.edu.cn　E-mail: scutc13@scut.edu.cn

营销部电话：020-87113487　87111048（传真）

策划编辑：林起提

责任编辑：肖妮延　林起提

责任校对：王洪霞

印 刷 者：佛山家联印刷有限公司

开　　本：889mm × 1194mm　1/16　**印张：**14.25　**字数：**368 千

版　　次：2022 年 4 月第 1 版　2022 年 4 月第 1 次印刷

定　　价：46.80 元

前言 Hi

从古至今，有人的地方就有管理。随着人类社会进入21世纪，社会飞速发展，出现了更多的新兴产业、更复杂的人际关系、更多样化的管理诉求。高素质的管理人才已经成为各行各业、各个组织乃至各个国家的战略性资源。

为助力广大考生成功考入本科院校继续深造，本书编者对广东省普通专升本管理学的考试内容和形式都进行了专业的研究。编写时，结合考试实际，更加突出重点，可以让考生对考试重点一目了然。本书在每一章的开头，都设置了思维导图，可以让考生在学习每章内容前，先对要学习的内容进行了解，知道自己将要学什么。在每节内容的开头，都设置了关于本节内容的课前思考，让考生带着问题去学习，这些问题弄懂了，对应的内容也就掌握了。在内容上，采用大量的图表对相似知识点、易混淆知识点、有内在逻辑联系的知识点进行归纳总结，这样既浓缩了重点，又从形式上更有助于考生理解记忆。

通过以上科学、用心的设计，整本书重点清晰明了，知识点间逻辑关系通畅，相似、相对知识点归纳总结明确，可使考生在使用本书学习时能事半功倍，大大提升学习效率，用更少的时间和精力，拿到更高的分数，还可以加强其对管理学知识的掌握，从而在一众考生中脱颖而出，顺利进入高校深造。

相信在未来，我们将会助力更多更高层次的管理类人才，使之在更广阔的领域中得到发展，在更发达的社会中实现自己的价值。

本书由武汉大学社会保障研究中心王迎波和暨南大学郑镇文共同撰写。具体撰写分工如下：王迎波撰写第一章到第九章（共计 20 万字）；郑镇文撰写第十章至第十八章（共计 16 万字）。全书最后由王迎波审校、统稿。

由于作者水平有限，书中难免有疏漏和不妥之处，敬请广大读者批评指正。

编者

目录

CONTENTS

第一篇 总 论

第二篇 决策与计划

第三篇 组 织

第六篇 创　新

第一篇 ➡ 总论

第一章 ➡ 管理活动与管理理论

思维导图

- 管理活动与管理理论
  - ★★管理活动
    - 管理的定义
    - 管理的职能
    - 管理学的研究对象（蔡茂生）
    - 管理学的特性（蔡茂生）
    - 管理二重性（蔡茂生）
    - 管理既是一门科学，又是一种艺术（蔡茂生）
    - 管理的角色（明茨伯格）
      - 人际角色
      - 信息角色
      - 决策角色
    - 管理的技能（罗伯特·卡茨）
      - 技术技能
      - 人际技能
      - 概念技能
  - ★中外早期管理思想
    - 中国早期管理思想
    - 外国早期管理思想
  - ★★★管理理论的形成与发展
    - 古典管理理论
      - 科学管理理论
      - 组织管理理论
    - 行为管理理论
      - 霍桑实验（梅奥）
      - 行为科学
    - 数量管理理论
      - 运筹学
      - 系统分析
      - 决策科学化
    - 系统管理理论
    - 权变管理理论
    - 全面质量管理理论
    - 20世纪90年代新发展理论（4个）

第一节 管理活动

课前思考

1. 何谓管理？如何理解管理的具体定义？
2. 组织中的管理通常包括哪些职能活动？
3. 根据明茨伯格的研究，管理者应扮演哪些角色？
4. 根据卡茨的研究，管理者应具备哪些基本技能？

考点精讲

一、管理的定义

何谓管理？由于研究者们研究的角度和强调的重点不同，定义也有所不同。下面我们援引有代表性的中外管理学教科书对管理所下的定义（见表 1–1–1），据此给出本书的定义。

表1–1–1 中外管理学教科书对管理所下的定义

中外学者	管理的定义
罗宾斯和库尔塔	管理这一术语是指和其他人一起并且通过其他人来有效地完成工作的过程
刘易斯	管理是指有效支配和协调资源，并努力实现组织目标的过程
普伦基特和阿特纳	一个或多个管理者单独或集体通过行使相关职能（计划、组织、人员配备、领导和控制）和利用各种资源（信息、原材料、货币和人员）来制定并实现目标的活动
徐国华	通过计划、组织、控制、激励和领导等环节来协调人力、物力和财力资源，以期更好地达成组织目标的过程
杨文士和张雁	组织中的管理者通过实施计划、组织、人员配备、指导与领导、控制等职能来协调他人的活动，使他人同自己一起实现既定目标的活动过程
法约尔	管理就是实行计划、组织、指挥、协调和控制
唐纳利	管理就是由一个或者更多的人来协调他人的活动，以便收到个人单独活动所不能收到的效果而进行的活动
孔茨	管理就是设计和保持一种良好环境，使人在群体里高效率地完成既定目标
罗宾斯	将管理定义为一个协调工作活动的过程，以便能够有效率和有效果地同别人一起或通过别人实现组织的目标
蔡茂生	管理就是通过计划、组织、领导和控制等职能，协调组织成员的活动并合理运用各种资源，以有效果和高效率地实现组织的目标的活动过程

综合上述定义，本书对管理的定义是：

管理是指组织为了达到个人无法实现的目标，通过各项职能活动，合理分配、协调相关资源的过程。

对这一定义可做进一步解释，如表 1–1–2 所示。

表1–1–2 管理的进一步解释

名称	要点
管理的载体	组织。组织包括企事业单位、国家机关、政治党派、社会团体以及宗教组织等
管理的本质	合理分配和协调各种资源的过程。所谓“合理”，是从管理者的角度来看的，因而有局限性和相对的合理性

续表

名称	要点
管理的对象	相关资源，即包括人力资源在内的一切可以调用的资源
管理的职能活动	包括信息、决策、计划、组织、领导、控制和创新
管理的目的	为了实现既定的目标，而该目标仅凭单个人的力量是无法实现的，这也是建立组织的原因

二、管理的职能（见表 1–1–3）

表1–1–3 管理的职能

人物	观点
法约尔	在其著作《工业管理与一般管理》中写道，所有管理者都行使着五种管理职能：计划、组织、指挥、协调和控制
孔茨和奥唐内尔	在教科书中，把管理的职能划分为以下五种：计划、组织、人员配备、指导和控制
周三多	管理职能有五种：决策与计划、组织、领导、控制和创新（即本书讲述的）

管理的各种职能不是孤立的，它们的相互关系可以通过图 1–1–1 看出。

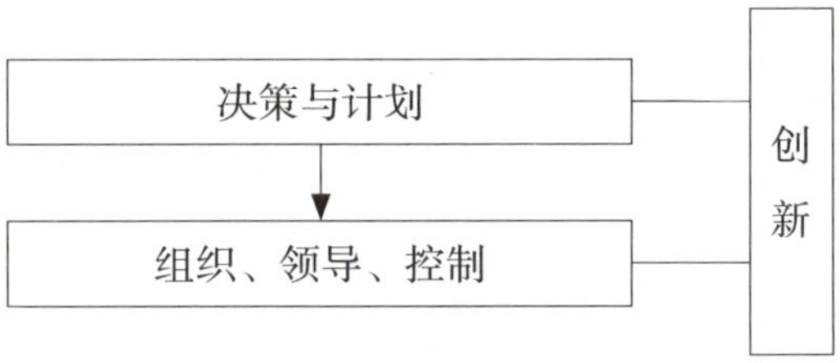

图1–1–1 各种管理职能间的相互关系

对图 1–1–1 可作如下理解：①决策是计划的前提，计划是决策的逻辑延续。管理者在行使其他管理职能的过程中总会面临决策和计划的问题，决策和计划是其他管理职能的依据。②组织、领导和控制旨在保证决策的顺利实施。③创新贯穿于各种管理职能和各个组织层次之中。

三、管理学的研究对象（蔡茂生）

管理学是研究管理活动的一般规律的科学。

人类的管理活动总是跟一定的社会组织相联系。任何社会组织都需要管理，都存在着管理活动，因此，有多少类别的组织，就会有多少不同组织门类的管理，如企业管理、行政管理、学校管理、医院管理、军队管理、科研管理等。由此也形成了解决这些不同组织管理的特殊问题的部门管理学，如企业管理学、行政管理学、学校管理学、医院管理学、军队管理学、科研管理学等。

这些不同的社会组织、不同的业务领域的管理都有其特殊性，即特殊规律，也有其共同性，即一般规律。揭示不同组织、不同业务领域管理的特殊规律是各部门、各专门业务领域管理学的任务。管理学研究的是各种社会组织中管理的共性，即一般规律。也就是说，管理学所揭示的管理原理、原则和方法，对不同社会组织、不同业务领域的管理活动都具有普遍的指导意义。

四、管理学的特性（蔡茂生）（见表 1–1–4）

表1–1–4 管理学的特性

特性	定义
综合性或多样性	管理学综合多种学科的理论成果，建立起自己的知识体系
一般性或不精准性	管理学不像数学那样精确，但这种不精确并不会降低管理理论的指导作用。管理理论揭示了管理过程中各种因素、环节之间的关系，即管理活动的一般性规律，也是各种分支管理学的共同的基础理论
实用性或实践性	管理学是一门对实践有指导意义的实用性学科
历史性	管理学是对前人管理实践和经验、管理思想和理论的总结、扬弃和发展

五、管理二重性（蔡茂生）

管理的二重性有以下几个要点：

（1）管理的二重性是指与生产力相联系的自然属性和与生产关系相联系的社会属性。

（2）管理的自然属性是指管理跟有效组织社会生产力相关的属性。

任何社会的生产活动，只要是两个或两个以上的人的共同劳动，都需要协调，也就是马克思所说的“指挥劳动”，这是共同劳动得以进行的必要条件，同时也是合理组织生产活动、提高生产力水平的客观要求。这不会由于社会制度和社会背景的不同而有所改变。管理这种同生产力相联系的一面，属于合理组织生产力的范畴，体现了劳动过程的一般要求的属性，称为管理的自然属性。

（3）管理的社会属性是指管理与生产关系、上层建筑相联系的属性。

任何生产活动都是在一定的生产关系下进行的，任何管理都具有执行或维护一定生产关系，实现一定社会目的的功能，都受到当时、当地的社会、经济、政治制度和文化背景的影响。管理的这种性质称为管理的社会属性。

（4）管理的二重属性是相互联系、相互制约的。

六、管理既是一门科学，又是一种艺术（蔡茂生）

（一）科学性

管理是有一定规律可循的，这些规律具有客观性。人们经过长期的探索和经验总结，形成了关于管理的一般规律的科学知识体系，即管理学。管理学为我们提供了做好管理工作的指导性理论、原则、方法和技术，可见管理是一门科学。

（二）艺术性

管理者一旦掌握了管理的科学理论、方法和技术，再加上深入实际，结合实践经验，就很可能找到切实可行的、解决具体管理问题的方法，收到较好的效果，可见管理是一种艺术。

（三）统一性

在管理中，科学性与艺术性相辅相成。

七、管理者的角色与技能

（一）管理者的角色

亨利·明茨伯格研究发现管理者扮演着十种角色，这十种角色可被归入三大类：人际角色、信息角色和决策角色（见图 1–1–2）。

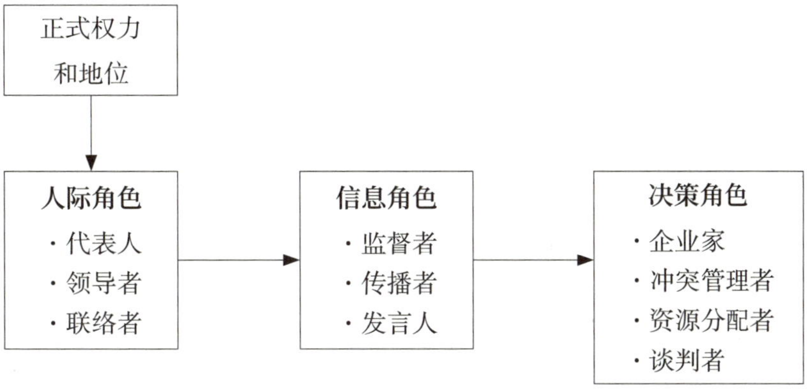

图1–1–2 管理者的角色

1. 人际角色

人际角色是指管理者在处理与组织成员和其他利益相关者的关系时所担当的角色，它归因于管理者的正式权力。

2. 信息角色

信息角色是指管理者在获取、处理和传递信息中所担当的角色。在信息角色中，管理者负责确保和其一起工作的人能够得到足够的信息。管理职责的性质决定了管理者既是其所在单位的信息传递中心，也是别的单位的信息传递渠道。

3. 决策角色

决策角色是指管理者在谋划组织的发展、应付突发事件、排除障碍和合理运用资源等问题上作出决定并付诸实施时所担当的角色。在决策角色中，管理者处理信息并得出结论。管理者负责作出决策，并分配资源以保证决策方案的实施。

管理者的角色和职责如表 1–1–5 所示。

表1–1–5 管理者的角色和职责

角色		职责
人际角色	代表人（挂名首脑）	作为所在单位的领导，管理者必须履行一些具有礼仪性质的职责。例如管理者有时必须参加社会活动，如出席社区的集会或宴请重要客户、接见前来访问的贵宾或出面接待重要的客户等
	领导者	由于管理者直接对所在单位的成败负责，因此他们必须在单位内扮演领导者角色。这时，管理者和员工一起工作并通过员工的努力来确保目标的实现
	联络者	管理者在组织内部，要与下属和上级经常联系，还要与外界建立良好的关系，充当联络者的角色。管理者通过正式和非正式的各种渠道建立和维持与外界的联系，目的是为了获取信息、交流信息，以便正确地决策

续表

角色		职责
信息角色	监督者（监听者）	监督的目的是获取信息。管理者可通过各种方式获取一些有用的信息，如通过密切关注组织自身状况以及外部环境的变化、接触下属、利用个人关系网等方式来获取信息。这些信息有助于管理者识别潜在的机会和威胁
	传播者	管理者把监督获取的大量信息分配出去，传递给有关员工。管理者有时也因特殊目的而隐藏特定的信息
	发言人	管理者必须把信息传递给外界，例如必须向董事和股东说明组织的财务状况和战略方向，必须向消费者保证组织在切实履行社会义务，以及必须让政府官员对组织遵守法律的良好表现感到满意
决策角色	企业家	作为企业家，管理者对发现的机会进行投资，如开发新产品、提供新服务或发明新工艺等
	冲突管理者（故障排除者）	一个组织不管被管理得多么好，它在运行的过程中总会遇到冲突或问题。管理者必须善于处理冲突和解决问题，如平息客户的怒气、同不合作的供应商进行谈判或者调解员工之间的争端等
	资源分配者	管理是合理运用有限资源，使各种资源充分发挥其作用，从而创造出最佳效果的过程。因此，对资源进行合理的分配就成为管理者的重要职责。资源的分配，不限于物力和财力资源，还有时间的合理安排，人员的配备，信息的获取、处理和运用等，也属于管理者必须做出合理分配的重要资源
	谈判者	管理者把大量的时间花在谈判上，谈判对象包括员工、供应商、客户和其他组织。无论是何种类型的组织，其管理者为确保组织目标的实现都必然要进行谈判工作

（二）管理者的技能

根据罗伯特·卡茨的研究，管理者要具备三类技能。不同技能对于各种层次的管理的重要性可以用图 1-1-3 来表示，各技能的定义如表 1-1-6 所示。

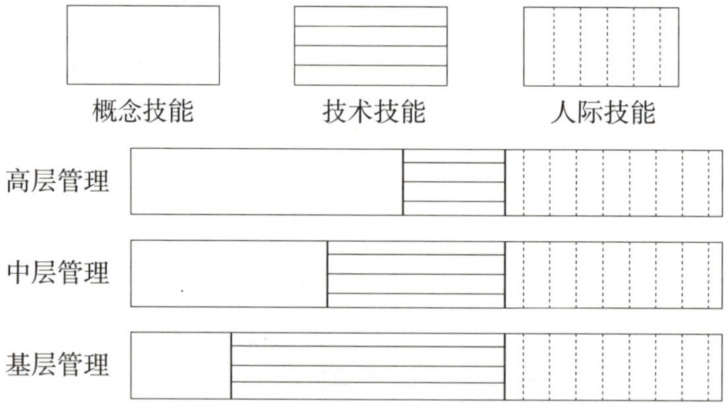

图1-1-3　各种层次管理所需要的管理技能比例

表1-1-6　管理者三种技能的定义

技能	定义
技术技能	管理者掌握和熟悉特定专业领域的过程、惯例、技术和工具的能力。如监督会计人员的管理者必须懂会计业务。技术技能对于各层管理者都需要，但对基层管理者最重要
人际技能	成功地与别人打交道并与别人沟通的能力。管理者的人际技能包括对下属的领导能力和处理各种关系的能力。人际技能对于各层管理者的重要性大体相同
概念技能	产生新想法并加以处理，以及将关系抽象化的思维能力。具有概念技能的管理者往往把组织视作一个整体，并且了解组织各个部分的相互关系。概念技能对于高层管理者最重要，对于中层管理者较重要，对于基层管理者较不重要

第二节 中外早期管理思想

课前思考

1. 中国早期出现了哪些管理思想？
2. 外国早期的管理思想有哪些？
3. 有哪几种人性假设？

考点精讲

一、中国早期管理思想（见表 1-2-1）

表1-2-1 中国早期管理思想

时代	代表人物及其著作、思想
春秋战国时代	《周礼》对封建国家的管理体制进行了理想化的设计，内容涉及政治、经济、财政、教育、军事、司法和工程等方面。该书对封建国家的经济管理的论述和设计都达到了相当高的水平
	孙膑运用运筹学和对策论的思想，帮助田忌在赛马中胜了齐王
	以孔子为代表的倡导“内圣外王”、追求中庸之道的儒家思想
	以老子为代表的追求“无为而治”的道家思想
	以韩非子为代表的追求“法治天下”的法家思想
	以孙武为代表的追求“兵法经营”的兵家思想；孙武著有《孙子兵法》，主张“知彼知己，百战不殆”
其他	（1）中国古代管理思想在许多著作中都有体现，如《墨子》《老子》《管子》《齐民要术》《天工开物》等； （2）中国古代许多宏大的建筑工程的管理实践也提供了丰富的管理思想和方法，如举世闻名的万里长城和都江堰等

二、外国早期管理思想（见表 1-2-2）

表1-2-2 外国早期管理思想

人物 / 事件	观点	具体内容
亚当·斯密	劳动分工和经济人	斯密认为分工是增进劳动生产力的重要因素，原因是：①分工可以使劳动者提高熟练程度、增进技能；②分工可以减少劳动者的工作转换，节约时间；③分工可以使劳动简化，有利于发现便捷的工作方法，促进工具的改良和机器的发明
小瓦特和博尔顿	科学管理制度	小瓦特和博尔顿分别是蒸汽机发明者瓦特和其合作者马修·博尔顿的儿子。他们建立起许多管理制度，如：①在生产管理和销售方面，根据生产流程的要求，配置机器设备，编制生产计划，制定生产作业标准，实行零部件生产标准化，研究市场动态，进行预测；②在成本管理方面，建立起详细的记录和先进的监督制度；③在人事管理方面，制定工人和管理人员的培训和发展规划；④进行工作研究，并按工作研究结果确定工资的支付办法；⑤实行由职工选举的委员会来管理医疗费制度等福利制度

续表

人物/事件	观点	具体内容
马萨诸塞车祸	所有权和管理权的分离	1841年10月5日，在美国马萨诸塞至纽约的西部铁路上，两列火车迎头相撞，造成近20人伤亡。事故发生后，舆论哗然，对铁路公司老板低劣的管理工作进行了严厉的抨击。为了平息公众的怒气，在马萨诸塞州议会的推动下，这个铁路公司不得不进行管理改革。老板交出了企业的管理权，只拿红利，企业另聘具有管理才能的人员担任企业领导。这是历史上第一次在企业管理中实行所有权和管理权分离。这种分离对管理有重要的意义：①独立的管理职能和专业的管理人员正式得到承认，管理不仅是一种活动，还成为一种职业；②随着所有权和管理权的分离，横向的管理分工开始出现，这不仅提高了管理效率，也为企业组织形式的进一步发展奠定了基础；③具有管理才能的雇佣人员掌握了管理权，直接为科学管理理论的产生创造了条件
欧文	人事管理	罗伯特·欧文是19世纪初英国著名的空想社会主义者。他曾在其经营的一家大纺织厂中做过试验。试验主要是针对当时在工厂制度下工人劳动条件和生活水平都相当低下这一情况而进行的。试验主要包括改善工作条件、缩短工作日、提高工资、改善生活条件、发放抚恤金等。试验的目的是探索对工人和工厂所有者双方都有利的方法和制度。欧文开创了在企业中重视人的地位和作用的先河，有人因此称他为“人事管理之父”
巴贝奇	作业研究和报酬制度	查尔斯·巴贝奇是英国著名的数学家和机械学家。他对管理的贡献主要有以下两方面： （1）对工作方法的研究。他认为，一个体质较弱的人如果所使用的铲的形状、重量、大小等方面都比较适宜，那么他的工作效率可能胜过体质较强的人。因此，要提高工作效率，必须仔细研究工作方法； （2）对报酬制度的研究。他主张按照对生产率贡献的大小来确定工人的报酬。工人的收入应由三部分组成：①按照工作性质所确定的固定工资；②按照对生产率所做出的贡献分得的利润；③为增进生产率提出建议而应得的奖金
亨利·汤	收益分享制度	亨利·汤是当时美国耶尔制造公司的总经理。他在1889年发表的《收益分享》一文中，提出采取收益分享制度才能克服由利润分享制度带来的不公平。收益分享，实质上是按某一部门的业绩来支付该部门职工的报酬。这样就可避免某一部门业绩好而另一部门业绩差时，实行利润分享制度使前者受损这一不合理现象。他提出的具体办法是：①每个职工享有一种“保证工资”；②每个部门按科学方法制定工作标准，并确定生产成本，该部门超过定额时，由该部门职工和管理阶层各得一半；③定额应在3～5年内维持不变，以免降低工资
哈尔西	奖金方案	1891年，哈尔西向美国机械工程学会提交一篇题为《劳动报酬的奖金方案》的论文。论文指出了当时普遍使用的三种报酬制度的弊端：计时制对员工积极性的发挥无激励作用；计件制常因雇主降低工资而扼杀工人提高产量的积极性；利润分享导致部门间良莠不分，有失公允。他认为，亨利·汤的收益分享虽有改进，但在同一部门中，不公平问题依然存在。因而，他提出了自己的奖金方案。该方案是按每个工人来设计的：①给予每个工人每天的“保证工资”；②以该工人过去的业绩为基准，超额者发放约为正常工资1/3的奖金。哈尔西认为他所提出的制度，与当时其他所见的工资制度相比有许多优点：比如不管工人业绩如何，均可获得一定数额的计日工资。工人增加生产，就可得到奖金，从而消除了因刺激工资而引起的常见的劳资纠纷。工人奖金仅为超出部分的1/3，即使工人增产1倍也不致太高，雇主从中获益2/3，因而就不会总想削减工资。以工人过去的业绩为基准，旨在鼓励工人比过去进步。工人所要超越的是他本人过去的业绩，而不是根据动作和时间研究制定出来的标准

【知识拓展】四种人性假设观点如表 1-2-3 所示。

表1-2-3 四种人性假设观点

人性假设	观点	与之有关的理论
经济人	认为人的行为动机根源于经济诱因，人都要争取最大的经济利益，工作就是为了取得经济报酬	亚当·斯密的经济人观点、古典管理理论和古典决策理论
社会人	认为人具有社会性的需求，人与人之间的关系和组织的归属感比经济报酬更能激励人的行为	梅奥领导的霍桑实验
自我实现人	自我实现指的是人都需要发挥自己的潜力、表现自己的才能，只有人的潜力充分发挥出来，人的才能才充分表现出来，人才会感到最大的满意	彼得·德鲁克的目标管理法和马斯洛的需要层次理论
复杂人	随着人的发展与生活条件的变化，人们会因人、因事、因时的不断变化产生多种需要；各种需要互相结合，形成了动机和行为的多样性，掺杂着善与恶的混合	麦格雷戈的XY理论

第三节 管理理论的形成与发展

课前思考

1. 管理理论经历了怎样的发展?
2. 古典管理理论的代表人物及其贡献有哪些?
3. 有哪些管理理论是在 20 世纪 90 年代新发展的?

考点精讲

在人类历史上，自从有了有组织的活动，就有了管理活动。管理活动的出现促使一些人对这种活动加以研究和探索。经过长期的积累和总结，人们对管理活动有了初步的认识和见解，从而开始形成一些朴素、零散的管理思想。随着社会的发展、科学技术的进步，人们又对管理思想加以提炼和概括，找出其中带有规律性的东西，并将其作为假设，在管理活动中进行检验，继而对检验结果加以分析研究，从中找出属于管理活动普遍原理的东西。这些原理经过抽象和综合就形成了管理理论。这些理论又被应用于管理活动，指导管理活动的进行，同时对这些理论进行实践检验。这就是管理理论的形成过程。从中我们可以看出管理活动（或管理实践）、管理思想和管理理论这三者之间的关系：管理活动是管理思想的根基，管理思想来自管理活动中的经验；管理思想是管理理论的基础，管理理论是管理思想的提炼、概括和升华，是比较成熟、系统化程度较高的管理思想，但并非所有管理思想都是管理理论；管理理论对管理活动有指导意义，同时又要接受管理活动的检验。

中国早期管理思想虽然博大精深，但管理理论的系统形成却出现于西方。本节主要介绍西方管理理论的产生和发展过程。按照出现的先后顺序，依次是古典管理理论、行为管理理论、数量管理理论、系统管理理论、权变管理理论和全面质量管理理论。

一、古典管理理论

古典管理理论形成于 19 世纪末和 20 世纪初的美欧，它主要分为科学管理理论和组织管理理论。

（一）科学管理理论

科学管理理论着重研究如何提高单个工人的生产率。其代表人物主要有泰罗、吉尔布雷斯夫妇以及甘特等。其代表人物及主要贡献如表 1–3–1 所示。

表1–3–1 科学管理理论的代表人物及其主要贡献

代表人物	贡献
泰罗（被称为“科学管理之父”）	（1）工作定额。要制定出有科学依据的工人的“合理的日工作量”，就必须进行时间和动作研究；泰罗在伯利恒钢铁公司进行了有名的搬运生铁块试验。 （2）标准化。要使工人掌握标准化的操作方法，使用标准化的工具、机器和材料，并使作业环境标准化；泰罗在伯利恒钢铁公司做过有名的铁锹试验。 （3）能力与工作相适应。要根据人的能力把他们分配到相应的工作岗位上，鼓励他们努力工作，并进行培训，教会他们科学的工作方法，使他们成为第一流的工人。 （4）差别计件工资制。其内容包括：①通过时间和动作研究来制定有科学依据的工作定额。②实行差别计件工资制来鼓励工人完成或超额完成工作定额。所谓“差别计件工资制”，是指计件工资率随完成定额的程度而上下浮动。③工资支付的对象是工人而不是职位，即根据工人的实际工作表现而不是根据工作类别来支付工资。 （5）计划职能与执行职能相分离。泰罗认为应该用科学的工作方法取代经验工作方法。由专门的计划部门承担计划职能，由所有的工人和部分工长承担执行职能。计划部门的具体工作包括：①进行时间和动作研究。②制定科学的工作定额和标准化的操作方法，选用标准化的工具。③拟订计划，发布指示和命令。④对照标准，对实际的执行情况进行控制等
吉尔布雷斯夫妇	吉尔布雷斯夫妇在动作研究和工作简化方面做出了突出贡献。起初弗兰克·吉尔布雷斯在建筑行业中研究用哪种姿势砌砖省力、舒适、有效率，他们通过试验得出一套标准的砌砖方法，这套方法使砌砖的效率提高200%以上。后来吉尔布雷斯夫妇又在其他行业中进行动作研究，并把工人操作时手的动作分解为17种基本动作。他们的研究步骤是：①通过拍摄相片来记录工人的操作动作。②分析哪些动作是合理的、应该保留的，哪些动作是多余的、可以省掉的，哪些动作需要加快速度，哪些动作应该改变次序。③制定标准的操作程序。与泰罗相比，吉尔布雷斯夫妇的动作研究更加细致、广泛
甘特	甘特最重要的贡献是他创造的“甘特图”，这是一种用线条表示的计划图。这种图现在常被用来编制进度计划。甘特的另一贡献是提出了“计件奖励工资制”，即对于超额完成定额的工人，除了支付给他日工资，超额部分还以计件方式发给他奖金；对于完不成定额的工人，工厂只支付给他日工资。这种制度优于泰罗的“差别计件工资制”，因为这种工资制可使工人感到收入有保证，劳动积极性因而提高。这说明，工资收入有保证也是一种工作动力

（二）组织管理理论

组织管理理论着重研究管理职能和整个组织结构。其代表人物主要有亨利·法约尔、马克斯·韦伯和切斯特·巴纳德等，其代表人物及主要贡献如表 1–3–2 所示。

表1-3-2 组织管理理论的代表人物及其主要贡献

代表人物	主要贡献
法约尔（被称为“一般管理之父”）	（1）法约尔在其著作《工业管理与一般管理》中提出管理的五种职能、企业的六种基本活动、一般管理（或组织管理）的十四条原则（5、6、14）。 （2）管理的五种职能：计划、组织、指挥、协调和控制。 （3）企业的六种基本活动：技术活动、商业活动、财务活动、安全活动、会计活动、管理活动（管理是六种活动中的一种）。 ①技术活动，指生产、制造和加工；②商业活动，指采购、销售和交换；③财务活动，指资金的筹措、运用和控制；④安全活动，指设备的维护和人员的保护；⑤会计活动，指货物盘点、成本统计和核算；⑥管理活动，指计划、组织、指挥、协调和控制。 （4）管理的十四条原则：分工、权力与责任、纪律、统一指挥、统一领导、个人利益服从集体利益、报酬合理、集权与分权、等级链与跳板、秩序、公平、人员稳定、首创精神、集体精神
韦伯（被称为“组织管理之父”）	（1）提出了“理想的行政组织体系”理论。韦伯认为等级、权威和行政制是一切社会组织的基础。 （2）他认为权威有三种类型：个人崇拜式权威、传统式权威和理性—合法的权威。其中，个人崇拜式权威的基础是“对个人的明确而特殊的尊严、英雄主义或典范的品格的信仰……”；传统式权威的基础是先例和惯例；理性—合法的权威的基础是“法律”或“处于掌权地位的那些人……发布命令的权利”。韦伯认为，在三种权威中，只有理性—合法的权威才是理想组织形式的基础。 （3）韦伯的“理想的行政组织体系”或理想组织形式具有以下特点：①存在明确的分工；②按等级原则对各种公职或职位进行法定安排，形成一个自上而下的指挥链或等级体系；③根据经过正式考试或教育培训而获得的技术资格来选拔员工；④除个别需要通过选举产生的公职以外，所有担任公职的人都是任命的；⑤行政管理人员是专职的管理人员，领取固定的薪金，有明文规定的升迁制度；⑥行政管理人员不是其管辖的企业的所有者，只是其中的工作人员；⑦行政管理人员必须严格遵守组织中的规则、纪律和办事程序；⑧组织中成员之间的关系以理性准则为指导，不受个人情感的影响。组织与外界的关系也是这样
巴纳德	（1）巴纳德对管理理论的贡献主要体现在《经理人员的职能》一书中。 （2）巴纳德认为，组织是两人或更多人经过有意识地协调而形成的系统。他认为在组织中，经理人员是最为重要的因素，经理人员的职能主要有：①建立并维护一个信息系统；②使组织中每个人都能做出贡献；③明确组织的目标。 （3）巴纳德把组织分为正式组织和非正式组织。对正式组织来说，不论级别高低和规模大小，其存在和发展都必须具备三个条件：①明确的目标；②协作的意愿；③良好的沟通。在正式组织中还存在着一种因为工作上的联系而形成的有一定看法、习惯和准则的无形组织，即非正式组织。巴纳德的这一理论为后来的社会系统学派奠定了理论基础

二、行为管理理论

行为管理理论形成于20世纪20年代，早期被称为人际关系学说，后来发展为行为科学，即组织行为理论。

（一）梅奥及其领导的霍桑试验

梅奥是一位心理学家和管理学家，他领导了1924—1932年在芝加哥西方电气公司霍桑工厂进行的一系列试验（即霍桑试验）中后期的重要工作。该试验的四阶段及研究发现如表1-3-3所示。

表1-3-3 霍桑试验的四阶段及研究发现

阶段	名称	研究内容及其发现
一	工作场所照明试验（1924—1927年）	研究发现：照明强度的变化对生产率几乎没有影响。这说明：①工作场所的照明只是影响工人生产率的微不足道的因素；②由于牵涉因素较多，难以控制，且其中任何一个因素都可能影响试验的结果，所以照明对产量的影响无法准确衡量
二	继电器装配室试验（1927—1928年）	梅奥加入了试验。研究发现：监督和指导方式的改善能促使工人改变工作态度并增加产量，于是决定进一步研究工人的工作态度和可能影响工人工作态度的其他因素成为霍桑试验的一个转折点
三	大规模访谈（1928—1931年）	研究发现：影响生产力的最重要因素是工作中发展起来的人际关系，而不是待遇和工作环境。每个工人的工作效率不仅取决于他们自身的情况，还与其所在小组中的同事有关。任何一个人的工作效率都要受同事们的影响
四	接线板接线工作室试验（1931—1932年）	研究发现：①大部分成员都自行限制产量；②工人对不同级别的上级持不同态度；③成员中存在小派系。工作室里存在派系，每个派系都有自己的行为规范。谁要加入这个派系，就必须遵守这些规范。派系中的成员如果违反这些规范，就要受到惩罚

梅奥对其领导的霍桑试验进行了总结，写成了《工业文明中人的问题》一书。在书中，梅奥阐述了与古典管理理论不同的观点——人际关系学说，该学说主要有以下内容：

（1）人是社会人，而不是经济人。科学管理学派认为金钱是刺激人们工作积极性的唯一动力，把人看作经济人。梅奥认为，工人是社会人，除了物质需求外，还有社会、心理等方面的需求，因此不能忽视社会和心理因素对工人工作积极性的影响。

（2）企业中存在着非正式组织。企业成员在共同工作的过程中，相互间必然产生共同的感情、态度和倾向，形成共同的行为准则和惯例。这就构成一个体系，称为“非正式组织”。非正式组织以它独特的感情、规范和倾向，左右着其成员的行为。古典管理理论仅注重正式组织的作用是有欠缺的。非正式组织不仅存在，而且与正式组织相互依存，对生产率有重大影响。

（3）生产率主要取决于工人的工作态度以及他和周围人的关系。梅奥认为提高生产率的主要途径是提高工人的满足度，即工人对社会因素，特别是人际关系的满足程度。如果满足度高，工作的积极性、主动性和协作精神就高，生产率就高。

（二）行为科学

定义：应用现代科学知识来研究人类行为的一般理论。

内容：包括马斯洛的需要层次论、麦格雷戈的XY理论、麦克利兰的成就需要论、赫茨伯格的双因素理论、弗鲁姆的期望理论等。（有关理论的介绍详见第十二章激励）

三、数量管理理论

数量管理理论产生于第二次世界大战期间。它以现代自然科学和技术科学的成果（如先进的数学方法、电子计算机技术、系统论、信息论和控制论等）为手段，运用数学模型对管理领域中的人、财、物和信息资源进行系统的定量分析，并做出最优规划和决策。

数量管理理论的主要内容如表1-3-4所示。

表1-3-4 数量管理理论的主要内容

主要内容	具体要点
运筹学	运筹学是数量管理理论的基础。运筹学是一种分析的、实验的和定量的方法，专门研究在既定的物质条件下，为达到一定目的，如何最经济、最有效地使用人、财和物等资源
系统分析	“系统分析”这一概念由美国兰德公司于1949年提出。其特点是：解决管理问题要从全局出发进行分析和研究，以制定出正确的决策。系统分析一般包括以下步骤：①确定系统的最终目标，同时明确每个特定阶段的目标和任务；②必须把研究对象视作一个整体、一个统一的系统，然后确定每个局部要解决的任务，研究它们之间以及它们与总体目标之间的相互关系和相互影响；③寻求完成总体目标及各个局部任务的可供选择的方案；④对可供选择的方案进行分析和比较，选出最优方案；⑤实施组织所选方案
决策科学化	决策科学化是指决策要以充足的事实为依据，按照事物的内在联系对大量的资料和数据进行分析和计算，遵循科学的程序，进行严密的逻辑推理，从而做出正确决策。电子计算机、管理信息系统、DSS（决策支持系统）、ERP（企业资源计划）等的应用为决策科学化提供了可能

四、系统管理理论

系统管理理论是指运用系统理论中的范畴、原理，对组织中的管理活动和管理过程，特别是组织结构和模式进行分析的理论。该理论主要代表人物有卡斯特、罗森茨·韦克等人，他们两人的代表作有《系统理论与管理》《组织与管理》等。

这一理论的要点如下：

（1）组织是一个系统，是由相互联系、相互依存的要素构成的。

根据需要，可以把系统分解为子系统，子系统还可以再分解。如为了研究一个系统的构成，可以把系统分解为各个结构子系统；为了研究一个系统的功能，可以把系统分解为各个功能子系统。这样，对系统的研究就可以从研究子系统与子系统之间的关系入手。

（2）系统在一定的环境下生存，与环境进行物质、能量和信息的交换。

系统从环境输入资源，把资源转换为产出物，一部分产出物为系统自身所消耗，其余部分则输出到环境中。系统在投入—转换—产出的过程中不断进行自我调节，以获得自身的发展。

（3）运用系统观点来考察管理的基本职能，可以提高组织的整体效率，防止本位主义和部门主义。

五、权变管理理论

权变管理理论是20世纪70年代在美国形成的一种管理理论。权变管理理论的代表人物是卢桑斯。其后的菲德勒、豪斯、赫塞等吸收了权变的观点。这一理论的核心是力图研究组织与环境的联系，并确定各种变量的关系类型和结构类型。它强调管理要根据组织所处的环境随机应变，针对不同的环境寻求相应的管理模式。

权变管理理论着重考察有关的环境变量与各种管理方式之间的关系。在通常情况下，环境是解释变量，而管理方式是被解释变量。这就是说，组织所处的环境决定着何种管理方式更适合于组织。比如，在经济衰退时期，由于企业面临的市场环境是供大于求，集权的组织结构可能更为适合；在经济繁荣时期，由于企业面临的市场环境是供不应求，分权的组织结构可能更为适合。

六、全面质量管理理论

在二十世纪八九十年代，西方的工商企业界和公共管理部门掀起了一场质量革命——全面质量管理。戴明和朱兰被称为“质量管理之父”。全面质量管理的本质是由顾客需求和期望驱动企业持续不断改善的管理理念。它包括以下几个要点（见表 1-3-5）。

表1-3-5　全面质量管理的要点

要点	具体内容
关注顾客	顾客不仅包括购买组织产品或服务的外部顾客，而且包括组织内相互联系的内部顾客（如上下游价值活动间的员工）
注重持续改善	“很好”不是终点，质量能够永远被提升和改善
关注流程	全面质量管理把工作流程视为产品或服务质量持续改善的着眼点
精确测量	全面质量管理运用统计方法对组织工作流程的每一关键工序或工作进行测量，把测量的结果与标准或标杆进行比较，识别问题，深究问题根源，消除问题产生的原因
授权于员工	质量管理是全体员工的职责和任务。全面质量管理事关组织中的一切员工，质量管理小组、工作团队将全面质量管理广泛运用于工作之中

七、20 世纪 90 年代的管理理论新发展

随着冷战时代的结束，计算机尤其是个人计算机普及，互联网广泛运用，人类进入了信息化的新经济时代。信息化、网络化、知识化和全球化是新经济时代，尤其是 20 世纪 90 年代以来的显著特征。20 世纪 90 年代以来，产生了一些体现时代特征的管理理论，主要有学习型组织、精益思想、业务流程再造和核心能力理论等。

（一）学习型组织

所谓学习型组织是指具有持续不断学习、适应和变革能力的组织。当今管理者所面临的最大挑战是变化，正如管理学大师彼得·德鲁克所言，“当今世界，唯一不变的就是变化”。学习型组织与传统型组织具有明显的不同，如表 1-3-6 所示。

表1-3-6　学习型组织与传统型组织的不同

观点	传统型组织	学习型组织
变革的态度	只要还管用就不要改变它	如果不变革那就不管用了
新观点的态度	如果不是产生于此时此刻就拒绝它	如果是产生于此时此刻就拒绝它
谁对创新负责	创新是研发部门的事	创新是组织中每位成员的事
主要担心的内容	发生错误	不学习、不适应
组织的竞争优势	产品和服务	学习能力、知识和专门技术
管理者的职责	控制别人	调动别人、授权别人

彼得·圣吉在《第五项修炼：学习型组织的艺术与实务》中指出，企业应成为一个学习型组织，并提出了建立学习型组织的四条标准：①人们能不能不断检验自己的经验；②人们有没有生产知识；③大家能否分享组织中的知识；④组织中的学习是否和组织的目标息息相关。并且他提出了建立学习型组织的技能，即五项修炼：自我超越、改善心智模式、建立共同愿景、团体学习和系统思考。

（二）精益思想

“精益生产”即企业把客户、销售代理商、供应商、协作单位纳入生产体系，同他们建立起利益共享的合作伙伴关系，进而组成一个企业的供应链。沃麦克和琼斯在《精益思想》一书中指出，所谓精益思想，就是根据用户需求定义企业生产价值，按照价值流组织全部生产活动，使要保留下来的、创造价值的各个活动流动起来，让用户的需要拉动产品生产，而不是把产品硬推给用户，暴露出价值流中所隐藏的缺陷，不断完善，达到尽善尽美。

（三）业务流程再造

迈克尔·哈默和詹姆斯·钱皮在1993年出版的《再造公司》一书中，把再造定义为“对经营流程彻底进行再思考和再设计，以便在业绩衡量标准（如成本、质量、服务和速度等）上取得重大突破”。采取再造方法的公司迅速学会对其所做的一切以及为何这样做提出疑问。“再造”首先确定公司必须做什么，然后确定它如何去做。“再造不把任何事想当然，它对‘是什么’有所忽视，而对‘应该是什么’相当重视。”再造中最关键的部分是在公司的核心竞争力和经验的基础上确定它应该做什么，即确定它能做得最好的是什么。之后确定需要做的事最好是由本组织来做还是由其他组织来做。采取再造方法的结果是公司规模的缩小和外包业务的增多。

（四）核心能力理论

核心能力理论由20世纪80年代的资源基础理论发展而来。资源基础理论认为企业的战略应该建立在企业的核心资源上。

1. 核心资源

核心资源是指有价值的、稀缺的、不能被完全模仿和不能被完全替代的资源，它是企业持续竞争优势的源泉。1990年，普拉哈拉德和哈梅尔在《哈佛商业评论》五六月卷上发表了一篇具有广泛影响的论文——《公司的核心能力》，一下子把众多学者、实践家的目光吸引过去。从核心资源到核心能力，资源基础理论得到进一步发展。

2. 核心能力

核心能力是指组织内的集体知识和集体学习，尤其是协调不同生产技术和整合多种多样技术流的能力。

企业的一项能力可以界定为企业的核心能力，其必须满足以下五个条件：

（1）不是单一技术或技能，而是一组相关的技术和技能的整合。

（2）不是物理性资产。

（3）必须能创造顾客看重的关键价值。

（4）与对手相比，竞争上具有独特性。

（5）超越特定的产品或部门范畴，从而为企业提供通向新市场的通道。

课后练习

一、单项选择题

1. 下列属于法约尔提出的管理职能活动的是（　）

A. 决策与计划、组织、领导、控制、创新　B. 计划、组织、人员配备、指导、控制

C. 计划、组织、指导、协调、控制　D. 计划、组织、指挥、协调、控制

2. 根据罗伯特·卡茨的观点，对各管理层的重要程度大体相同的技能是（　）

A. 技术技能　B. 人际技能　C. 概念技能　D. 领导技能

3. 提出“差别计件工资制”的学者是（　）

A. 泰罗　B. 吉尔布雷斯夫妇　C. 哈梅尔　D. 甘特

4. 梅奥领导的霍桑实验中的第三阶段是（　）

A. 大规模访谈　B. 工作场所照明

C. 接线板接线工作室　D. 继电器装配室

5. 早期被称为人际关系学说，并形成于 20 世纪 20 年代的理论是（　）

A. 古典管理理论　B. 数量管理理论　C. 系统管理理论　D. 行为管理理论

6. 管理的本质是（　）

A. 分配和协调各种资源　B. 实现既定的目标

C. 提高组织适应能力　D. 管理相关资源

7. 巴纳德在（　）一书中，把组织分为正式组织和非正式组织。

A.《经理人员的职能》　B.《工业文明中人的问题》

C.《工业管理与一般管理》　D.《公司的核心能力》

8.（　）认为，管理者的角色可以分为人际角色、信息角色、决策角色三大类。

A. 明茨伯格　B. 赫兹伯格　C. 梅奥　D. 马斯洛

二、多项选择题

9. 下列属于管理者的信息角色的是（　）

A. 发言人　B. 冲突管理者　C. 资源分配者

D. 传播人　E. 监督人

10. 古典管理理论包括（　）

A. 科学管理理论　B. 需要层次理论　C. 人际关系学说

D. 行政组织理论　E. 一般管理理论

11. 全面质量管理作为一种管理理念，其要点包括（　）

A. 关注顾客　　B. 注重持续改善　　C. 关注流程

D. 精确测量　　E. 授权于员工

12. 韦伯认为，传统式权威的基础是（　）

A. 尊严　　B. 先例　　C. 惯例

D. 典范的品格　　E. 英雄主义

13. 组织管理理论的代表人物有（　）

A. 韦伯　　B. 法约尔　　C. 梅奥

D. 泰罗　　E. 巴纳德

三、名词解释

14. 管理

15. 学习型组织

16. 数量管理理论

四、简答题

17. 简述全面质量管理的要点。

18. 简述管理的二重性。

扫码获取答案解析

第二章 管理道德与企业社会责任

思维导图

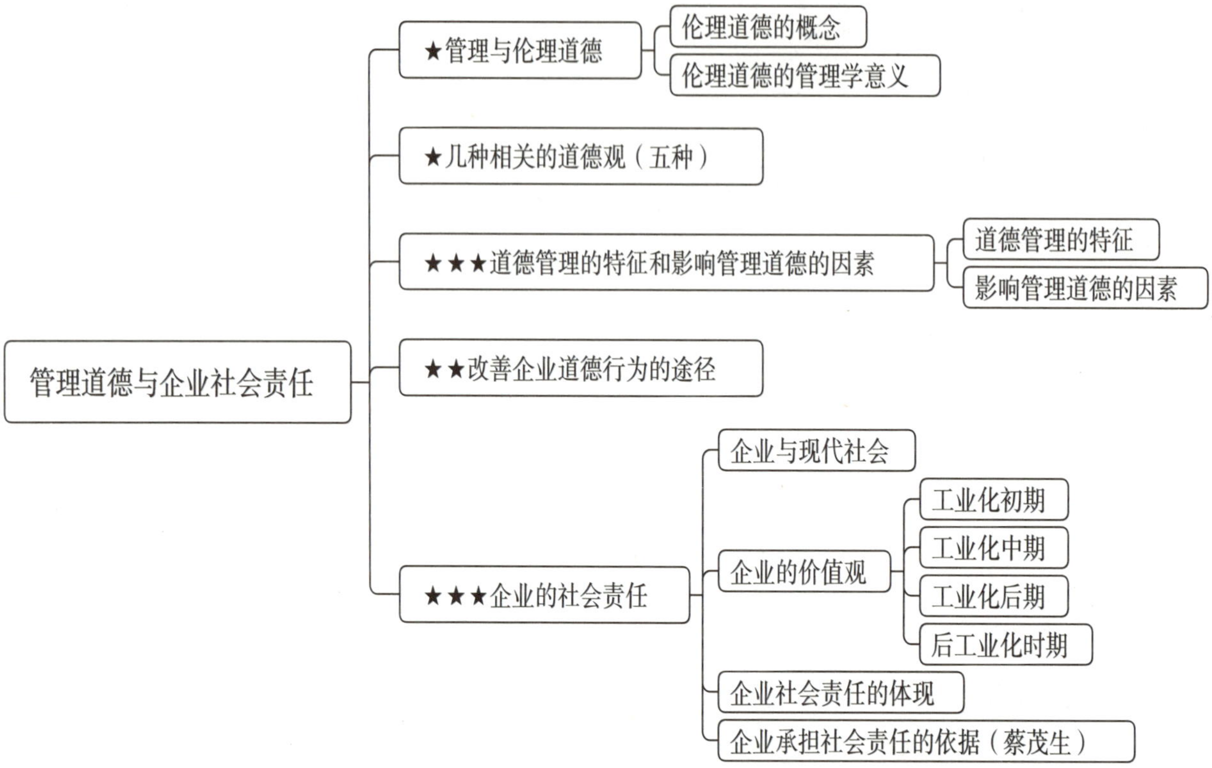

第一节 管理与伦理道德

课前思考

1. 什么是伦理道德?
2. 伦理道德有哪些管理学的意义?

考点精讲

管理之所以需要伦理道德，不只是因为现代社会经济运行面临诸多伦理困境与道德风险，更是因为伦理道德作为有效的文化工具可以帮助组织更好地达到经济目的。最根本的是，伦理道德是现代社会的核心价值构件，具有特殊的管理意义和文明意义。

一、伦理道德的概念

伦理道德作为人类文明的基本因子，是指评价人类行为善与恶的社会价值形态，在日常生活中具体表现为一定的行为规范和准则。任何社会、任何组织要想长期生存，不仅需要遵守法律，同时还必须遵守一定的道德规范。

二、伦理道德的管理学意义

企业伦理与管理道德的管理学意义主要表现在以下 4 个方面：

（1）经济与经营活动的意义，尤其是对终极意义的追求。

（2）企业组织。在古典意义上，管理被诠释为通过人群的努力达到组织目标的活动。伦理道德对于企业组织的意义，不仅在于构建“人际关系”，更重要的在于造就真正合理有效的企业组织，因为“伦”本身就是个体性与实体性的统一。

（3）人文力与企业精神。企业管理一方面通过伦理道德建立个体与组织相统一的内部伦理关系，另一方面借此建立企业与社会相统一的外部伦理关系；同时还通过伦理道德的有效合理运作，建立企业的人文力体系，从而形成企业的伦理精神，构筑作为企业灵魂的“企业精神”。

（4）企业及其产品的价值观。汉普登在调查中发现：任何企业产品的品质，早期取决于创办人的个人价值观，后期则取决于企业的集体价值观。一个可以通过经验确证的事实是，企业活动与人们带进工作现场的价值观有关，伦理道德的着力点，就在于生产者的劳动价值观与管理者的经营价值观，韦伯所说的“天职”的劳动价值的意义就在于此。现在已经被人们普遍接受的一句名言“企业成功与产品质量的真谛全在于诚信”，就足以说明伦理道德管理学的核心意义所在。

第二节 几种相关的道德观

课前思考

1. 什么是功利主义道德观？
2. 如何理解社会契约道德观？

考点精讲

几种相关的道德观如表 2–2–1 所示。

表2–2–1 几种相关的道德观

道德观	定义
功利主义	能给行为影响所及的大多数人带来最大利益的行为才是善的。这是一种完全根据行为结果即所获得的功利来评价人类行为善恶的道德观（不管白猫黑猫，抓住耗子就是好猫）。这种功利主义道德观会造成两个问题：①可能导致采取不公平、不道德的行为；②导致贫富两极分化
权利至上	能尊重和保护个人基本权利的行为才是善的。所谓基本权利就是人权，只要是人就应当平等地享受人的基本权利
公平公正	管理者不能因种族、肤色、性别、个性、个人爱好、国籍、户籍等因素歧视部分员工，而那些按照同工同酬的原则和公平公正的标准向员工支付薪酬的行为是善的；所谓公平公正主要是指支付薪酬的依据应当只是员工的技能、经验、绩效或职责等因素，而不是其他各种似是而非的因素
社会契约	只要按照企业所在地区政府和员工都能接受的社会契约所进行的管理行为就是善的。这种道德观实质上是功利主义道德观的变种
推己及人	是中国儒家道德观的高度概括，遵守儒家“仁、义、礼、智、信”的行为最高道德规范。也表现为“己所不欲，勿施于人”“换位思考”“将心比心”“设身处地”等的思想总和，以及上级对下级要仁爱、下级对上级要忠诚、对朋友要有义气和诚信、对社会各方面要和谐等方面

第三节 道德管理的特征和影响管理道德的因素

课前思考

1. 道德管理有哪些特征？
2. 影响管理道德的因素又有哪些？
3. 道德发展阶段包括哪些内容？

考点精讲

一、道德管理的特征

合乎道德的管理具有以下 7 个特征：

（1）合乎道德的管理，不仅把遵守道德规范视作组织获取利益的一种手段，而且把其视作组织的一项责任。在遵守道德规范会带来利益或不遵守道德规范会带来损失的情况下，组织当然会选择遵守道德规范；但在遵守道德规范会带来损失或不遵守道德规范会带来利益的情况下，组织仍然会选择遵守道德规范，这就是责任。在企业管理中，承担责任有时意味着要额外付出成本。

（2）合乎道德的管理，不仅从组织自身的角度考虑问题，更应从社会整体角度看问题。自觉以社会整体利益为重。有时，为了社会整体的利益，甚至不惜在短期内牺牲组织自身的利益。

（3）重视利益相关者的利益（利益相关者：股东、员工、消费者、供应商），善于处理组织与利益相关者的关系，也善于处理管理者与一般员工及一般员工内部的关系。合乎道德的管理者知道，组织与利益相关者是相互依存的。

（4）不仅把人看作手段，更把人看作目的。组织行为的目的是为了人。“人生的完善”包括物质和精神两个方面。康德指出，人应该永远把他人看作目的，而永远不要把他人只看作实现目的的手段。

（5）合乎道德的管理超越了法律的要求，能让组织取得卓越的成就。法律是所有社会成员必须共同遵守的最起码的行为规范。

（6）合乎道德的管理具有自律的特征。有时，社会舆论和内心信念能唤醒人们的良知和羞耻感、内疚感，从而对其行为进行自我调节。

（7）合乎道德的管理，以组织的价值观为行为导向。组织的价值观不是个人价值观，也不是个人价值观的简单汇总，而是组织所推崇的并为全体（或大多数）成员所认同的价值观。组织的价值观有时可以替代法律来对组织内的某种行为做“对 / 错”“应该 / 不应该”的判断。

追求道德的管理者通常为组织确立起较为崇高的价值观，以此来引导组织及其成员的一切行为。这种价值观一般能够激发成员去做出不平凡的贡献，从而给组织带来生机和活力。

二、影响管理道德的因素

主要有五个因素：道德发展阶段、个人特性、组织结构、组织文化、问题强度。

（一）道德发展阶段（见表 2-3-1）

表2-3-1 道德发展阶段

层次	特点	阶段
前惯例层次（最低层次）	（1）只受个人利益的影响 （2）决策的依据是本人利益，这种利益是由不同行为方式带来的奖赏和惩罚决定的	（1）遵守规则以避免受到物质的惩罚 （2）只有在符合你的直接利益时才遵守规则
惯例层次（中间层次）	（1）受他人期望的影响 （2）包括对法律的遵守、对重要人物期望的反应以及对他人期望的一般感觉	（3）做你周围的人所期望的事情 （4）通过履行你允诺过的义务来维持秩序（大多数人处在惯例层次的第四阶段）
原则层次（最高层次）	（1）受个人用来辨别是非的伦理准则的影响 （2）这些准则可以与社会的规则或法律一致，也可以与社会的规则或法律不一致	（5）尊重他人的权利，置大多数人的意见于不顾，支持不相干的价值观 （6）遵守自己选择的伦理准则，即使它们违背了法律

有关道德发展阶段的研究表明：人们一步一步地依次通过这六个阶段，不能跨越。道德发展可能中断，可能停留在任何一个阶段上，也可能倒退和堕落。多数成年人的道德发展处在第四阶段上。也有少数人能始终坚持自己信奉的原则，出淤泥而不染。

（二）个人特性

管理者的个人特性对组织的道德管理有着直接的影响。这里所讲的个人特性主要是指管理者的个人价值观（包括道德观）、自信心和自控力。

（三）组织结构

组织结构对管理道德影响巨大，具体体现在以下四个方面。

（1）组织内部机构和职责分工有没有必要的权力制衡、监察、检查、审计机制，有没有外部群众和舆论监督。如果有比较完善的内外制衡监督机制，就可大大预防和制止不道德的管理行为产生。

（2）组织内部有无明确的规章制度。清晰说明各级管理职务的实施细则和应遵守的道德准则，可以有效预防不道德管理行为的产生。

（3）上级管理行为的示范作用。下级必然会十分关注上级的管理行为，从中弄清哪些管理行为是上级可以接受和真正期待的，上行下效，而完全不管规章制度有什么规定。

（4）绩效评估考核体系会起到指挥棒的作用。如果评估考核奖惩偏重于成果，并且所定的指标又偏高，各级管理者就可能迫于强大的压力而不择手段去追求成果指标，从而引发许多不道德的管理行为。

（四）组织文化

组织有无诚信、包容的组织文化对管理道德有重要影响。如果管理者和员工在积极创新进取时，遭遇挫折或失败，不会受到组织的歧视和惩罚；相反的，如果采取某些不道德的行为取得成果，将会被人们揭露和鄙视。这样，诚信做事、包容失败的组织文化将必然减少不道德的管理行为。

（五）问题强度

道德问题强度会直接影响管理者的态度。问题强度就是：如果不正确处理就会导致严重后果的程度。比如煤矿发生事故导致人员伤亡问题，如果一年只伤一人，则可能不会采取进一步的安全措施；如果一年伤亡 1000 人，就会采取安全改进措施。

第四节 改善企业道德行为的途径

课前思考

如何改善企业的道德行为?

考点精讲

一、挑选高道德素质的员工

人在道德发展阶段、个人价值取向和个性上存在的差异,使管理者有可能通过严格的挑选过程(挑选过程通常包括审查申请材料、组织笔试和面试以及试用等阶段)将低道德素质的求职者淘汰掉。

二、建立道德守则和决策规则

在一些组织中,员工对“道德是什么”认识不清,这显然对组织不利。建立道德守则可以缓解这一问题。道德守则是表明组织的基本价值观和组织期望员工遵守的职业道德规范的正式文件。道德守则既要相当具体以便让员工明白以什么样的精神来从事工作、以什么样的态度来对待工作,规定内容也要比较宽松以便让员工有判断的自由。

三、管理者在道德方面领导员工

高层管理人员自己就应该是一个具有高尚道德的人,至少是一个以高尚道德标准要求自己的人,而不只是一架会赚钱的机器。在道德方面的领导作用做比说更重要,主要体现在以下几方面。

(1)高层管理人员在言行方面是员工的表率。

(2)高层管理人员可以通过奖惩机制来影响员工的道德行为。

(3)高层管理者要勇于承担责任。

四、设定工作目标

员工应该有明确的和现实的目标。如果目标对员工的要求不切实际,即使目标是明确的,也会产生道德问题。

五、对员工进行道德教育

越来越多的组织意识到对员工进行适当的道德教育的重要性,它们积极采取各种方式(如开设研修班、组织专题讨论会等)来提高员工的道德素质。

六、对绩效进行全面评价

如果仅以经济成果来衡量绩效,人们为了取得成果,就会不择手段,从而有可能产生不符合道德的行为。如果组织想让其管理者坚持高的道德标准,它在评价过程中就必须把道德方面的要求包括进去。

七、进行独立的社会审计

根据组织的道德守则来对决策和管理行为进行评价的独立审计，是发现不道德行为的有效手段。审计可以是例行的，如财务审计；也可以是随机的，并不事先通知。有效的道德计划应该同时包括这两种形式的审计。审计员应该对公司的董事会负责，并把审计结果直接交给董事会，这样比较有利于保证审计结果的客观性和公正性。

八、提供正式的保护机制

正式的保护机制可以使那些面临道德困境的员工在不用担心受到斥责或报复的情况下自主行事。例如，员工可以向上一级政府部门或纪律检查委员会进行信访或上访。而接受信访或上访的部门应明确提出处理意见，而不是简单地转交原单位处理。这对保护检举人不受报复是十分必要的。

所有以上措施的基本目的都是为了使本组织的员工能自觉地恪守职业道德。

第五节 企业的社会责任

课前思考

1. 什么是社会责任？
2. 企业的价值观经历了怎样的发展？
3. 企业承担社会责任的体现和依据是什么？

考点精讲

社会责任是企业追求有利于社会长远目标实现的一种义务，它超越了法律与经济对企业所要求的义务。社会责任是企业管理道德的要求，完全是企业出于义务的自愿行为。

一、企业与现代社会

企业是现代社会的产物。现代社会基本上是由四类组织所组成，即政府、企业、非营利组织、家庭。企业以外的三类组织的社会责任十分清晰，而企业的社会责任却比较模糊而备受争议。

长期以来，传统经济学的观点认为，为股东实现组织利润最大化是企业的天职，否则就不是企业，增进和保护社会福利是政府和非营利组织的责任；而社会经济学的观点则认为，企业不只是对股东负责的独立实体，它们还要对社会负责，因此企业的责任不只是创造利润，还应包括保护和增进社会福利。

【知识拓展】企业社会责任的构成（蔡茂生）

企业社会责任涵盖的内容比较多，我们可以从不同的角度对其进行归纳。

1. 从层次上划分

企业社会责任可以分为法律责任、经济责任、伦理责任和慈善责任。四个责任的层次性从低到高逐渐提升，但强制性却逐渐削弱（见图 2–5–1）。

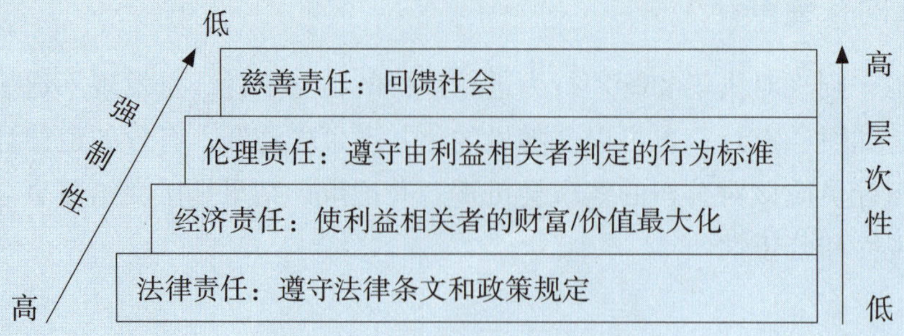

图2-5-1 企业社会责任的维度

2. 从利益相关者角度划分

企业社会责任可以划分为对投资者、对员工、对消费者、对政府、对社区和对环境的责任。

3. 根据范围来划分

企业社会责任可以划分为对内责任和对外责任。

企业对内社会责任包括对投资者、雇员的责任，对外社会责任包括对消费者、供应商、社区、政府和环境的责任。

二、企业的价值观

价值观是关于价值的一定信念、倾向、主张和态度的系统观点，是评价人或组织行为善恶的标准和原则。企业价值观是由管理者创导、推行，全体成员共同实践形成的，主要表现在全体成员对本企业"应当是什么"和"应当做什么"的高度认同。企业价值观经历了 4 个历史发展阶段（见表 2–5–1）。

表2–5–1 企业价值观的发展

历史阶段	企业目标
工业化初期	（原始资本积累阶段）追求股东利润最大化
工业化中期	追求企业利润最大化，并兼顾员工利益
工业化后期	追求企业相关利益者（股东、员工、消费者、供应商）的价值最大化
后工业化时期	追求企业相关利益者的价值最大化的同时，注意环保，增进社会福利

衡量企业价值观发展阶段的最好标志，就是企业对待社会责任的态度。企业价值观越向高级阶段发展，就越重视企业的社会责任。

三、企业社会责任的体现

企业社会责任的内涵十分丰富和广泛，除法律规定的企业行为规范以外，所有可能影响社会福利的企业行为都应纳入企业社会责任之内，大体上可以体现在以下五个方面。

（一）办好企业，把企业做强、做大、做久

努力增强企业的竞争力，不断创新，向社会提供更好、更新、更多的产品和服务，使人民的物质和文化生活更美好。同时也为社会提供更多更好的就业机会，并使职工随着企业的成长而得到全面的发展。

（二）企业一切经营管理行为应符合道德规范

企业的一切经营管理行为，包括企业内部管理、产品设计、制造、质量保证、广告用语、营销手段、售后服务、公关工作等，都应符合道德规范。因为所有这一切都会对社会产生善或恶的影响，尤其是不合格的产品可能对社会造成极其巨大的伤害。

（三）社区福利投资

对企业所在社区或其他特定社区的建设进行福利投资，包括医院、学校、幼儿园、老人院、住宅、公共娱乐设施、商业中心、图书馆等有关社区人民福利的一切设施的投资，均不应以赚取商业利益为目的，因为社区为本企业的发展已经做出了牺牲和贡献。

（四）社会慈善事业

对社会教育、公共卫生、福利设施及由于特殊的天灾人祸所引起的一切需要帮助的人，企业应根据自身优势适当定位，及时伸出援助之手，尽到应尽的社会责任。

（五）自觉保护自然环境

企业应主动节约能源和降低其他不可再生资源的消耗，尽可能减少企业活动对生态的破坏。积极参与节能产品的研究开发，参与对地球荒漠化和地球变暖所引发的各种灾害的研究和治理。

四、企业承担社会责任的依据（蔡茂生）

（一）企业乃“公民”

“企业公民”是指一个公司将社会基本价值与日常经营实践、运作和策略相整合的行为方式。它从法学的角度强调了企业的社会公民身份，意味着企业不能只满足于做个“经济人”，还要做一个有责任感和道德感的“人”。企业是社会的细胞，社会是企业利益的源泉。企业在利用社会赋予的条件和机遇时，也应该以符合伦理、道德的行为回报社会。

（二）全球生产价值网络治理的客观要求

在全球生产价值网络中，参与的企业之间的合作以生产过程的取向为主，使原本局限在一个企业内部的生产过程公开化。在一些国家，特别是发达国家，公司治理的重点转向财务账目公开和企业经营的信息披露，即公司事务必须向社会公开。

全球生产价值网络加强了各国企业的相互渗透，外资企业与本国企业的关系需要调整。由于跨国公司广泛利用当地资源，经营活动深入当地的社会和经济生活之中，故要解决对当地的社会责任问题。企业与公众的关系发生了根本性变化。企业利用的资源是由社会上不同的人提供的。公司治理能力决定了这些人之间活动的效率和寻找新的商业机会的能力。公司治理不仅是企业界的事，也是全社会的事。良好的公司治理包括了企业行为的公开性和诚实性，这涉及公司的社会责任。

（三）企业目的使然

作为社会有机体的一分子，企业具有双重职责。一方面，它作为有机体生存发展的手段而存在，要服务于有机体系统；另一方面，作为相对独立的系统，企业也要追求自身的生存与发展，即自身利益，但是应该以合乎法律和伦理的方式谋求自身的生存发展。

（四）责任的硬性约束

责任的约束体现在企业六个方面的影响力上：

（1）经济影响力是企业通过对资源特别是财产的控制来影响事件、活动和人们的能力，是一种获得资源并把它们转化成产品或服务的能力。

（2）文化影响力是指影响文化价值观、社会结构，比如家庭、风俗、生活方式以及个人习惯等的能力。

（3）对于个人的影响力包括企业直接对于内部环境中的员工以及股东的作用，也包括对于消费者和居民的作用。

（4）技术影响力是在技术发展过程中，对技术的发展方向、发展速度、特征等的影响能力。

（5）环境影响力是一个公司的行为对自然的影响能力。

（6）政治影响力是影响政府决策的能力。

（五）市场机制的失灵与缺陷

市场机制存在着潜在的缺陷，当市场机制本身不够成熟，法律、伦理又没有跟上的时候，这种缺陷会变得很严重。

（六）提高竞争力的需要

企业通过主动承担社会责任，可以将之变成一种企业品牌的投资、企业信誉的投资以及企业社会形象的投资。

课后练习

一、单项选择题

1.（　）的道德判断标准是个人是否维持平常的秩序并满足他人的期望。

A. 惯例层次　B. 原则层次　C. 前惯例层次　D. 后惯例层次

2. 把“股东利润最大化”作为企业目标内容的企业价值观发展层次是（　）

A. 后工业化时期　B. 工业化中期　C. 工业化后期　D. 工业化初期

3. 中国儒家的道德观主张“己所不欲，勿施于人”“换位思考”等，在管理学上体现了何种道德观？（　）

A. 社会契约　B. 公平公正　C. 权利至上　D. 推己及人

4. “只在符合你的直接利益时才遵守规则”描述的道德阶段是（　）

A. 惯例层次　B. 原则层次　C. 前惯例层次　D. 后惯例层次

5. “企业成功与产品质量的真谛全在于诚信”，这句话在管理中强调的是（　）

A. 公平正义　B. 伦理道德　C. 效率效益　D. 守时诚信

二、多项选择题

6. 道德发展原则层次对应的道德发展阶段有（　）

A. 遵守规则以避免受到物质惩罚　B. 只在符合你的直接利益时才遵守规则
C. 通过履行你允诺的义务来维持平常秩序　D. 遵守自己选择的伦理准则
E. 尊重他人的权利

7. 影响管理者道德行为的因素主要有（　）

A. 道德发展阶段　B. 问题强度　C. 个人特性
D. 组织文化　E. 组织结构

8. 企业道德发展要经历的阶段有（　）

A. 惯例层次　B. 原则层次　C. 前惯例层次
D. 后惯例层次　E. 原惯例层次

9. 企业价值观的发展阶段主要分为（　）

A. 工业化初期　B. 工业化中期　C. 工业化后期
D. 后工业化时期　E. 后现代化时期

10. 企业的利益相关者包括（　）

A. 供应商　B. 消费者　C. 股东
D. 员工　E. 竞争对手

三、名词解释

11. 社会契约道德观

12. 社会责任

13. 公平公正道德观

四、简答题

14. 简述企业承担社会责任的依据。

15. 简述道德管理的特征。

五、论述题

16. 联系实际论述改善企业道德行为的途径。

扫码获取答案解析

第三章 全球化与管理

思维导图

- 全球化与管理
  - ★全球化内涵
    - 世界层面
    - 国家或地区层面
    - 产业层面
    - 企业层面
  - ★★全球化与管理者
    - 全球化管理的环境因素
      - 一般环境
      - 任务环境
    - 全球化管理者的关键能力
  - ★★★全球化与管理职能
    - 全球化经营的进入方式
      - 出口
      - 非股权安排
      - 国际直接投资
    - 全球化经营的组织模式
      - 国际组织模式
      - 多国组织模式
      - 全球组织模式
      - 跨国组织模式
    - 全球化经营的领导风格（豪斯）
    - 全球化经营的管理控制

第一节 全球化内涵

课前思考

如何从不同的层面来理解全球化的内涵？

考点精讲

我们可以从不同层面来定义和理解全球化，如世界、国家或地区、产业、公司，甚至是公司内的某一部门或某一业务。

一、世界层面上的全球化内涵

在世界层面上，全球化是指国家之间日益增长的经济相互依赖性，反映在商品、服务、资本和信息等方面不断增长的跨国流通上。

二、国家或地区层面上的全球化内涵

在国家或地区层面上，全球化是指一个国家或地区的经济与世界其他领域之间的联系程度。衡量某个国家或地区的经济全球化的一些关键性指标包括进出口额、国际旅游收支占 GDP 的比例和国外直接投资等。

三、产业层面上的全球化内涵

在产业层面上，全球化是指某一产业在全球范围内的扩张和活动，以及在全球国家或地区之间相互依赖的程度。全球化产业的市场往往由若干个全球化公司所主导。衡量产业全球化的关键指标通常包括该产业国际贸易额在世界总产值中所占的百分比、该产业跨国兼并额和跨国新建投资额在该产业实现的投资总额中所占的百分比。

四、企业层面上的全球化内涵

在企业层面上，全球化是指公司在各国或地区的收入分布和资产扩展的程度，以及与各国或地区的资本、商品和信息的跨国 / 地区交流程度。跨国化指数（TNI）和国际化指数（II）既可用来测量公司的全球化程度，也可反映产业的全球化程度。

第二节 全球化与管理者

课前思考

1. 什么是全球化管理？
2. 全球经营的一般环境的具体内容有哪些？
3. 全球经营的任务环境的具体内容有哪些？
4. 全球化管理者的关键能力是什么？

考点精讲

全球化管理是从全球的视角来考虑经营管理的行为。通过对分布在世界各地的子公司或代理机构人力、物力、财力等要素的有效规划、组织、协调、指挥和控制，谋取全球范围内的竞争优势。作为一名全球化管理者，首先需要理解全球化管理的环境，即一般环境（主要是国家和文化）和任务环境（主要是供应商、竞争对手、销售商、顾客、劳动力市场与工会），以及理解这些环境因素对管理的影响。所谓“知彼知己，百战不殆”。其次需要理解与掌握全球化管理所必需的一些关键能力，即国际商务知识、文化适应能力、视角转换能力和创新能力。这四项能力是一个整体。这一整体不仅是跨文化管理能力，而且是学者玛克辛·道尔顿等所说的“跨地区、跨国家和跨文化管理能力”。

一、全球化管理的环境因素

（一）全球化的一般环境（见表 3-2-1）

表3-2-1 全球化的一般环境

一般环境	具体内容
政治与法律环境	①国家政治体制；②政治的稳定性；③政府对外来经营者的态度；④法律环境
经济与技术环境	①经济体制和经济政策；②经济发展水平及其发展潜力；③市场规模及其准入程度；④科技发展水平；⑤社会基础设施。在全球范围内，三大类型的经济体制是自由市场经济、命令经济、混合型经济，其中命令经济也称为计划经济
文化环境	①权力距离；②不确定性的避免；③个人主义或集体主义；④男性化或女性化；⑤长期导向或短期导向

（二）全球化的任务环境

全球化的任务环境有：供应商、销售商、顾客、竞争对手、劳动力市场与工会。

二、全球化管理者的关键能力

创造性领导力中心研究认为，为了成为有效的全球化管理者，其必须具备四种关键知识与能力，即国际商务知识、文化适应能力、视角转换能力和创新能力。

管理者可通过以下三个方面来培养全球化管理的关键能力。

（1）从经历中学习。要想成为一位有效的全球化管理者，其可能需要花费大量时间学习不同的文化，如果可能的话，尽量到不同文化的国家或地区旅行、生活或工作。

（2）从工作任务中学习。在自己的工作中，管理者通过完成一系列任务，学会了解决问题、处理各项关系的技巧与能力。

（3）从关系中学习。管理者可以从他人身上学习，他们可能是上司、同事、下属或朋友。比如，有效性高的上司成为管理者的模板，而有效性低的上司也会促进管理者反思。

第三节 全球化与管理职能

课前思考

1. 全球化经营的进入方式有哪些？
2. 有哪几种全球化经营的组织模式可供选择？

考点精讲

一、全球化经营的进入方式

企业应该在外部环境评估和内部条件分析的基础上，首先考虑如何进行国际经营。全球化经营的进入方式（见表 3-3-1）主要有出口、非股权安排和国际直接投资。企业可以根据所进入国或地区的环境，以及企业自身的发展阶段，选择恰当的进入方式。

表3-3-1 全球化经营的进入方式

进入方式	具体内容
出口	（1）定义：出口是指企业将国内生产和加工的产品输往海外目标市场的活动。它既是一国企业实施国际化经营在初级阶段的表现形式，也是一个企业进入海外市场传统的、基本的方式。 （2）类型：间接出口与直接出口。①间接出口是一种与目标市场联系较为松散的进入方式，一般也是国际化经营的最初阶段；②直接出口是出口阶段的高级形式。采用这种出口方式的大多是通过间接出口累积到一定经验的企业
非股权安排	（1）定义：非股权安排又被称为合同安排。非股权安排是国际化经营的第二阶段，该种方式的主要特征是不以股权控制为目标，并且所涉及的财务风险较小。 （2）类型：特许、合同制造、管理合同等。 ①特许是当事人一方将其技术、商标或专利的使用权转让给另一方，由后者按合同规定使用的交易行为；②合同制造是介于许可贸易与直接投资之间的一种市场进入方式，它是指企业利用目标市场国厂商现有的设备和条件生产规定产品的经营方式；③管理合同是通过向目标市场国的某一企业提供管理技术，或负责该企业的经营管理等，借以进入海外市场的一种方式
国际直接投资	（1）定义：国际直接投资是指以控制权为目的的国际资本流动，控制权的获得是通过股权的占有来实现的。 （2）类型：合资进入、独资进入、新建进入和购并进入等

二、全球化经营的组织模式

在选择目标市场和东道国市场的进入方式后，管理者就需要在战略目标的指引下，管理和组织分布在世界各地的子公司和代理机构。这就需要企业在全球化和当地化之间进行权衡，选择恰当的组织模式。

（一）全球化的压力

全球战略协调的竞争对手的出现是产生全球化压力的要素。对全球竞争做出反应需要进行全球战略协调，这给公司总部进行全球战略决策带来了压力。同时，一旦公司采用全球战略协调的做法，它的竞争者可能被迫以同样的方法做出反应。

（二）当地化的压力

由于国际企业的产品需要在多个国家进行销售，在某些情况下，公司必须考虑在不同国家中的不同需求。当不同国家的政策导向、市场需求存在差异时，当地化压力随之产生。当不同国家的习惯不同的时候，当地化压力也会应运而生。不同国家之间分销渠道和销售方式的差异也会带来本地化压力。东道国政府在经济和政治上的要求也可能造成一定程度的当地化压力。十分重要的一点是，地方保护主义、经济民族主义往往要求国际公司在本地加工产品。

（三）全球化组织模式的选择

有四种可供选择的全球化组织模式（见图3-3-1），即多国组织模式、国际组织模式、全球组织模式和跨国组织模式。采用不同组织模式的企业在资产和能力配置、海外业务的角色、知识的开发和扩散等方面有着不同的特点。

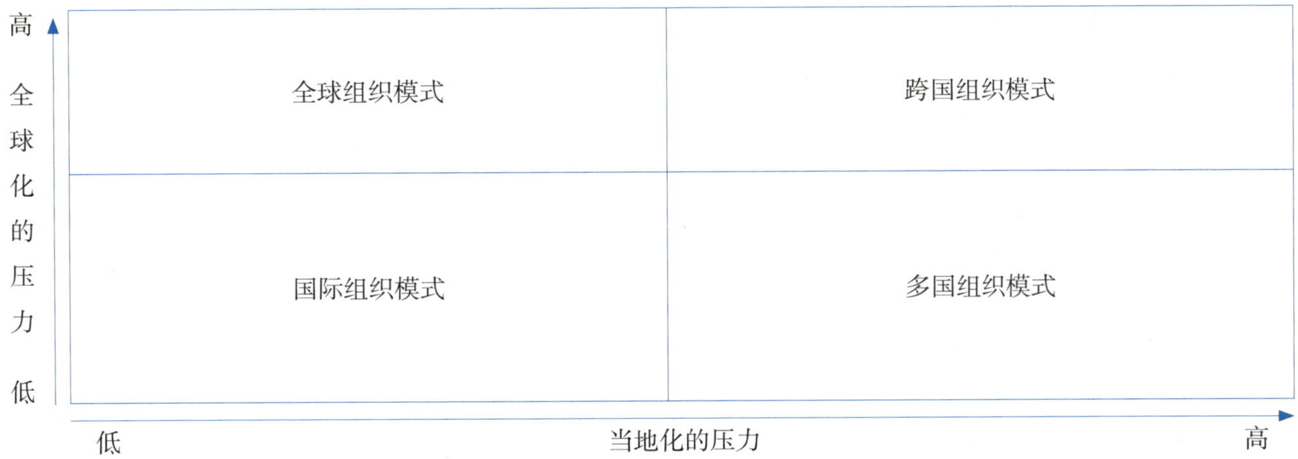

图3-3-1 全球化经营的组织模式

四种全球化经营的组织模式的特点如表 3-3-2 所示。

表3-3-2 四种全球化经营组织模式的特点

组织模式	别称	特点
全球	集权中心	由母公司集中决策，并对海外的大部分业务实行严格的控制。那些采取低成本全球竞争战略的公司通常采用这种模式。将全球视为单一的市场，公司总部统一经营
国际	协同联盟	是一种由母公司开发现有的核心能力并传递到子公司的战略模式。利用现有能力向国际市场拓展
跨国	一体化网络	将某些职能集中在最能节约成本的地方，把其他一些职能交给子公司以便更多地适应当地的情况，并促进子公司之间的交流以及技术的转移。专业化工厂符合本地反应的要求，通过复杂的协调机制进行全球一体化
多国	分权联盟	母公司虽然也行使最终控制权，但它赋予子公司很大的自主权，各子公司可以根据当地的情况做出相应的改变。设在多个国家的子公司作为独立的业务单位来运营，这是古典组织模式，也是最普及的一种全球化经营的组织模式

分权联盟、协同联盟、集权中心和一体化网络分别体现了多国型、国际型、全球型和跨国型公司的典型组织结构。

三、全球化经营的领导风格

由著名领导学家豪斯领导的 CLOBE 项目，研究发现了杰出领导的 22 个好的领导特征和 8 个糟糕的领导特征。

22 个好的特征：积极、可靠、具有管理技巧、公正、双赢的问题解决者、鼓励、聪明、果断、见多识广、有效的谈判者、有远见、未雨绸缪、动机激发者、善于沟通、精益求精、信心建造者、诚实、充满活力、协调者、团队建造者、激励下属、可信赖的。

8 个糟糕的特征：无情、不合群、易怒、孤独、以自我为中心、含糊、不合作、独裁。

四、全球化经营的管理控制

国外分公司是全球化经营的重要问题之一。相对于单一国家或地区经营的企业来说，全球化经营的母公司管理控制系统的建设更为复杂和困难。一个管理控制系统必须从母公司和分公司两个角度来考察。

（一）管理控制系统的制定逻辑

为国外分公司建立管理控制系统必须同时解决两个问题，虽然二者是一种矛盾。

其一，全球化企业必须通过分公司的战略实施而服务于总部协调确定的价值创造过程。

其二，管理控制系统必须帮助分公司适应其当地环境，有利于分公司挖掘当地所有的机会与潜力。

全球化企业的管理控制系统必须同时满足这两个要求。

（二）管理控制系统的设计

分公司的管理控制系统的设计必须同时用于解决政治风险、经济风险和文化差异。政治风险如政局动荡、政策限制、法律法规对经营成果的扭曲等。经济风险如汇率波动、不公平竞争、市场扭曲等。文化差异是指母公司与分公司之间文化的差异。

因此，全球化经营的企业必须不断地更新分公司的管理控制系统。

课后练习

一、单项选择题

1. 由母公司开发现有的核心能力并传递到子公司的战略模式是（　）

A. 多国组织模式　B. 国际组织模式　C. 全球组织模式　D. 跨国组织模式

2. 合同安排又被称为（　）

A. 非股权安排　B. 合同制造　C. 管理合同　D. 特许

3. 竞争对手属于全球化管理环境因素中的（　）

A. 政治与法律环境　B. 经济与技术环境　C. 任务环境　D. 文化环境

4. 在国际化经营的进入方式中，（　）是出口阶段的高级形式。

A. 间接出口　B. 合资进入　C. 直接出口　D. 新建进入

5. 全球组织模式又称（　）

A. 一体化网络　B. 集权中心　C. 分权联盟　D. 协同联盟

6.（　）发现了 22 个杰出的领导风格通用特性和 8 个糟糕的领导风格通用特性。

A. 豪斯　B. 法约尔　C. 韦伯　D. 巴纳德

7. 当全球一体化的压力和当地化的压力都比较高时，跨国企业应采取的全球化组织模式是（　）

A. 全球模式　B. 跨国模式　C. 国际模式　D. 多国模式

二、多项选择题

8. 下列全球化管理环境因素中，属于一般环境中的文化环境的有（　）

A. 长期导向或短期导向　B. 不确定性的避免

C. 权力距离

D. 个人主义或集体主义

E. 男性化或女性化

9. 非股权安排的种类有（　）

A. 特许　B. 合同制造　C. 管理合同

D. 合同安排　E. 出口

10. 下列属于全球化管理的环境因素中的任务环境的有（　）

A. 供应商　B. 销售商　C. 顾客

D. 竞争对手　E. 劳动力市场及工会

11. 在全球范围内，经济体制主要包括（　）

A. 自由市场经济　B. 命令经济　C. 混合型经济

D. 商品经济　E. 社会主义经济

三、名词解释

12. 全球化管理

四、简答题

13. 简述全球化经营的组织模式。

14. 简述全球化管理者的关键能力。

15. 简述全球化管理的环境因素。

扫码获取答案解析

第四章 互联网时代的管理

思维导图

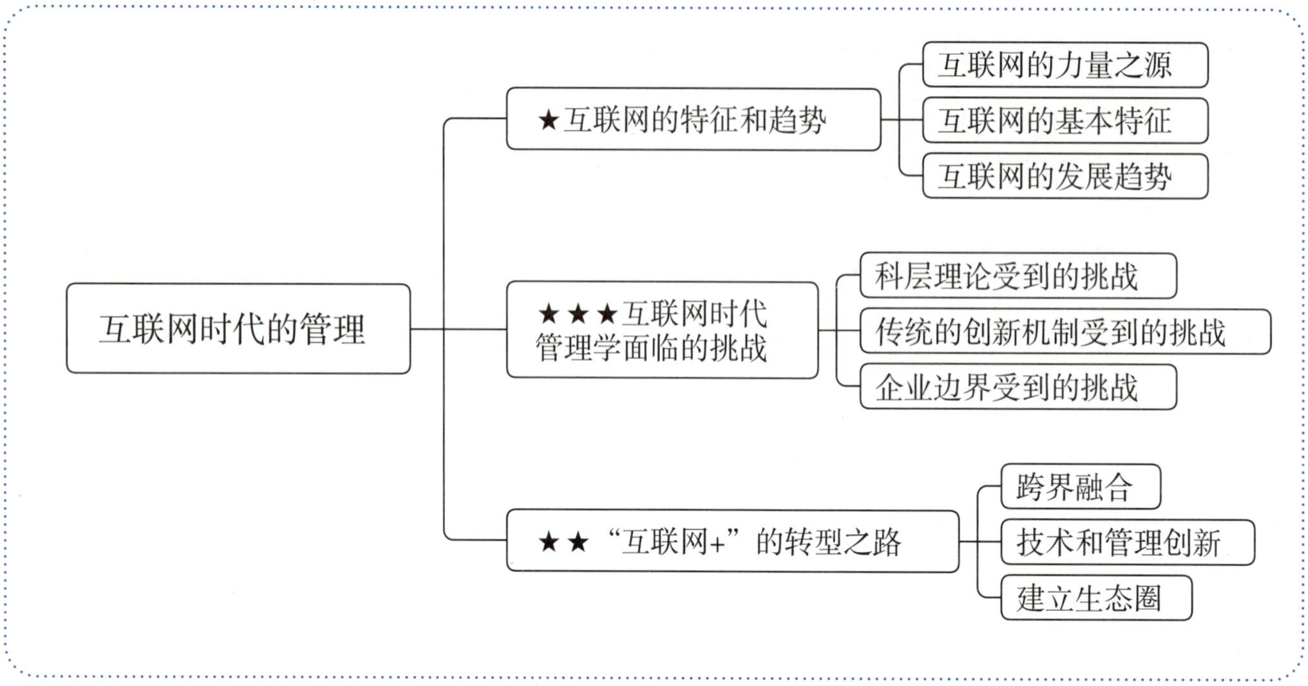

第一节 互联网的特征和趋势

课前思考

1. 互联网的力量之源是什么？
2. 互联网有哪些基本特征？
3. 互联网的未来发展趋势如何？

考点精讲

一、互联网的力量之源

互联网的力量来源于连接和融合。互联网通过其基础设施——云、网、端（见表4-1-1）把万事万物连接和融合起来，在融合中产生的大数据，即成为重要的生产要素，为人类创造出前所未有的价值和财富。

表4-1-1 互联网的基础设施

基础设施	具体内容
云	“云”是指云计算、大数据等基础设施。用户通过海量的数据分析，可以得出关于用户需求、竞争形势和商业决策较为正确的结论，从而创造价值和财富
网	“网”是指用宽带连接的各种互联网，通过互联网人们可以免费或用很低的成本进行远程的沟通、服务、消费、学习、娱乐和工作，包括指挥、控制物流和机器设备的运营

续表

基础设施	具体内容
端	“端”是指用户直接接触的个人计算机（PC）、移动设备（手机、平板电脑等）、可穿戴设备、传感器等，以及以软件形式存在的各种应用App。“端”既是用户获得各种服务的界面，也是产生各种信息数据的来源

通过互联网进行大数据的积累与交换、分析与应用，人们可以便捷地得到许多新知识、新能力，从而极大地促进社会生产率的提高，所以互联网在许多领域都得到了广泛的应用。

二、互联网的基本特征

互联网是个全新的事物，并且在不断地发展变化。我们可以从许多不同的视角去观察互联网的特征。与工业化时代以 PC 连接为基础的传统互联网比较，作为互联网发展趋势的移动互联网具有的主要特征如表 4–1–2 所示。

表4–1–2 移动互联网的基本特征

特征	具体内容
移动化	大多数城市仅仅用一部手机就可通过互联网搞定衣、食、住、行等生活的方方面面和工作中的信息交流
在线化	移动互联网时代的消费者，每天有大量的时间用在智能手机上。在线化不仅大大节约了消费者的时间，同时也大大提高了网络的利用率和社会的活动效率，其创造的价值是难以估量的
去中心化	在移动互联网中，每一个人、每一个终端都是中心节点，每个节点都可以自主地发布信息，信息的聚合变得无处不在。移动互联网各种分布式结构是民主的、开放的、互动互赢的。每一个节点的增加都可以让已有的节点和网络增加能量。正如《维基经济学》所说：“我们正走向这样一个世界——知识、权力和生产能力将比历史上任何时刻都要更加分散，价值创造更快，流动性更好、更快。”
平台化	互联网企业的本质就是为用户构建一个快速、安全、四通八达的“平台”。“平台”的价值是通过用户来体现的，用户越多，价值越大
个性化	网上的消费者不再是孤独的个体，社交网络使原先分散的个性需求有了聚集的可能。人们能够很容易寻找到文化、兴趣、目标、情感等相近的人，因而形成一个又一个的社群。社群越大，议价能力就越强，对卖家和生产者决策的影响就越大
数据化	数据化的核心理念就是“一切都被记录，一切都被数字化”。大数据可以驱动市场营销，驱动产品和服务创新，驱动成本控制，驱动商业模式的创新。正如凯文·凯利在《失控》中所言：“移动互联网时代将是一个‘数据生意的时代’。”通过大数据，企业才能清晰地掌握用户的喜好和行为特点，了解用户的真实需求和潜在需求，才能更好地为用户服务，企业也才能得到更快更好的发展

以上六大特征就形成了互联网思维模式的核心——全连接和零距离，即在互联网时代，人和人之间、企业与用户之间、商业伙伴之间以及人与物、物与物之间都是全连接和零距离的。由企业推广到全社会，一切组织的思维模式、管理模式都应以互联网时代的特征为出发点进行重构，而不应仅仅把互联网作为工具叠加到传统管理模式之上。

三、互联网的发展趋势

互联网未来的发展在空间、时间以及中介技术上可能呈现出以下三个方面的趋势：社会化、智能化和实时化，如表 4–1–3 所示。

表4-1-3 互联网的发展趋势

发展趋势	具体内容
社会化	互联网包含着自由、民主、平等、参与、合作、协同和分享的精神，很容易被全社会的成员所接受。因此向全社会渗透，满足社会全体成员的不同需求，解决他们的困惑，帮助他们相互沟通、共享资源，整合全社会资源彼此协同合作，使我们的社会变得更美好，这既是互联网的伟大使命，也是互联网必然的发展趋势
智能化	在互联网中，人与人的连接已经有了智能手机作为互联网的智能终端。人与物、物与物、物与服务的连接，关键在于物的智能化，最简单的是家居系统的智能化
实时化	人们无论在何时何地，都有可能通过手中的移动终端，实时地去办理他想办理的一切

第二节 互联网时代管理学面临的挑战

课前思考

互联网时代管理学面临的挑战有哪些？

考点精讲

互联网技术的突飞猛进、第四次工业革命的来临，给管理实践带来巨大变化，研究管理实践的管理学面临着许多无法回避的挑战。

一、科层理论受到全连接和零距离的挑战

马克斯·韦伯在《社会组织和经济组织的理论》中指出，理想的组织应符合以下四项原则：

（1）以合理合法的权力为基础。

（2）组织的基本功能是提高效率，必须按分工、分层的原则确定每个岗位的职责与权力。

（3）官员不能滥用个人职权，组织成员应严格按法律和规章制度的规定进行工作和业务交往，必须公私分明。

（4）组织成员应凭自己的专长、技术能力获得工作机会，享受工作报酬。

科层理论描述的是金字塔组织结构，高层领导自上而下地发布指令，基层自下而上地反馈执行指令的信息。

互联网时代，人与人、人与组织、组织与组织各节点之间可以互相连接，实现全连接和零距离。在这样的背景下，科层组织的原有特征可能会影响工作效率和基层创造力的发挥。因此，科层组织需要与时俱进，按实际需要不断改革创新。当然，科层组织的基本形式和核心特征依然存在并发挥作用，不可能完全消亡。改革的总体方向是：减少层级，下放权力，尽可能使组织结构更加扁平化，并用网络加以补充和辅助，使组织更加灵活。某种层级结构与网状结构的混合体，也许更符合互联网企业向多元化发展和传统企业向“互联网+”转型的需要。

二、传统的创新机制受到消费者和创客参与、迭代进化的挑战

工业化时代，产品研发创新体系是自上而下的封闭体系。在互联网时代，用大数据技术很容易聚焦到需要研发创新的方向和项目。

（一）在创新的指导思想上

在工业化时代，许多企业受大规模、大批量、标准化生产的限制，通常根据绝大多数客户意见确定产品类型、规格，进行立项研发，而且无法对客户在使用过程中遇到的问题进行及时的反馈。

在互联网时代，商品的每一笔交易，乃至整个商品的生命周期都被大数据记录在案。并且由于设计者、制造者与用户可以实现全连接和零距离，制造商可以准确地了解用户的真实需求。

（二）在产品创新的要求上

在工业化时代，研发新产品、采用创新建议时，都必须力求产品尽善尽美，避免投产发现问题后再修改产品、重置制造装备和生产线而造成的损失。

在互联网时代，采用迭代进化的方式来研制新产品。所谓迭代进化，就是指在研制新产品时，可以不要求达到尽善尽美，可以容忍某些已知但一时还不能解决的缺陷，尽快投入生产，在 1.0 版新产品生产和销售的同时，加紧研究实施改进方案，很快又生产出新产品的 2.0 版，就这样快速迭代研发新产品，最终会生产出比较成熟和完善的新产品的终极版本。

三、企业边界受到交易费用趋零的挑战

美国经济学家科斯的交易费用理论认为，企业规模边界取决于交易费用和资产专用性的特点。科斯发现，在产品的整个生产链中，生产阶段之间的协作都需要交易费用，企业的存在就是为了节约交易费用，即以费用较低的企业内部管理协调代替费用较高的市场交易。

在工业化时代，这一理论不仅用来解释企业边界的问题，同时也可作为企业纵向一体化的理论依据，并促进了许多大公司的发展。

在互联网时代，企业与企业之间、企业与用户之间、用户与企业之间借助互联网，可以轻松地实现全球全连接和零距离的信息沟通，因而大大降低了市场交易费用。交易费用的降低，使得企业可以专注自己拥有核心能力和竞争优势的业务（类型或环节），而把自己不存在比较优势的业务或经营环节交给外部商业合作伙伴。

第三节 “互联网+”的转型之路

课前思考

1. 什么是“互联网 +”和“跨界”？
2. 在“互联网 +”转型的过程中需要注意哪些问题？
3. 技术与管理创新包括哪些具体内容？

考点精讲

“互联网 +”就是要把互联网这一新技术推广应用到社会经济的各行业中去，推动各行业的技术进步、效率提升和组织变革。“互联网 +”要求各行业各组织向互联网化转型，这可能是一个艰难和痛苦的过程。综合一些企业的实践经验，转型过程中要特别注意解决好以下三个问题（见图 4–3–1）：跨界融合、技术与管理创新、建立生态圈。

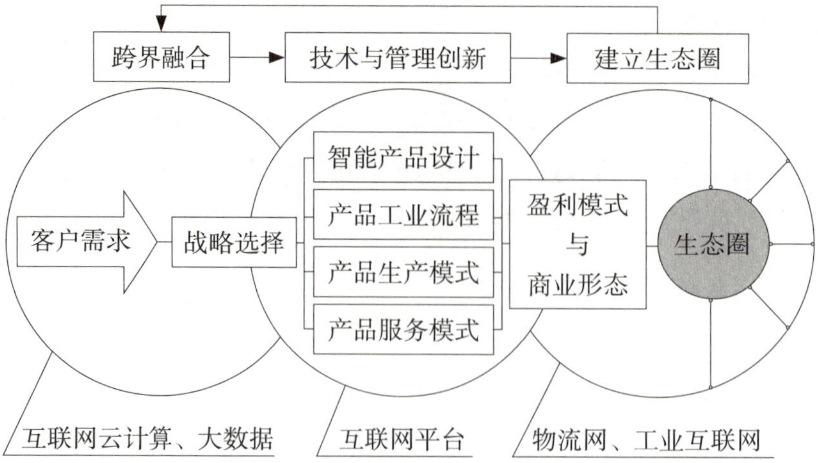

图4-3-1　“互联网+”转型过程

（一）跨界融合

互联网的本质是连接、开放、协作、分享。

所谓跨界就是任何工业互联网产品的推出，都不是原来业界单纯技术的成果，其创意和模式都可能来自其他行业。跨界的核心是融合，只有跨界融合才能创造新价值。

（二）技术与管理创新

根据客户导向确定战略目标后，在实施过程中必须围绕战略目标，全力以赴地进行技术与管理创新。其内容如表 4-3-1 所示。

表4-3-1　技术与管理创新的内容

内容	解释
智能产品设计创新	智能产品不仅能自动监督和检测产品的运营状况、预见发生故障的可能、及时向使用者提醒和报警，同时还能通过工业互联网把数据传递给信息中心或其他设备，并能接受管理者的信息，实现远程控制
产品工业流程创新	在工业互联网时代，必须充分考虑到物与物之间数据的连接和协调，考虑到智能机器人的介入，使整个产品工业流程在精益生产的基础上，实现更精确的全流程无缝对接，大大提高生产效率
产品生产模式创新	在工业互联网时代，要充分考虑“全连接，零距离”的特点，在充分满足客户个性化需求、采用个别或大规模定制的前提下，在全国乃至全球范围内，适当处理自制与外包的分工协作，最大限度地降低成本，提高生产的经济性
产品服务模式创新	在互联网时代，有无限发展的空间，经常会发生颠覆性的创新，甚至改变盈利模式和商业形态，重新定义行业边界

（三）建立生态圈

任何一种能满足客户需求的产品或服务，都是有生命的，并且它绝不是孤立存在的，而是必然与本行业或其他行业的产品或服务形成相互联系、相互依存、相互平衡、结构合理、功能齐全、相对稳定的生态系统。

企业在构建自己的生态圈时，有两点必须注意：

（1）生态圈内各个物种要互相适应，形成合理的功能结构。生态圈内的物种是多样性的，用户的需求也是多种多样的，企业应当努力发现和发掘用户的需求，开发相应的产品和服务，最大限度地满足用户的需求。但在同一生态圈内的物种应是互相依存、互相支持的，具有内在的有机联系。

（2）生态圈内要保持各物种之间合理的能量传递与物质循环，企业的能量要有一定冗余，不能过度负债。如果某物种进入生态圈后大量消耗能量，而其生成的能量又对其他物种补益甚微，就会对整个生态系统或生态圈造成损害。

课后练习

一、单项选择题

1. 美国经济学家（　）的交易费用理论认为，企业规模边界取决于交易费用和资产专用性的特点。

A. 韦伯　　B. 法约尔　　C. 泰罗　　D. 科斯

2. 凯文·凯利在《失控》中说道：“移动互联网时代将是一个‘数据生意的时代’。”这体现的是互联网的（　）特征。

A. 去中心化　　B. 在线化　　C. 数据化　　D. 移动化

3.（　）既是用户获得各种服务的界面，也是产生各种信息数据的来源。

A. 网　　B. 端　　C. 云　　D. 线

4.《维基经济学》说：“我们正走向这样一个世界——知识、权力和生产能力将比历史上任何时刻都要更加分散，价值创造更快，流动性更好、更快。”这体现的是互联网的（　）特征。

A. 去中心化　　B. 在线化　　C. 数据化　　D. 移动化

5. 人们无论在何时何地，都有可能通过手中的移动终端，实时地去办理他想办理的一切。这体现互联网的（　）发展趋势。

A. 智能化　　B. 个性化　　C. 实时化　　D. 社会化

二、多项选择题

6. 互联网未来的发展在空间、时间以及中介技术上可能呈现出（　）这几方面的趋势。

A. 智能化　　B. 个性化　　C. 实时化

D. 社会化　　E. 去中心化

7. 互联网的主要特征有（　）

A. 移动化　　B. 平台化　　C. 在线化

D. 数据化　　E. 去中心化

8. 互联网的本质是（　）

A. 连接　　B. 分享　　C. 开放

D. 融合　　E. 协作

9. 互联网的基础设施有（　）

A. 网　　B. 端　　C. 云

D. 线　　E. 光纤

三、名词解释

10. 互联网 +

11. 跨界

四、简答题

12. 简述互联网的主要特征。

13. 简述互联网时代管理学面临的挑战。

14. 简述“互联网 +”转型过程中要注意解决的问题。

扫码获取答案解析

第二篇 ➪ 决策与计划

第五章 ➜ 决策与决策方法

思维导图

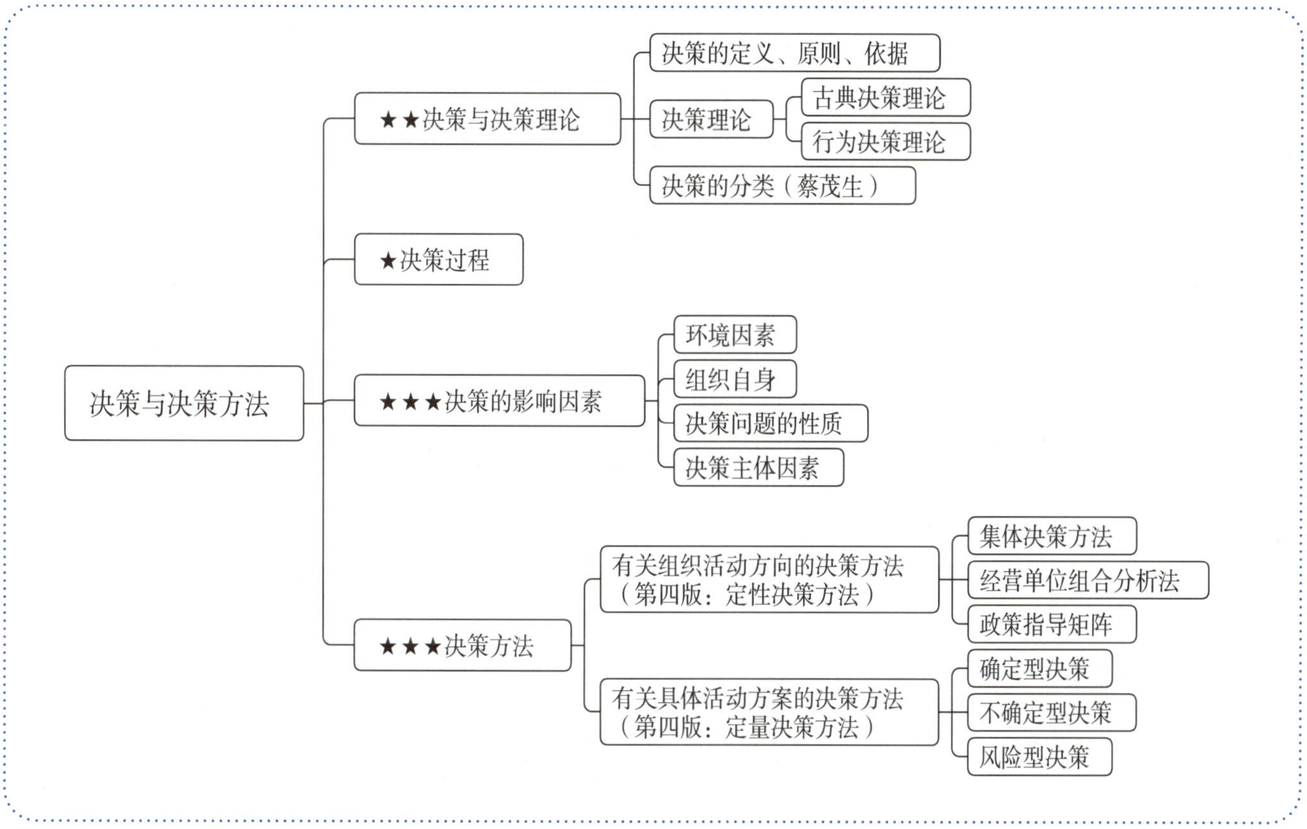

第一节 决策与决策理论

课前思考

1. 什么是决策？决策的原则和依据又是什么？
2. 古典决策理论的主要内容有哪些？
3. 行为决策理论的内容又有哪些？

考点精讲

一、决策的定义

决策是指管理者识别问题并解决问题以及利用机会的过程。

二、决策的原则

决策遵循的是满意原则，而不是最优原则。对决策者来说，要想使决策达到最优，必须具备以下条件，缺一不可：①获得与决策有关的全部信息；②了解全部信息的价值所在，并据此拟订出所有可能的方案；③准确预测每个方案在未来的执行结果。

但现实中，上述这些条件往往得不到满足。具体来说，原因有：①组织内外的很多因素都会对组织的运行产生不同程度的影响，但决策者很难收集到反映这些因素的一切信息；②对于收集到的有限信息，决策者的利用能力也是有限的，从而决策者只能拟订数量有限的方案；③任何方案都要在未来实施，而未来是不确定的。人们对未来的认识和影响十分有限，从而决策时所预测的未来状况可能与实际的未来状况不一致。

现实中的上述状况决定了决策者难以做出最优决策，只能做出相对满意的决策。

三、决策的依据

信息的数量和质量直接影响决策水平。这要求管理者在决策之前以及决策过程中尽可能地通过多种渠道收集信息作为决策的依据。适量的信息是决策的依据，信息量过大固然有助于决策水平的提高，但对组织而言可能是不经济的，而信息量过少则使管理者无从决策或导致决策达不到应有的效果。

四、决策理论

（一）古典决策理论（见表5–1–1）

表5–1–1 古典决策理论

名称	内容
人性假设	经济人
时间	主要盛行于20世纪50年代以前
观点	决策者是完全理性的
决策目的	为组织获取最大的经济利益
决策原则	最优原则
主要内容	（1）决策者必须全面掌握有关决策环境的信息情报 （2）决策者要充分了解有关备选方案的情况 （3）决策者应建立一个合理的层级结构，以确保命令的有效执行 （4）决策者进行决策的目的始终在于使本组织获取最大的经济利益

（二）行为决策理论

行为决策理论的发展始于20世纪50年代。对古典决策理论的“经济人”假设发难的第一人是诺贝尔经济学奖得主赫伯特·A. 西蒙，他在《管理行为》一书中指出，理性的和经济的标准都无法确切地说明管理的决策过程，进而提出“有限理性”标准和“满意度”原则。其他学者对决策者行为做了进一步的研究，他们在研究中也发现，影响决策的不仅有经济因素，还有决策者的心理与行为特征，如态度、情感、经验和动机等。

行为决策理论的主要内容有以下几个方面：

（1）人的理性介于完全理性和非理性之间，即人是有限理性的，这是因为在高度不确定和极其复杂的现实决策环境中，人的知识、想象力和计算力是有限的。

（2）决策者在识别和发现问题中容易受知觉上的偏差的影响，而在对未来的状况做出判断时，直觉的运用往往多于逻辑分析方法的运用。所谓知觉上的偏差，是指由于认知能力有限，决策者仅把问题的部分信息当作认知对象。

（3）由于受决策时间和可利用资源的限制，决策者即使充分了解和掌握了有关决策环境的信息情报，也只能做到尽量了解各种备选方案的情况，而不可能做到全部了解，决策者选择的理性是相对的。

（4）在风险型决策中，与对经济利益的考虑相比，决策者对待风险的态度对决策起着更为重要的作用。决策者往往厌恶风险，倾向于接受风险较小的方案，尽管风险较大的方案可能带来较为可观的收益。

（5）决策者在决策中往往只求满意的结果，而不愿费力寻求最佳方案。导致这一现象的原因有多种：①决策者不注意发挥自己和别人继续进行研究的积极性，只满足于在现有的可行方案中进行选择；②决策者本身缺乏有关能力，在有些情况下，决策者出于某些个人因素的考虑而做出自己的选择；③评估所有的方案并选择其中的最佳方案需要花费大量的时间和金钱，这可能得不偿失。

行为决策理论抨击了把决策视为定量方法和固定步骤的片面性，主张把决策视为一种文化现象。例如，日裔美籍学者威廉·大内在其对美日两国企业在决策方面的差异进行的比较研究中发现，东西方文化的差异是导致这种决策差异的一种不容忽视的原因，从而开创了对决策的跨文化比较研究。

除了西蒙的“有限理性”模式，林德布洛姆的“渐进决策”模式也对“完全理性”模式提出了挑战。林德布洛姆认为决策过程应是一个渐进的过程，而不应大起大落，否则会危及稳定。

五、决策的分类（蔡茂生）

（一）从决策问题的重要性程度来分类（见表5-1-2）

表5-1-2　从决策问题的重要性程度来分类的决策类型

决策类型	定义及其内容
战略决策	战略决策是指事关组织未来发展方向和远景的全局性、长远性的大政方针方面的决策。一般由企业高层决策者做出。战略决策对组织最重要。战略决策包括组织目标和大政方针的确定，组织结构的调整，企业产品的更新换代、技术升级改造等
战术决策	又称管理决策，是指确定达到组织目标所采取的程序、途径、手段和措施的决策。它是战略决策的具体化，如企业生产任务的日常分配、库存决策等。战术决策一般由组织的中间管理层负责进行
业务决策	又称执行性决策，是指日常工作中为提高生产效率和工作效率、合理组织业务活动进程等而进行的决策。其中包括作业计划的制订、生产、质量、成本，以及日常性控制等方面的决策。业务决策牵涉范围较窄，只影响局部，一般由初级管理层负责进行

（二）按决策的主体划分（见表 5-1-3）

表5-1-3 按决策的主体划分的决策类型

决策类型	定义及其内容
个人决策	是指单个人做出的决策。属于经验型决策。个人决策适用于紧迫性的问题和常规性业务问题的处理。个人决策有利于提高管理效率，但容易出现失误现象
集体决策	是指多个人一起做出的决策。通常是企业通过各种委员会或领导机构并吸收所属机构有关人员参加的形式，按一定程序和方法，对某些重要问题所做出的决策。集体决策适用于关系到组织全局的、长远发展的战略问题
	集体决策的优缺点： （1）优点：①集思广益；②能得到更多的认同；③更好地沟通；④能拟订更多的备选方案 （2）缺点：①拖延时间、影响效率；②遇紧迫性问题时容易丧失良机

（三）按决策发生的重复性划分（见表 5-1-4）

表5-1-4 按决策发生的重复性划分的决策类型

决策类型	定义及其内容
程序化决策	也称规范性决策，每当出现一些重复性的工作或问题（即例行活动）时，利用既定的程序来解决，而不需要重新研究。多属于日常的业务决策和可以规范化的技术决策
非程序化决策	也称一次性决策或非例行的决策，处理某类问题时，没有一成不变的程序和方法，而是需要用个别方法加以处理。如企业新产品开发决策、重要的人事任免决策、重大投资决策等。这类决策多属于战略决策和一些新的战术决策

（四）按环境因素可控程度划分（见表 5-1-5）

表5-1-5 按环境因素可控程度划分的决策类型

决策类型	定义及其内容
确定型决策	是指决策面对的问题的相关因素是确定的，从而建立的决策模型中的各种参数是确定的。如库存决策、设备更新决策
风险型决策	如果决策问题涉及的条件中有些是随机因素，它虽然不是确定型的，但我们知道它们的概率分布，这类决策就是风险型决策
不确定型决策	如果决策问题涉及的条件中有些是未知的，对一些随机变量，连它们的概率分布也不知道，这类决策问题就是不确定型决策

第二节 决策过程

课前思考

决策的过程有哪些？

考点精讲

一、诊断问题/识别机会

决策过程的第一步是诊断问题或识别机会。

二、明确目标

目标体现的是组织想要获得的结果。所想要获得的结果的数量和质量都要明确下来，因为这两个方面都能最终指导决策者选择合适的行动路线。

根据时间的长短，可把目标分为长期目标、中期目标和短期目标。长期目标通常用来指导组织的战略决策，中期目标通常用来指导组织的战术决策，短期目标通常用来指导组织的业务决策。无论时间长短，目标总是指导着随后的决策过程。

三、拟订方案

备选方案可以是标准的和显明的，也可以是独特的和富有创造性的。标准方案通常是指组织以前采用过的方案。通过头脑风暴法、名义组织技术和德尔菲技术等可以提出富有创造性的方案。

四、筛选方案

决策过程的第四步是确定所拟订的各种方案的价值或恰当性，并确定最满意的方案。管理者必须仔细考察所掌握的全部事实，并确保自己已获得足够的信息。

五、执行方案

选定方案之后，紧接着的步骤就是执行方案。管理者能够实现责、权、利三者的有效结合，确保方案朝着管理者所期望的路线演进。

六、评估效果

对方案执行效果的评估是指将方案实际的执行效果与管理者当初所设立的目标进行比较，看是否出现偏差。如果存在偏差，则要找出偏差产生的原因，并采取相应的措施。加强对方案执行的监控并采取切实有效的措施，确保已经出现的偏差不扩大甚至有所缩小，从而使方案取得预期的效果。

第三节 决策的影响因素

具体来说，个人对待风险的态度、个人能力、个人价值观以及决策群体的关系融洽程度等都会影响到决策。决策的影响因素如表 5-3-1 所示。

表5-3-1 决策的影响因素

影响因素	具体内容
环境因素	环境的稳定性
	市场结构
	买卖双方在市场的地位
组织自身的因素	组织文化
	组织的信息化程度
	组织对环境的应变模式

续表

影响因素	具体内容
决策问题的性质	问题的紧迫性
	问题的重要性
决策主体的因素	个人对待风险的态度
	个人能力
	个人价值观
	决策群体的关系融洽程度

一、环境因素

（一）环境的稳定性

一般来说，在环境比较稳定的情况下，组织过去针对同类问题所做的决策具有较高的参考价值，因为过去决策时所面临的环境与现在差不多。有时，今天的决策仅是简单地重复昨天的决策。这种情况下的决策一般由组织的中低层管理者进行。

而在环境剧烈变化的情况下，组织所要做的决策通常是紧迫的，否则可能被环境淘汰；同时过去决策的借鉴意义也不大，因为已经时过境迁。为了更快地适应环境，组织可能需要对经营活动的方向、内容与形式进行及时的调整。这种情况下的决策一般由组织的高层管理者进行。

（二）市场结构

如果组织面对的是垄断程度较高的市场，则其决策重点通常在于：如何改善生产条件，如何扩大生产规模，如何降低生产成本等。垄断程度高容易使组织形成以生产为导向的经营思想。

如果组织面对的是竞争程度较高的市场，则其决策重点通常在于：如何密切关注竞争对手的动向，如何针对竞争对手的行为做出快速反应，如何才能不断地向市场推出新产品，如何完善营销网络等。激烈的竞争容易使组织形成以市场为导向的经营思想。

（三）买卖双方在市场的地位

在卖方市场条件下，组织作为卖方，在市场居于主动、主导地位。组织所做的各种决策的出发点是组织自身的生产条件与生产能力，“我生产什么就向市场提供什么”“我能生产什么就销售什么”。

而在买方市场条件下，组织作为卖方，在市场居于被动、被支配的地位。组织所做的各种决策的出发点是市场的需求情况，“市场或用户需要什么我就生产什么”。“消费者主权”“用户就是上帝”“顾客永远是对的”等意识被融入决策中。

二、组织自身的因素

（一）组织文化

在保守型组织文化中生存的人们受这种文化的影响倾向于维持现状，他们害怕变化，更害怕失败。对任何带来变化（特别是重大变化）的行动方案会产生抵触情绪，并以实际行动抵制。在这种文化氛围中，如果决策者想坚持实施一项可能给组织成员带来较大变化的行动方案，就必须首先勇于破除旧有的文化，建立一种欢迎变化的文化，而这往往具有一定难度。决策者会在决策之前预见到带来变化的行动方案在实施中将遇到很大阻力，很可能遭到失败。在保守型文化中的人们不会轻易容忍失败，因而决策者就会产生顾虑，从而将有关行动方案从自己的视野中剔除出去。其结果是，那些旨在维持现状的行动方案被最终选出并付诸实施，进一步强化了文化的保守性。

而在进取型组织文化中生存的人们欢迎变化，勇于创新，宽容地对待失败。在这样的组织中，容易进入决策者视野的是给组织带来变革的行动方案。有时候，他们进行决策的目的就是制造变化。此外，组织文化是否具有伦理精神也会对决策产生影响。具有伦理精神的组织文化会引导决策者采取符合伦理的行动方案，而没有伦理精神的组织文化可能会导致决策者为了达到目的而不择手段。

（二）组织的信息化程度

信息化程度对决策的影响主要体现在其对决策效率的影响上。信息化程度较高的组织拥有较先进的信息技术，可以快速获取质量较高的信息；另外，在这样的组织中，决策者通常掌握着较先进的决策手段。高质量的信息与先进的决策手段便于决策者快速做出较高质量的决策。不仅如此，在高度信息化的组织中，决策者的意图易被人理解，决策者也较容易从他人那里获取反馈，使决策方案能根据组织的实际情况进行调整从而得到很好的实施。

因此，在信息时代，组织应致力于加强信息化建设，借此提高决策的效率。

（三）组织对环境的应变模式

通常，对一个组织而言，其对环境的应变是有规律可循的。随着时间的推移，组织对环境的应变方式趋于稳定，形成组织对环境特有的应变模式。这种模式指导着组织今后在面对环境变化时如何思考问题、如何选择行动方案等，特别是在创立该模式的组织最高领导尚未被更换时，其制约作用更大。

三、决策问题的性质

（一）问题的紧迫性

如果决策涉及的问题对组织来说非常紧迫，急需处理，则这样的决策被称为时间敏感型决策。对于此类决策，快速行动要比如何行动更重要，也就是说，对决策速度的要求高于对决策质量的要求。战场上军事指挥官的决策多属于此类。组织在发生重大安全事故、面临稍纵即逝的重大机会以及在生死存亡的紧急关头所进行的决策也属于此类。需要说明的是，时间敏感型决策在组织中不常出现，但每次出现都给组织带来重大影响。

相反，如果决策涉及的问题对组织来说不紧迫，组织有足够的时间从容应对，则这样的决策可被称为知识敏感型决策。因为在时间宽裕的情况下对决策质量的要求必然提高，而高质量的决策依赖于决策者掌握足够的知识。组织中的大多数决策均属于此类。对决策者而言，为了争取足够的时间以便做出高质量的决策，需要未雨绸缪，尽可能在问题出现之前就将其列为决策的对象，而不是等问题出现后再匆忙做决策，也就是将时间敏感型决策转化为知识敏感型决策。

（二）问题的重要性

问题的重要性对决策的影响是多方面的：①重要的问题可能引起高层领导的重视，有些重要问题甚至必须由高层领导亲自决策，从而保证决策得到更多力量的支持；②越重要的问题越有可能由群体决策，因为与个体决策相比，在群体决策时，对问题的认识更全面，决策的质量可能更高；③越重要的问题越需要决策者慎重决策，越需要决策者避开各类决策陷阱。

四、决策主体的因素

（一）个人对待风险的态度

人们对待风险的态度有三种类型：风险厌恶型、风险中立型和风险爱好型。可以通过举例来说明如何区分这三种类型。假如你面临两个方案：一个方案是，不管情况如何变化，你都会在 1 年后得到 100 元收入；另一个方案是，在情况朝好的一面发展时，你将得到 200 元收入，而在情况朝坏的一面发展时，你将得不到收入，情况朝好的一面发展和朝坏的一面发展的可能性各占一半。试问你更愿意采用哪个方案？如果选择第一个方案，那么你将得到 100 元的确定性收入；而如果选择第二个方案，那么你将得到的期望收入为 $200 \times 0.5 + 0 \times 0.5 = 100$（元）。如果你宁愿选择第一个方案，你就属于风险厌恶型；如果你宁愿选择第二个方案，你就属于风险爱好型；如果你对选择哪个方案都无所谓，你就属于风险中立型。可见，决策者对待风险的不同态度会影响行动方案的选择。

（二）个人能力

决策者个人能力对决策的影响主要体现在以下方面：①决策者对问题的认识能力越强，越有可能提出切中要害的决策；②决策者获取信息的能力越强，越有可能加快决策的速度并提高决策的质量；③决策者的沟通能力越强，他提出的方案越容易获得通过；④决策者的组织能力越强，方案越容易实施，越容易取得预期的效果。

（三）个人价值观

组织中的任何决策既有事实成分，也有价值成分。对客观事物的描述属于决策中的事实成分，如对组织外部环境的描述、对组织自身问题的描述等都属于事实成分。事实成分是决策的起点，能不能做出正确决策很大程度上取决于事实成分的准确性。对所描述的事物所做的价值判断属于决策中的价值成分。显然，这种判断受个人价值观的影响，决策者有什么样的价值观，就会做出什么样的判断。也就是说，个人价值观通过影响决策中的价值成分来影响决策。

（四）决策群体的关系融洽程度

如果决策是由群体做出的，那么群体的特征也会对决策产生影响。我们此处仅考察决策群体的关系融洽程度对决策的影响：①影响较好行动方案被通过的可能性。在关系融洽的情况下，大家心往一处想，劲往一处使，话往一处说，事往一处做，较好的方案容易获得通过。而在关系紧张的情况下，最后被通过的方案可能是一种折中方案，未必是较好的方案。②影响决策的成本。在关系紧张的情况下，方案可能长时间议而不决，决策方案的实施所遇到的障碍通常也较多。

第四节 决策方法

“工欲善其事，必先利其器。”这句名言强调了工具对完成任务的重要性。在信息时代，信息技术就是做好管理决策的重要工具。然而，只有工具还不行，还要学会使用工具的方法。根据决策要解决的问题所涉及的层面，可以将决策方法分为与组织活动方向选择有关的方法和与具体活动方案选择有关的方法，如表 5-4-1 所示。

表5-4-1 决策方法

<table>
<tr><th>决策方法</th><th colspan="2">具体类型</th></tr>
<tr><td rowspan="5">有关组织活动方向选择的方法</td><td rowspan="3">集体决策方法</td><td>头脑风暴法</td></tr>
<tr><td>名义小组技术</td></tr>
<tr><td>德尔菲技术</td></tr>
<tr><td colspan="2">经营单位组合分析法</td></tr>
<tr><td colspan="2">政策指导矩阵</td></tr>
<tr><td rowspan="3">有关具体活动方案选择的方法</td><td colspan="2">确定型决策方法</td></tr>
<tr><td colspan="2">风险型决策方法</td></tr>
<tr><td colspan="2">不确定型决策方法</td></tr>
</table>

一、有关组织活动方向选择的方法

活动方向选择涉及组织未来的发展领域与路径等重大问题，从而需要集思广益，比较分析。主要方法有集体决策、经营单位组合分析以及政策指导矩阵等。

（一）集体决策方法

1. 头脑风暴法（也称畅谈法）

头脑风暴法的特点是：倡导创新思维。针对解决的问题，相关专家或人员聚在一起，在宽松的氛围中，敞开思路，畅所欲言，寻求多种决策思路。时间一般在 1 ~ 2 小时，参加者以 5 ~ 6 人为宜。

头脑风暴法的创始人是美国心理学家奥斯本。该决策方法的四项原则是：

（1）各自发表自己的意见，对别人的建议不作评论。

（2）建议不必深思熟虑，越多越好。

（3）鼓励独立思考、奇思妙想。

（4）可以补充完善已有的建议。

2. 名义小组技术（也称列名小组法）

在集体决策中，如果大家对问题性质的了解程度有很大差异，或彼此的意见有较大分歧，直接开会讨论效果并不好，可能争执不下，也可能权威人士发言后大家随声附和。

这时，可以采取“名义小组技术”。其步骤如下：

（1）管理者先选择一些对要解决的问题有研究或有经验的人作为小组成员，并向他们提供与决策问题相关的信息。

（2）小组成员各自互不通气，独立地思考，提出决策建议，并尽可能详细地将自己提出的备选方案写成文字资料。

（3）召集会议，让小组成员一一陈述自己的方案。

（4）在此基础上，小组成员对全部备选方案投票，产生大家最赞同的方案。

（5）并形成对其他方案的意见，提交管理者作为决策参考。

3. 德尔菲技术（也称为专家意见函询调查法、专家预测法）

德尔菲技术由兰德公司提出，是为避免集体讨论存在的屈从于权威或盲目服从多数的缺陷而提出的，被用来听取专家关于处理某一问题的意见的一种专家决策法。

德尔菲法是指采用背对背的通信函询方式征询专家小组成员的决策意见，经过几轮征询，使专家小组意见趋于集中，最后做出结论的一种定性决策方法。它运用匿名方式，采用背靠背的交流，专家之间互不往来，彼此之间都不知道对方是谁。有利于消除成员间的相互影响，充分发挥专家们的智慧、知识和经验，真正体现各位专家自己的意见。其步骤如下：

（1）根据问题的特点，选择和邀请做过相关研究或有相关经验的专家。

（2）将与问题有关的信息分别提供给专家，请他们各自独立发表自己的意见，并写成书面材料。

（3）管理者收集并综合专家们的意见后，将综合意见反馈给各位专家，请他们再次发表意见。如果分歧很大，可以开会集中讨论；否则，管理者分头与专家联络。

（4）如此反复多次，最后形成代表专家组意见的方案。

（二）经营单位组合分析法

经营单位组合分析法是由波士顿咨询公司提出来的。该方法认为，在确定某个单位经营活动方向时，应该考虑它的相对竞争地位和业务增长率两个维度。相对竞争地位经常体现在市场占有率上，它决定了企业的销售量、销售额和盈利能力；而业务增长率则反映业务增长的速度，影响投资的回收期限。企业经营业务的状况被分成四种类型，如图 5-4-1 所示。

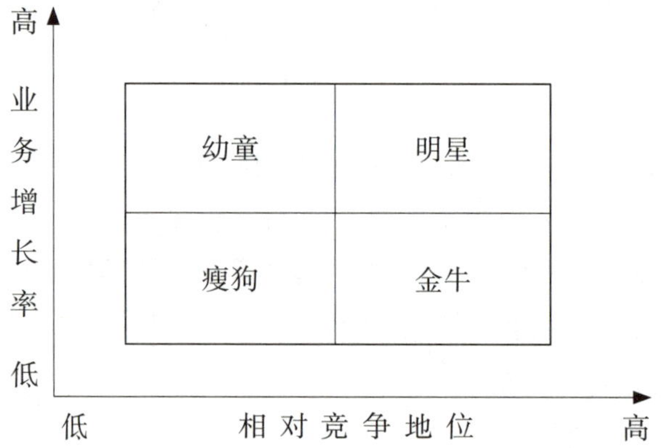

图5-4-1　经营单位组合分析图

（1）“瘦狗”型经营单位的特点是市场份额和业务增长率都较低，只能带来很少的现金和利润，甚至可能亏损。对这种不景气的业务，应该采取收缩甚至放弃的战略。

（2）“幼童”型经营单位的特点是业务增长率较高，目前市场占有率较低。这有可能是企业刚开发的很有前途的领域。高增长的速度需要大量资金，而仅通过该业务自身难以筹措。企业面临的选择是向该业务投入必要的资金，以提高市场份额，使其向“明星”型转变；如果判断它不能转化成“明星”型，应忍痛割爱，及时放弃该领域。

（3）“金牛”型经营单位的特点是市场占有率较高，而业务增长率较低，能产生大量的利润，所以维持现状，但不要再大规模投资，因为市场已经饱和了。

（4）“明星”型经营单位的特点是市场占有率和业务增长率都较高，代表着最高利润增长率和最佳投资机会，企业应该不失时机地投入必要的资金，扩大生产规模。

（三）政策指导矩阵

政策指导矩阵方法是荷兰皇家壳牌公司创立的。该方法从市场前景和相对竞争能力两个维度分析企业经营单位的现状和特征，用一个 3×3 的类似矩阵的形式表示（其实，它不是严格意义的 3×3 矩阵，只是分成了 9 个方格），如图 5–4–2 所示。市场前景吸引力分为弱、中、强 3 种，相对竞争能力也分成了弱、中、强 3 种，一共分成 9 大类。

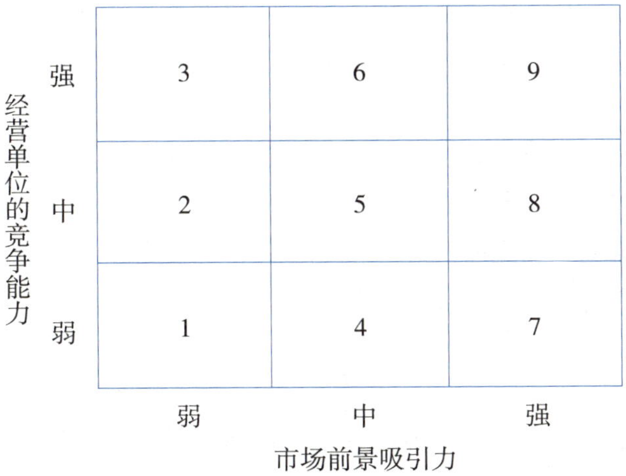

图5–4–2 政策指导矩阵示意图

各大区域的特点及采取的战略如表 5–4–2 所示。

表5–4–2 政策指导矩阵示意图各大区域的特点及采取的战略

经营单位	特点及采取的战略
区域6和9	竞争能力强，市场前景也不错，应该确保足够的资源，优先发展。其中，处于区域9的业务代表大好的机会
区域8	市场前景虽好，但竞争能力不够强，应该分配更多的资源，以提高其竞争能力
区域7	市场前景虽好，但竞争能力弱，要根据企业的资源状况区别对待。最有前途的应该促进其迅速发展，其余的需逐步淘汰
区域5	市场前景和竞争能力均居中等，一般在市场上有2～4个强有力的竞争对手。要分配给这些单位足够的资源，推动其发展
区域4	市场吸引力不强且竞争能力较弱，应该选择时机放弃这些业务，以便把收回的资金投入盈利能力更强的业务
区域3	竞争能力较强，但市场前景不容乐观，这些业务不应继续发展，但不要马上放弃，可以利用其较强的竞争能力为其他业务提供资金
区域2	市场吸引力弱且竞争能力不强
区域1	竞争能力和市场前景都很弱，应尽快放弃此类业务，以免陷入泥潭

二、有关具体活动方案选择的决策方法

确定了活动方向的目标以后，还应对可以朝着同一方向迈进的不同活动方案进行选择。选择是以比较为前提的。比较不同方案的一个重要标准是它们能够带来的经济效果。由于任何方案都需要在未来实施，而人们对未来的认识程度不尽相同，因此方案在未来实施的经济效果的确定程度、人们评价这些经济效果的方法也不相同。根据这个标准，可以把决策方法分为确定型、不确定型、风险型三类。

（一）确定型决策方法

运用这种方法评价不同方案的经济效果时，人们对未来的认识比较充分，了解未来市场可能呈现某种状况，能够比较准确地估计未来的市场需求情况，从而可以比较有把握地计算各方案在未来的实施结果，并据此做出选择。

未来确定条件下的评价方法也很多，比如量本利分析法、内部投资回收率法、价值分析法等。下面主要介绍量本利分析的基本原理。

量本利分析，也叫保本分析或盈亏平衡分析，是通过分析生产成本、销售利润和产品数量这三者的关系，掌握盈亏变化的规律，指导企业选择能够以最小的成本生产出最多产品并可使企业获得最大利润的经营方案。

企业利润是销售收入扣除生产成本以后的剩余。其中销售收入是产品销售数量及其销售价格的函数，生产成本（包括工厂成本和销售费用）可分成固定成本和变动成本。变动成本是随着产量的增加或减少而提高或降低的费用，而固定成本则在一定时期、一定范围内不随产量而变化。当然，“固定”与“变动”只是相对的概念：从长期来说，企业的经营能力和规模是在不断变化的，因此一切费用都是变动的；从短期来看，就单位产品来说，“变动费用”是固定的，而“固定费用”则随产品数量的增加而减少。

图 5–4–3 描述了特定时期企业利润、销售收入（价格与销售量的乘积）以及生产成本（固定费用和变动费用）之间的关系。

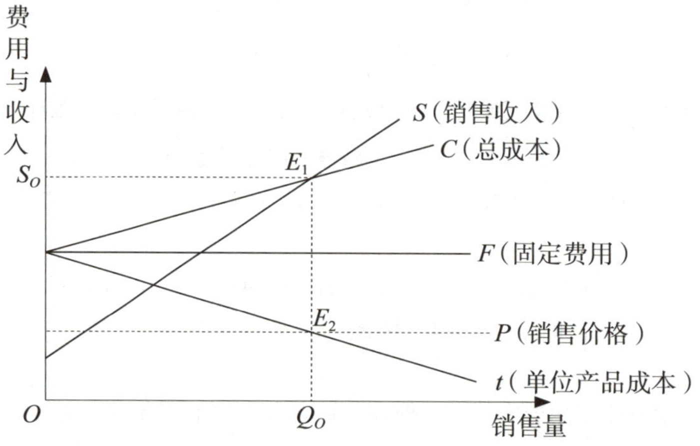

图5–4–3　量本利关系图

企业获得利润的前提是生产过程中的各种消耗均能够得到补偿，即销售收入至少等于生产成本。为此，必须确定企业的保本产量和保本收入：在价格、固定费用和变动费用已定的条件下（在我们分析的短期背景中，事实基本如是），企业至少应生产多少数量的产品才能使总收入—总成本平衡；或当产量、价格、费用已定的情况下，企业至少应取得多少销售收入才足以补偿生产过程中的费用。

确定保本收入与保本产量可以利用图上作业或公式计算两种方法。

图上作业法是根据已知的成本和价格资料，作出如图 5–4–3 所示的量本利关系图，图中总收入曲线 S 与总成本曲线 C 的相交点 E_1 或单位产品成本曲线 t 与销售价格曲线 P 的交点 E_2 即表示企业经营的盈亏平衡点，与 E_1、E_2 相对应的产量 Q_O，即为保本产量，与 E_1 相对应的销售收入 S_O 即为保本收入。

公式计算法是利用公式来计算保本产量和保本销售收入。

根据上面分析的量本利之间的关系，我们知道：

销售收入 = 产量 × 单价

生产成本 = 固定费用 + 变动费用

= 固定费用 + 产量 × 单位变动费用

（二）不确定型决策方法

如果决策问题涉及的条件中有些是未知的，对一些随机变量，连它们的概率分布也不知道，这类决策问题被称为不确定型决策。我们通过一个例子介绍几种不确定型决策方法。

【例 5.4.1】某企业打算生产某产品。根据市场预测分析，产品销路有三种可能性：销路好、销路一般和销路差。生产该产品有三种方案：改进生产线、新建生产线、外包生产。各种方案的收益值如表 5–4–3 所示。

表5–4–3 企业产品生产各方案在不同市场情况下的收益 单位：万元

项目	销路好	销路一般	销路差
改进生产线	180	120	–40
新建生产线	240	100	–80
外包生产	100	70	16

面对这一决策问题，我们不能简单地从表 5–4–3 中选取收益最大的单元格（即 240 万元），因为“销路好”这一情况不一定能发生，甚至不知道三种情况各自出现的可能性（概率）。

常用的解决不确定型决策问题的方法有以下三种。

1. 小中取大法

决策者对未来持悲观态度，认为未来会出现最差的情况。决策时，对各种方案都按它带来的最低收益考虑，然后比较哪种方案的最低收益最高，简称小中取大法。

在本例中，三种方案的最小收益分别为 –40 万元、–80 万元、16 万元，其中第三种方案对应的值最大，所以选择外包生产的方案。

2. 大中取大法

决策者对未来持乐观态度，认为未来会出现最好的情况。决策时，对各种方案都按它带来的最高收益考虑，然后比较哪种方案的最高收益最高，简称大中取大法。

在本例中，三种方案的最大收益分别为 180 万元、240 万元、100 万元，其中第二种方案对应的值最大，所以选择新建生产线的方案。

3. 最小最大后悔值法

决策者在选择了某方案后，若事后发现客观情况并未按自己预想的发生，会为自己事前的决策而后悔。由此，产生了最小最大后悔值决策方法，其步骤是：

（1）计算每个方案在每种情况下的后悔值，定义为：

后悔值=该情况下的各方案中的最大收益–该方案在该情况下的收益

（2）找出各方案的最大后悔值。

（3）选择最大后悔值中最小的方案。

表 5–4–4 给出了各方案在各种市场情况下的后悔值及各方案的最大后悔值，其中第一方案对应的最大后悔值最小，所以选择改进生产线的方案。

表5–4–4 企业产品生产各方案在不同市场情况下的后悔值 单位：万元

项目	销路好	销路一般	销路差	最大后悔值
改进生产线	60	0	56	60
新建生产线	0	20	96	96
外包生产	140	50	0	140

（三）风险型决策方法

如果决策问题涉及的条件中有些是随机因素，这些因素虽然不是确定型的，但我们知道它们的概率分布，这类决策被称为风险型决策。我们通过例子介绍风险型决策的方法。

【例 5.4.2】某企业打算生产某产品。根据市场预测分析，产品销路有三种可能性：销路好、销路一般和销路差，这三种情况出现的概率分别为 0.3、0.45、0.25。生产该产品有三种方案：改进生产线、新建生产线、外包生产。各种方案的收益值如表 5-4-5 所示。

表5-4-5　各生产方案在不同市场情况下的收益　　单位：万元

项目	销路好	销路一般	销路差
改进生产线	180	120	-40
新建生产线	240	100	-80
外包生产	100	70	16

1. 最大期望收益准则

解决风险决策常用的一个方法是使期望收益最大化。学过概率统计后，不难求出三种方案对应的期望收益分别为：

（1）$180\times0.3+120\times0.45-40\times0.25=98$

（2）$240\times0.3+100\times0.45-80\times0.25=97$

（3）$100\times0.3+70\times0.45+16\times0.25=65.5$

因为第一种方案对应的期望收益值最大，所以选择改进生产线的方案。

2. 最大期望效用准则

最大期望效用准则与最大期望收益准则的区别在于：计算期望时，用收益的效用乘相应的概率，再求和。除了风险中性的理性人，人们的效用函数一般是非线性的，用期望效用更能体现决策者的风险偏好。最大期望收益准则可以看作最大期望效用准则的特例，即效用函数是一种特殊的线性函数。

3. 面对小概率事件需要注意的问题

在上面所举的例子中，几种市场情况下的概率差异不大。如果风险决策者面对的随机变量分布比较反常，比如，有的事件发生的概率很小，但是一旦发生带来的收益或损失特别大。这时，如果简单地应用最大期望收益准则，可能造成决策的失误，出现决策者预想不到的结果。

4. 多阶段决策问题与决策树

以上讨论的是在某一个阶段的决策问题。在面对多阶段的风险决策问题时，人们经常采用决策树方法，其目标可以是最大期望收益，也可以是最大期望效用。现举例说明决策树的应用。

【例 5.4.3】某企业现在生产某产品，生产规模不大。根据市场预测分析，明年产品的销路有两种可能：销路好（市场需求大增）与销路一般（与今年的市场需求持平），各种情况出现的概率分别为0.7和0.3。为适应市场需求可能的变化，企业在今年第四季度有两种方案可供选择：①新建生产线（可以满足销路好的需求）；②改进生产线（可以满足销路一般的需求）。

如果今年没有上新生产线，到明年市场需求旺盛时，企业还可以采取两种方案：①紧急安装新生产线；②加班生产和外包。

各种方案的收益值如表 5-4-6 所示。

表5-4-6 各生产方案在不同市场情况下的收益　　单位：万元

项目		销路好	销路一般
新建生产线		3000	-200
改进生产线	紧急安装新生产线	1500	500
	加班生产和外包	2000	

图 5-4-4 是解这一问题的决策树。图中的矩形节点称为决策点，节点 A 代表今年的决策，节点 B 代表明年的决策，从决策点引出的分支称为方案枝；圆形节点称为状态点，从状态点引出的分支称为状态枝。且图 5-4-4 中标出了相应的概率和收益值。

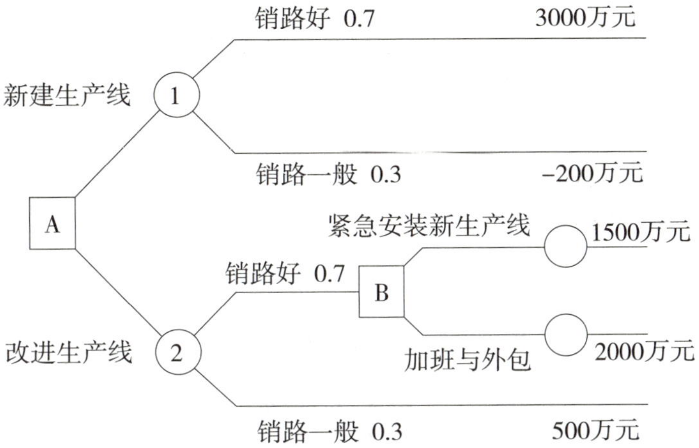

图5-4-4 用决策树解决多阶段生产规模问题

求解的次序是从决策树的末端开始，求解的基本步骤如下：

（1）先遇到决策点 B，取从该决策点出发的方案枝中的最大值，作为该决策点的值。

决策节点B的值=max（1500，2000）=2000万元

（2）遇到状态点，依据各种状态的概率算期望收益。

状态点1的期望收益$E_1=0.7\times3000+0.3\times(-200)=2040$万元

状态点2的期望收益$E_2=0.7\times2000+0.3\times500=1550$万元

（3）在决策点 A，比较两个方案枝相连的两个状态点上的期望收益。

状态节点 1 的期望收益为 2040 万元，状态节点 2 的期望收益为 1550 万元。取其中最大的作为采用的方案。

最后得到的决策方案是：今年采用方案 1，新建生产线。这种方案的期望收益是 2040 万元。

课后练习

一、单项选择题

1. 奥斯本提出了（　）

A. 头脑风暴法　　B. 名义小组技术　　C. 德尔菲技术　　D. 决策树法

2. 把决策划分为战略决策、战术决策与业务决策的依据是（　）

A. 决策所涉及的问题　B. 环境因素的可控程度

C. 决策问题的重要性　D. 决策主体

3. 古典决策理论是基于（　）假设而提出来的。

A. 经济人　B. 复杂人　C. 社会人　D. 自然人

4. 提出经营单位组合分析法的是（　）

A. 福特公司　B. 兰德公司　C. 波士顿咨询公司　D. 壳牌公司

5. “金牛”型经营单位的特点是（　）

A. 市场占有率较高而业务增长率较低　B. 市场占有率较高且业务增长率较高

C. 市场占有率较低且业务增长率较低　D. 市场占有率较低而业务增长率较高

6. 提出决策的“有限理性”标准和“满意度”原则的学者是（　）

A. 杰伊·洛西　B. 赫伯特·A. 西蒙　C. 威廉·大内　D. 伯利·卡塔尔

7. 政策指导矩阵属于（　）

A. 有关经营活动方向的决策方法　B. 有关经营活动方案的决策方法

C. 确定型决策方法　D. 不确定型决策方法

8. 风险型决策最常用的决策方法是（　）

A. 决策树　B. 线性规划　C. 最小最大后悔值　D. 大中取大

二、多项选择题

9. 解决确定型决策问题的方法有（　）

A. 线性规划　B. 非线性规划

C. 动态规划　D. 最小最大后悔值法

E. 决策树

10. 决策的影响因素包括（　）

A. 环境因素　B. 市场结构

C. 组织自身因素　D. 决策问题的性质

E. 决策主体的因素

11. 以下属于决策主体的因素有（　）

A. 个人能力　B. 个人价值观

C. 买卖双方在市场的地位　D. 个人对待风险的态度

E. 决策群体的关系融洽程度

12. 以下属于集体决策方法的有（　）

A. 头脑风暴法

B. 名义小组技术

C. 德尔菲技术

D. 政策指导矩阵法

E. 经营单位组合分析法

13. 有关经营活动方案的决策方法包括（　）

A. 经营单位组合分析法

B. 头脑风暴法

C. 不确定型决策

D. 风险型决策

E. 确定型决策

三、名词解释

14. 战略决策

15. 非程序化决策

16. 确定型决策

四、简答题

17. 简述行为决策理论的主要内容。

18. 简述名义小组技术的步骤。

19. 简述德尔菲技术的步骤。

五、论述题

20. 联系实际论述决策的影响因素。

扫码获取答案解析

第六章 计划与计划工作

思维导图

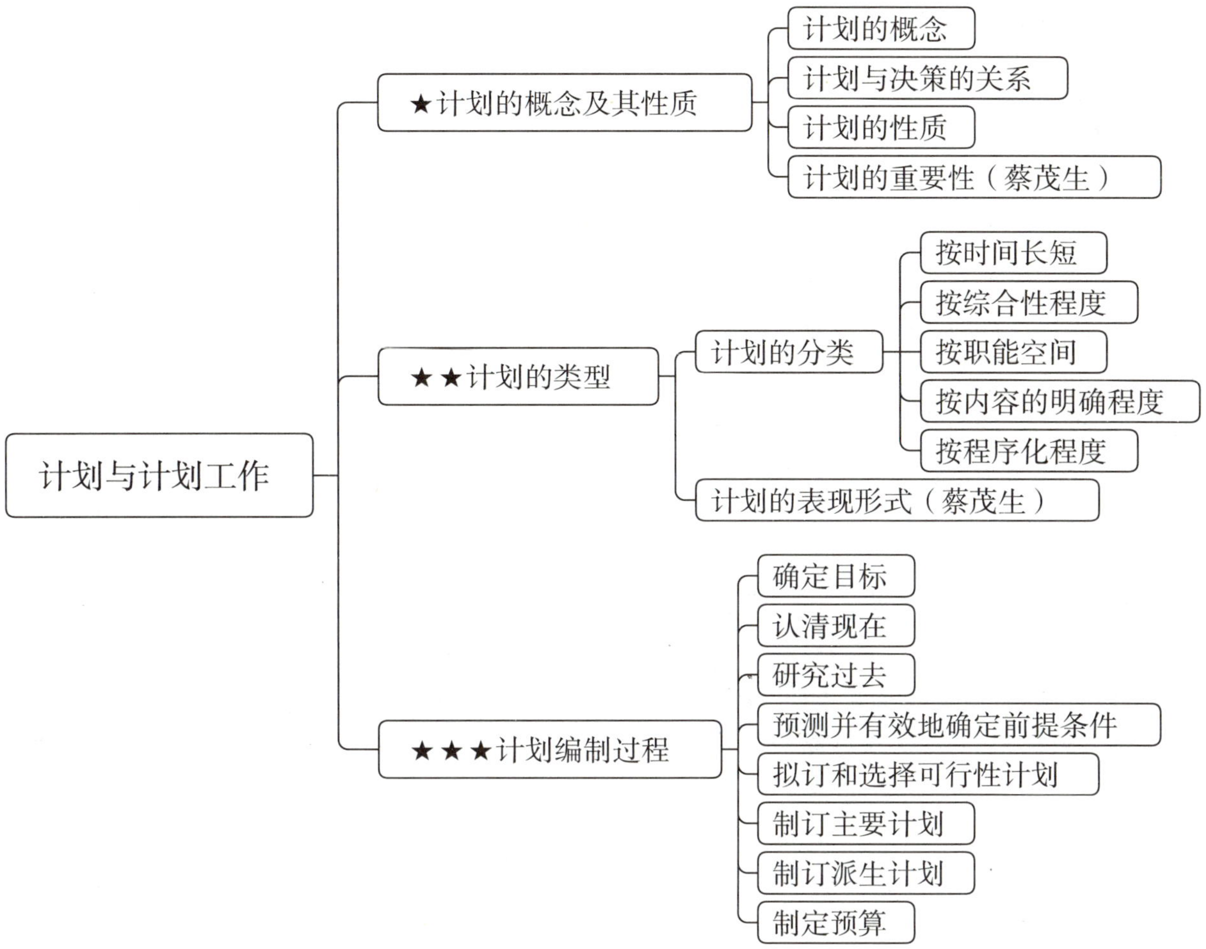

计划过程是决策的组织落实过程。决策是计划的前提，计划是决策的逻辑延续。计划通过将组织在一定时期内的活动任务分解给组织的每个部门、环节和个人，从而不仅为这些部门、环节和个人在该时期的工作提供了具体的依据，而且为决策目标的实现提供了保证。

第一节 计划的概念及其性质

课前思考

1. 什么是计划?
2. 计划的内容有哪些?
3. 计划有哪些性质?

考点精讲

一、计划的概念

(一)计划的定义

在汉语中, "计划"既可以是名词,也可以是动词。从名词意义上说,计划是指用文字和指标等形式所表述的,在未来一定时期内组织以及组织内不同部门和不同成员,关于行动方向、内容和方式安排的管理文件。计划既是决策所确定的组织在未来一定时期内的行动目标和方式在时间和空间的进一步展开,又是组织、领导、控制和创新等管理活动的基础。从动词意义上说,计划是指为了实现决策所确定的目标,预先进行的行动安排。

【知识拓展】广义和狭义的计划(蔡茂生)

广义的计划(工作)是指制订计划、执行计划和检查计划三个阶段的工作过程。狭义的计划(工作)是指制订计划,即根据组织内外部的实际情况,通过科学的预测,提出在未来一定时期内组织所要达到的具体目标,以及实现目标的途径。

(二)计划的内容

无论在名词意义上还是在动词意义上,计划内容都包括"5W1H"(见表6-1-1),计划必须清楚地确定和描述这些内容。

表6-1-1 计划的内容(5W1H)

英文	翻译	回答的问题
What	做什么	目标与内容
Why	为什么做	原因
Who	谁去做	人员
Where	在哪儿做	地点
When	何时做	时间
How	怎样做	方式、手段

二、计划与决策

以西蒙为代表的决策理论学派则强调,管理就是决策。决策是包括情报活动、设计活动、抉择活动和审查活动等一系列活动的过程;决策是管理的核心,贯穿于整个管理过程。因此,决策不仅包括了计划,而且包含了整个管理,甚至就是管理本身。

决策与计划是两个既相互区别、又相互联系的概念。说它们是相互区别的,因为这两项工作需要解决的问题不同。决策是对组织活动方向、内容以及方式的选择。计划则是对组织内部不同部门和不同成员在一定时期内的行动任务的具体安排，它详细规定了不同部门和成员在该时期内从事的活动的具体内容和要求。但计划与决策又是相互联系的，这是因为：

（1）决策是计划的前提，计划是决策的逻辑延续。决策为计划的任务安排提供了依据，计划则为决策所选择的目标活动的实施提供了组织保证。

（2）在实际工作中，决策与计划是相互渗透的，有时甚至是不可分割地交织在一起的。

决策制定过程中，不论是对内部能力优势或劣势的分析，还是在方案选择时对各方案执行效果或要求的评价，实际上都已经开始孕育着决策的实施计划。反过来，计划的编制过程，既是决策的组织落实过程，也是对决策更为详细的检查和修订的过程。决策无法落实，或者决策选择的活动中某些任务无法安排，必然导致对决策进行一定程度的调整。

三、计划的性质

计划工作具有承上启下的作用，一方面，计划工作是决策的逻辑延续，为决策所选择的目标活动的实施提供了组织实施保证；另一方面，计划工作又是组织、领导、控制和创新等管理活动的基础，是组织内不同部门、不同成员行动的依据。因此，我们可以从以下四个方面来考察计划的性质。

（一）计划工作为实现组织目标服务

任何组织都必须具有生存的价值和存在的使命。决策活动为组织确立了存在的使命和目标并且进行了实现方式的选择。计划工作是对决策工作在时间和空间两个维度上的进一步展开和细化。所谓在时间维度上进一步展开和细化，是指计划工作把决策所确立的组织目标及其行动方式分解为不同时间段（如长期、中期、短期等）的目标及其行动安排；所谓在空间维度上进一步展开和细化，是指计划工作把决策所确立的组织目标及其行动方式分解为组织内不同层次（如高层、中层、基层等）、不同部门（如生产、人事、销售、财务等部门）、不同成员的目标及其行动安排。组织正是通过有意识的合作来完成群体的目标而生存的。因此，组织的各种计划及各项计划工作都必须有助于完成组织的目标。

（二）计划工作是管理活动的桥梁，是组织、领导和控制等管理活动的基础

如果说决策工作确立了组织生存的使命和目标，描绘了组织的未来，那么计划工作就是一座桥梁，它把我们所处的此岸和我们要去的彼岸连接起来，给组织提供了通向未来目标的明确的道路，是组织、领导和控制等一系列管理工作的基础。

未来的不确定性和环境的变化使行动犹如在大海航行，如果我们要时刻保持正确的航向，那么我们就必须明白自己所处的位置，明确自己行动的目标，这不仅要求组织的一般成员了解组织的目标和实现目标的行动安排，而且更要求组织的主要领导人员明确组织的目标和实现目标的行动路径（而不至于被日常琐事和一连串的转变所迷失方向）。计划工作的目的就是使所有的行动保持同一方向，促使组织目标实现。

（三）计划工作具有普遍性和秩序性

所有管理人员，从最高管理人员到第一线的基层管理人员都要进行计划工作。计划工作是全体管理人员的一项职能，但不同部门、不同层级的管理人员的计划工作的特点和广度都不同。当然，计划工作的普遍性中蕴含着一定的秩序，这种秩序因组织性质的不同而有所不同。最主要的秩序表现为计

划工作的纵向层次性和横向协作性。虽然所有管理人员都制订计划，但第一线的基层管理人员的工作计划不同于高层管理人员制订的战略计划。高级管理人员计划组织总方向，各级管理人员再据此拟订他们的计划，从而保证组织总目标的实现。另外，不可能仅通过某一类型活动（如仅销售活动）就实现组织的总目标，而需要多种多样的活动相互协作和相互补充才可以实现。高级管理人员计划组织总方向，各层级的管理人员还须再据此制订相互协作的计划。

（四）计划工作要追求效率

可以用计划对组织目标的贡献来衡量一个计划的效率。贡献是指扣除在制订和实施这个计划时所需要的费用和其他因素后的剩余。在计划所要完成的目标确定的情况下，可以用制订和实施计划的成本及其他连带成本（如计划实施带来的损失、计划执行的风险等）来衡量效率。如果计划能得到最大的剩余，或者如果计划按合理的代价实现目标，这样的计划是有效率的。特别需要注意的是，在衡量代价时，不仅要用时间、金钱或者生产等来衡量，而且还要用个人和集体的满意程度来衡量。

实现目标有许多途径，我们必须从中选择尽可能好的方法，以最低的费用取得预期的成果，避免不必要的损失，并保持较高的效率。计划工作强调协调和节约，其重大安排都要经过经济和技术的可行性分析，使付出的代价尽可能合算。

【知识拓展】计划的性质（蔡茂生）

计划的性质：目的性、首位性、普遍性和效率性。

四、计划的重要性（蔡茂生）

俗话说，“凡事预则立，不预则废”“有备无患”，说的就是计划工作的重要性。管理是对资源进行优化配置的过程，要把资源协调好需要时间，且离不开计划，没有计划或计划不周会降低管理的效率，甚至直接影响到组织目标的实现。因此，计划是一项重要的不可或缺的管理职能。具体来讲，计划工作的重要性表现在以下几个方面：

（一）为组织成员指明方向，协调组织活动

未来的不确定性和环境的变化使得行动如同大海航行，而计划则像航海灯塔。计划过程使人们就组织的目标、当前的现状以及由现实过渡到目标状态的途径事先做好安排，由此使各方面的行动获得了明确的指示和指导，从而能够协调一致地按计划实现组织的目标。正是由于周密、细致、全面的计划工作统一了部门之间的活动，才使管理人员从日常的事务中解放出来，而将主要精力放在随时检查、修改、扩大计划上，放在对未来不确定性的研究上。

（二）为组织的未来预测变化，减少冲击

在未来，无论是组织生存的环境还是组织自身都具有一定的不确定性和变化性。计划工作的重要性就在于如何适应未来的不确定性。计划所设想的未来结果离现在越远，其确定性也就越小；计划期限越长，不确定的因素也就越多，计划的正确性也就会变得不太有把握了。而计划工作可以让组织通过周密细致的预测，从而尽可能地变“意料之外的变化”为“意料之内的变化”，用对变化深思熟虑的决策来代替草率的判断，从而面对变化也能变被动为主动，变不利为有利，减少变化带来的冲击。

（三）有利于改善组织运行的效率

组织在实现目标的过程中，各种活动会出现前后资源投入与出产量以及进度协调不一的现象，在多项活动并行的过程当中也往往会出现不协调现象。良好的计划能通过设计好的协调一致、有条不紊的工作流程来避免上述现象的发生，使人力、物力、财力得到有效的利用，从而减少重复和浪费性的活动。计划工作不仅可以有效地利用组织的各种资源，而且还可以帮助管理人员完成更多的工作，取得更好的效果，且花费更少的时间。事先拟订好计划并按计划行事是获得工作绩效的最佳保证。

（四）有利于进行控制

组织在实现目标的过程中离不开控制，而计划则是控制的基础。如果没有既定的目标和规划作为衡量的尺度，管理者就无法检查组织目标的实现情况，也就无法实施控制。控制中几乎所有的标准都来自计划。

第二节 计划的类型

课前思考

1. 计划有哪些类型？
2. 如何区分战略性计划和战术性计划？
3. 计划有哪些表现形式？

考点精讲

计划是将决策实施所需完成的活动任务进行时间和空间上的分解，以便将这些活动任务具体地落实到组织中的不同部门和个人。因此，计划的分类可以依据时间和空间两个不同的标准。除了时间和空间两个标准外，我们还可以根据计划的明确性程度和计划的程序化程度对计划进行分类。战略性计划和战术性计划是管理活动中常见的两种计划，这一分类综合了时间和空间两类标准，同时考察计划涉及的时间长短和涉及的职能范围的广狭程度。按不同标准分类的计划类型如表 6–2–1 所示。

表6–2–1 计划的类型

分类标准	类型
时间长短	长期计划、中期计划、短期计划
职能空间	业务计划、财务计划、人事计划
综合性程度 （涉及时间长短和涉及范围广狭）	战略性计划、战术性计划
明确性	具体性计划、指导性计划
程序化程度	程序性计划、非程序性计划

一、长期计划、中期计划和短期计划

长期通常指 5 年以上，短期一般指 1 年以内，中期则介于两者之间。管理人员也采用长期、中期和短期来描述计划。长期计划描述了组织在较长时期（通常为 5 年以上）的发展方向和方针，规定了

组织的各个部门在较长时期内从事某种活动应达到的目标和要求，绘制了组织长期发展的蓝图。

中期计划来自组织的长期计划，并按照长期计划的内容和预测到的具体条件变化进行编制。中期计划主要起衔接长期计划和短期计划的作用。长期计划以问题为中心，而中期计划以时间为中心来将长期计划的内容细化为每个时段的目标。因此可以说，中期计划既细化了长期计划的具体内容，又为短期计划指明了方向。

短期计划具体地规定了组织的各个部门在目前到未来的各个较短的阶段，特别是最近的时段中，应该从事何种活动，从事该种活动应达到何种要求，从而为各组织成员在近期内的行动提供了依据。

二、业务计划、财务计划和人事计划

按职能空间分类，可以将计划分为业务计划、财务计划及人事计划。组织通过从事一定业务活动立身于社会，业务计划是组织的主要计划。我们通常用“人财物，供产销”六个字来描述一个企业所需的要素和企业的主要活动。业务计划的内容涉及“物、供、产、销”，财务计划的内容涉及“财”，人事计划的内容涉及“人”。

作为经济组织，企业业务计划包括产品开发、物资采购、仓储后勤、生产作业以及销售促进等内容。长期业务计划主要涉及业务方面的调整或业务规模的发展，短期业务计划则主要涉及业务活动的具体安排。比如，长期产品计划主要涉及产品新品种的开发，短期产品计划则主要与现有品种的结构改进、功能完善有关；长期生产计划安排了企业生产规模的扩张及实施步骤，短期生产计划则主要涉及不同车间、班组的季、月、旬乃至周的作业进度安排；长期营销计划关系到推销方式或销售渠道的选择与建立，而短期营销计划则表现为对现有营销手段和网络的充分利用。

财务计划与人事计划是为业务计划服务的，也是围绕着业务计划而展开的。财务计划研究如何从资本的提供和利用上促进业务活动的有效进行，人事计划则分析如何为业务规模的维持或扩大提供人力资源的保证。

三、战略性计划与战术性计划

根据涉及时间长短及其范围广狭的综合性标准，可以将计划分为战略性计划与战术性计划。战略性计划是指应用于整体组织的，为组织未来较长时期（通常为 5 年以上）设立总体目标和寻求组织在环境中的地位的计划。战术性计划是指规定总体目标如何实现的细节的计划，其需要解决的是组织的具体部门或职能在未来各个较短时期内的行动方案。战略性计划显著的两个特点是长期性与整体性。长期性是指战略性计划涉及未来较长时期，整体性是指战略性计划是基于组织整体而制订的，强调组织整体的协调。战略性计划是战术性计划的依据，战术性计划是在战略性计划指导下制订的，是战略性计划的落实。从作用和影响上来看，战略性计划的实施是组织活动能力形成与创造的过程，战术性计划的实施则是对已经形成的能力的应用。

四、具体性计划与指导性计划

根据计划内容的明确性标准，可以将计划分为具体性计划和指导性计划。具体性计划具有明确的目标。比如，企业销售部经理打算使企业销售额在未来 6 个月内增长 15%，他制定了明确的程序、预算方案以及日程进度表，这就是具体性计划。指导性计划只规定某些一般的方针和行动原则，给予行动者较大的自由处置权，它指出重点但不把行动者限定在具体的目标上或特定的行动方案上。比如，一个增加销售额的具体计划可能规定未来 6 个月内销售额要增加 15%，而指导性计划则可能只规定未来 6 个月内销售额要增加 12% ~ 16%。相对于指导性计划而言，具体性计划虽然更易于计划的执行、考核及控制，但是它缺少灵活性，而且它要求的明确性和可预见性条件往往很难得到满足。

五、程序性计划与非程序性计划

西蒙把组织活动分为两类：一类是例行活动，指一些重复出现的工作，如订货、材料的出入库等。对这类活动的决策是经常重复的，而且具有一定的结构，因此可以建立一定的决策程序。每当出现这类工作或问题时，就利用既定的程序来解决，而不需要重新研究。这类决策叫程序化决策，与此对应的计划是程序性计划。另一类活动是非例行活动，这些活动不重复出现，比如新产品的开发、生产规模的扩大、品种结构的调整、工资制度的改变等。处理这类问题没有一成不变的方法和程序，因为这类问题在过去尚未发生过，或其性质和结构捉摸不定或极为复杂，再或因为这类问题十分重要而需用个别方法加以处理，解决这类问题的决策叫非程序化决策，与此对应的计划是非程序性计划。

W.H.纽曼指出："管理部门在指导既定目标的活动时基本用的是两种计划：常规计划和专用计划。"常规计划包括政策、标准方法和常规作业程序，所有这些都是用来处理常发性问题的。每当一种具体常见的问题发生时，常规计划就能提供一种现成的行动指导。专用计划包括为独特的情况专门设计的方案、进程表和一些特殊的方法等，它用来处理一次性的而非重复性的问题。

【知识拓展】计划的表现形式（蔡茂生）

计划的表现形式又称为计划的层次体系（孔茨和韦里克），计划可以分为宗旨、目标、战略、政策、规则、程序、规划和预算等几种不同形式。计划的不同表现形式是计划多样性的反映。各种形式的计划可组成一个如图 6-2-1 所示的层次体系，不同形式的计划的具体内容如表 6-2-2 所示。

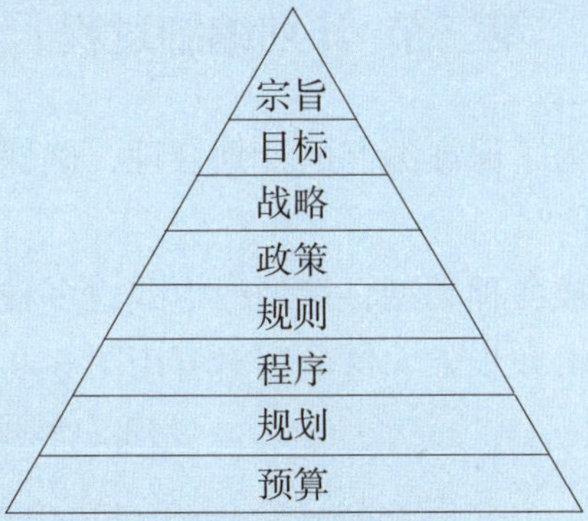

图6-2-1 计划的层次体系

表6-2-2 计划的表现形式

表现形式	具体内容
宗旨	任何一个组织都应该有自己的宗旨或使命。这种宗旨或使命是社会对该组织的基本要求。换句话说，宗旨回答了组织是干什么的和应该干什么的问题。如工商企业的宗旨是向社会提供有经济价值的商品或劳务；法院的宗旨是解释和执行法律；大学的宗旨是培养高级人才等。组织的宗旨支配着组织的目标。确定组织一定时期内应达到的有意义的、合理的目标，首先必须明确它的宗旨或使命
目标	组织的目标是在宗旨的指导下提出来的。它是组织在一定时期内要取得的具体结果。目标不仅是计划工作的起点，而且也是组织工作、人员配备、指导与领导、控制等活动所要取得的结果。从确定目标起，到目标分解，直至形成一个目标网络，构成了计划工作的基础

续表

表现形式	具体内容
战略	战略是为实现组织长远目标所选择的发展方向、所确定的行动方针以及资源分配方案的一个总纲。它指导组织的全局和长远发展，并不是具体地说明如何实现目标，而是指明方向、重点和资源分配的优先次序
政策	政策是组织在决策或处理问题时用来指导和沟通思想与行动方针的原则性规定。政策指明了组织活动的方向和范围，以及鼓励什么和限制什么，以保证行动同目标一致，并有助于目标的实现。制定政策有助于事先决定问题，不需要每次重复分析相同情况，从而使主管人员能够控制全局。政策必须保持一贯性和完整性
规则	规则是在具体场合和具体情况下，允许或不允许采取某种特定行动的规定。规则也是一种计划，只不过是一种最简单的计划
程序	程序规定了如何处理那些重复发生的例行问题的方法和步骤。程序是指导如何采取行动，而不是指导如何去思考问题，实际上就是对组织成员所要进行的活动规定时间顺序。由于程序是对大量日常工作过程及工作方法的提炼和规范化，因此，制定程序可以减轻管理人员决策的负担，明确各个工作岗位的职责，提高管理活动的效率和质量
规划	规划又称为方案，是指为实施既定方针所必需的目标、政策、程序、规则、任务分配、执行步骤、使用的资源等而制订的综合性计划。规划可大可小，不同级别的组织都可以有自己的规划。规划一般是粗线条的、纲要性的。它不仅要求各种不同的计划表现形式之间的相互配合和协调，而且要求编制相关的派生计划来保证主要计划的实现
预算	预算是一种数字化的计划，把预期结果用数字化的形式表示出来就形成了预算。预算可以帮助管理者全面、细致地了解组织的规模、重点和预期的成果。预算还是一种主要的控制手段，是计划和控制工作的连接点——计划的数字化产生预算，而预算又将作为控制的衡量基准。一般来说，财务预算是组织最重要的预算，因为组织的各项经营活动几乎都可以用数字化、货币化的方式在财务预算表上体现出来

第三节 计划编制过程

计划编制本身也是一个过程。为了保证编制的计划合理，确保能实现决策的组织落实，计划编制过程中必须采用科学的方法。

虽然可以用不同标准把计划分成各种类型，计划的形式也多种多样，但管理人员在编制任何完整的计划时，实质上都遵循相同的逻辑和步骤。这个逻辑可用图 6–3–1 来描述。

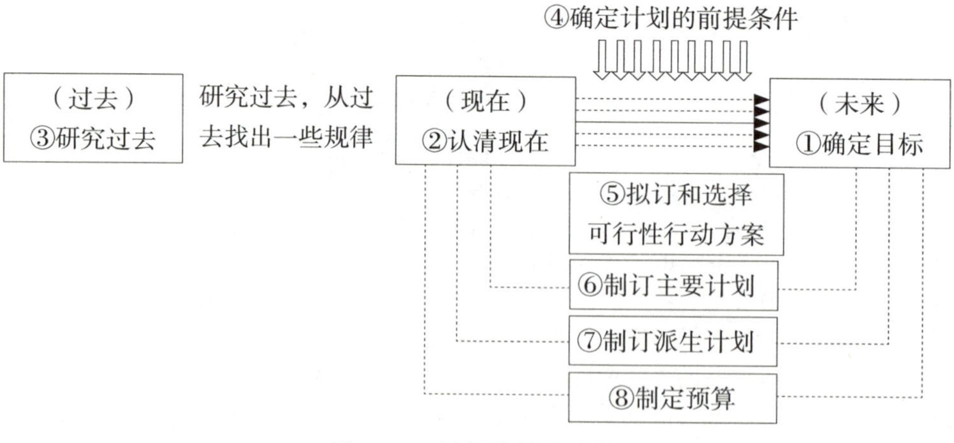

图6–3–1 计划编制的步骤

（说明：图中的序号表示计划编制的过程）

一、确定目标

确定目标是决策工作的主要任务。制订计划的第一步是必须认识我们将要走向何方。目标是指期望的成果。目标为组织整体、各部门和各成员指明了方向，描绘了组织未来的状况，并且作为可以衡量实际绩效的标准。计划工作主要任务是将决策所确立的目标进行分解，以便落实到各个部门、各个活动环节，并将长期目标分解为各个阶段的目标。企业的目标指明主要计划的方向，而主要计划又根据反映企业目标的方式，规定各个重要部分的目标，而主要部门的目标又依次控制下属各部门的目标。如此沿着这样的一条线以此类推，从而形成了组织的目标结构，包括目标的时间结构和空间结构。目标结构描述了组织中各层次目标间的协作关系。

二、认清现在

计划是连接我们所处的此岸和我们要去的彼岸的一座桥梁。目标指明了组织要去的彼岸。因此，制订计划的第二步是认清组织所处的此岸，即认清现在。认识现在的目的在于寻求合理有效的通向彼岸的路径，也即实现目标的途径。认清现在不仅需要有开放的精神，即将组织、部门置于更大的系统中，而且要有动态的精神，即考察环境、对手与组织自身随时间的变化与相互间的动态反应。对外部环境、竞争对手和组织自身的实力进行比较研究，不仅要研究环境给组织带来的机会与威胁，与竞争对手相比组织自身的实力与不足，还要研究环境、对手及其自身随时间变化的变化。

三、研究过去

研究过去不仅是从过去发生过的事件中得到启示和借鉴，更重要的是探讨过去通向现在的一些规律。从过去发生的事件中探求事物发展的一般规律，其基本方法有两种：演绎法和归纳法。演绎法是将某一大前提应用于个别情况，并从中引出结论。归纳法是从个别情况发现结论，并推论出具有普遍意义的大前提。

四、预测并有效地确定计划的重要前提条件

前提条件是关于要实现计划的环境的假设条件，是关于从我们所处的此岸到达我们将去的彼岸过程中所有可能的情况。预测并有效地确定计划的前提条件的重要性不仅在于对前提条件认识越清楚、越深刻，计划工作越有效，而且在于组织成员越彻底地理解和同意使用一致的计划前提条件，企业计划工作就越容易协调。

由于将来是极其复杂的，要对一个计划的将来环境的每个细节都做出假设，不仅不切合实际甚至无利可图，因而是不必要的。因此前提条件限于那些对计划来说是关键性的，或具有重要意义的假设条件，也就是说，限于那些对计划贯彻实施有重要影响的假设条件。预测在确定前提方面很重要。最常见的对重要前提条件预测的方法是德尔菲法。

五、拟订和选择可行性行动计划

拟订和选择行动计划包括三个内容：拟订可行性行动计划、评估计划和选定计划。

拟订可行性行动计划要求拟订尽可能多的计划。可供选择的行动计划数量越多，被选计划的相对

满意程度就越高，行动就越有效。因此，在可行的行动计划拟订阶段，要广泛发动群众，充分利用组织内外的专家，通过他们献计献策，产生尽可能多的行动计划。在寻求可供选择的行动计划阶段需要“巧主意”，需要创新性。尽管没有两个人的脑力活动完全一样，但科学研究表明，创新过程一般包括浸润（对一问题由表及里地全面了解）、审思（仔细考虑这一问题）、潜化（放松和停止有意识的研究，让下意识起作用）、突现（突现绝妙的、也许有点古怪的答案）、调节（澄清、组织和再修正这一答案）。具体的方式有头脑风暴法、提喻法。

评价行动计划，要注意考虑以下几点：其一，认真考察每一个计划的制约因素和隐患；其二，要用总体效益的观点来评估计划；其三，既要考虑到每一计划的许多有形的可以用数量表示出来的因素，又要考虑到许多无形的不能用数量表示出来的因素；其四，要动态地考察计划的效果，不仅要考虑计划执行所带来的利益，还要考虑计划执行所带来的损失，特别要注意那些潜在的、间接的损失。评价方法分为定性和定量两类。

这一阶段的最后一步是按一定的原则选择出一个或几个较优计划。

六、制订主要计划

制订主要计划就是将所选择的计划用文字形式正式地表达出来，作为一项管理文件。制订计划要清楚地确定和描述“5W1H”的内容，即 What（做什么）、Why（为什么做）、Who（谁去做）、Where（何地做）、When（何时做）、How（怎样做）。

七、制订派生计划

基本计划需要派生计划的支持。比如，一家公司年初制订了“当年销售额比上年增长 15%”的销售计划，这一计划发出了制订许多派生计划的信号，如生产计划、促销计划等。再如，当一家公司决定开拓一项新的业务时，这个决策也发出了要制订很多派生计划的信号，比如雇用和培训各种人员的计划、筹集资金计划、广告计划等。

八、制定预算，用预算使计划数字化

在做出决策和确定计划后，赋予计划含义的最后一步就是把计划转变成预算，使计划数字化。编制预算，一方面是为了使计划的指标体系更加明确，另一方面是使企业更易于对计划的执行进行控制。定性的计划往往在可比性、可控性和进行奖惩方面比较困难，而定量的计划，则具有较硬的约束。

课后练习

一、单项选择题

1. 具体性计划和指导性计划是按照（　）来划分的。

A. 综合性程度　　B. 职能空间　　C. 程序化程度　　D. 计划内容的明确性

2. 综合性计划一般采用的表现形式是（　）

A. 战略　　B. 方案　　C. 规则　　D. 政策

3. 按照程序化程度的划分标准，计划可以划分为（　）

A. 战略计划与战术计划　　B. 程序性和非程序性计划

C. 长期计划和短期计划　　D. 具体计划和指导计划

4. 将计划划分为层次体系的管理学家是（　）

A. 孔茨和韦里克　　B. 西蒙　　C. 德鲁克　　D. 亚当斯

5.（　）是在具体场合和情况之下，允许或不允许采取某种特定行动的规定。

A. 规则　　B. 政策　　C. 战略　　D. 规划

二、多项选择题

6. 计划按照综合性程度可划分为（　）

A. 战略性计划　　B. 战术性计划　　C. 业务计划

D. 具体性计划　　E. 指导性计划

7. 计划按照时间期限可划分为（　）

A. 长期计划　　B. 短期计划　　C. 中期计划

D. 具体计划　　E. 指导计划

8. 时间在 5 年以上的计划包括（　）

A. 战略性计划　　B. 战术性计划　　C. 长期计划

D. 指导计划　　E. 中期计划

9. 计划的表现形式包括组织的（　）

A. 目标　　B. 战略　　C. 预算

D. 政策　　E. 使命

10. 计划按照职能空间可划分为（　）

A. 业务计划　　B. 人事计划　　C. 财务计划

D. 具体计划　　E. 指导计划

三、名词解释

11. 战略性计划

12. 战术性计划

13. 指导性计划

四、简答题

14. 简述计划的性质。

15. 简述计划的重要性。

五、论述题

16. 联系实际论述计划的编制过程。

扫码获取答案解析

第七章 战略性计划与计划实施

思维导图

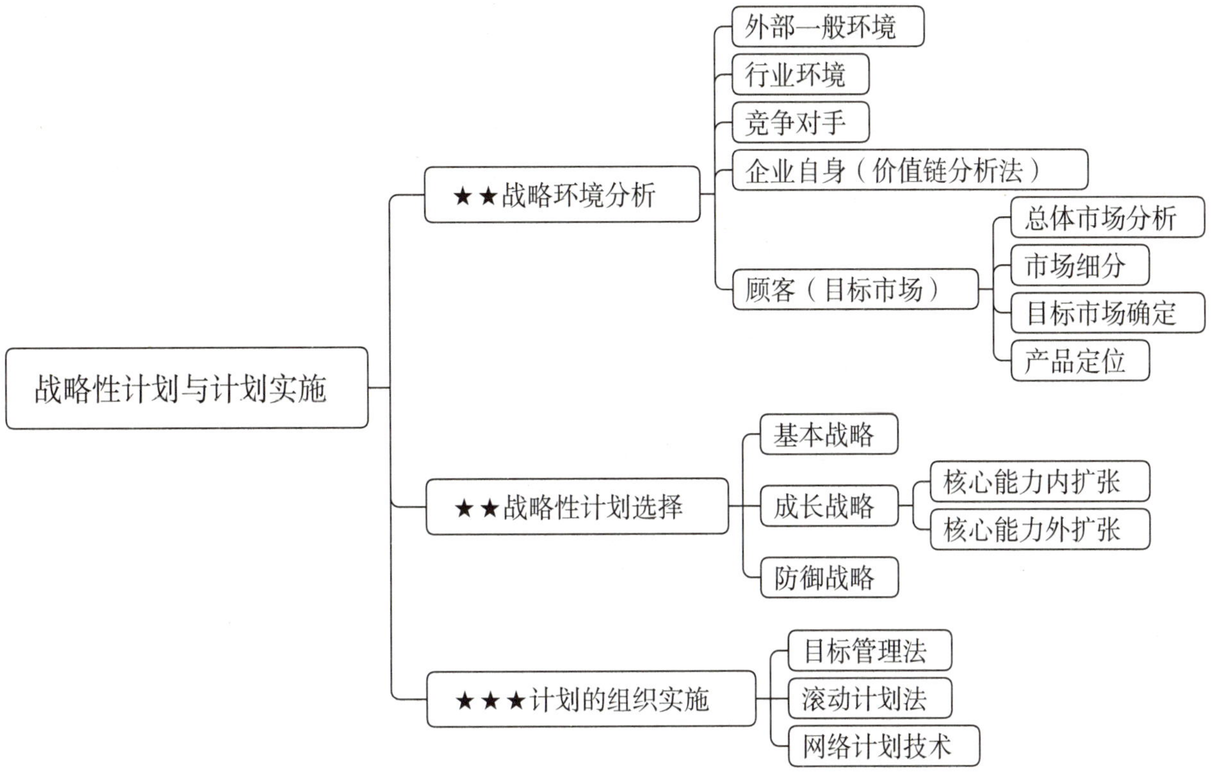

第一节 战略环境分析

战略环境分析是为战略决策和战略选择服务。用《孙子兵法》的语言，环境分析的内容是“天、地、彼、己”和“顾客（目标市场）”，其目的是“知天知地，知彼知己”和“知顾客”。就企业环境分析而言，“天”指外部一般环境，主要包括政治环境、社会文化环境、经济环境、技术环境和自然环境；“地”指企业竞争所处的行业环境，主要分析行业竞争结构；“彼”指企业竞争对手；“己”指企业自身条件；“顾客”指企业为之提供产品或服务的消费者。“知天知地”就是认识企业所面临的利与危、机遇与威胁，“知彼知己”就是了解企业的长与短、实力与不足。企业的产品或服务必须能为顾客创造价值，与顾客的需求相匹配。扬长避短，趋利避害，才能创造和获取顾客。战略环境分析的内容包括：外部一般环境、行业环境、竞争对手、企业自身和顾客（目标市场）。

一、外部一般环境

外部一般环境，或称总体环境，是在一定时空内存在于社会中的各类组织均面对的环境，所以又称之为“天”。其大致可归纳为政治、社会、经济、技术、自然五个方面，如表 7–1–1 所示。

表7–1–1　外部一般环境

外部一般环境	具体内容
政治环境	包括一个国家的社会制度，执政党的性质，政府的方针、政策、法令等，不同的国家有着不同的社会性质，不同的社会制度对组织活动有着不同的限制和要求
社会文化环境	包括一个国家或地区居民的教育程度和文化水平、宗教信仰、风俗习惯、价值观念、审美观点等。文化水平会影响居民的需求层次；宗教信仰和风俗习惯会禁止或抵制某些活动的进行；价值观念会影响居民对组织目标、组织活动以及组织存在本身的认可；审美观点则会影响人们对组织活动内容、活动方式以及活动成果的态度
经济环境	主要包括宏观和微观两个方面的内容。宏观经济环境主要指一个国家的人口数量及其增长趋势，国民收入、国民生产总值及其变化情况以及通过这些指标能够反映国民经济发展水平和发展速度。微观经济环境主要指企业所在地区或所服务地区的消费者的收入水平、消费偏好、储蓄情况、就业程度等因素
技术环境	除了要考察与企业所处领域的活动直接相关的技术手段的发展变化外，还应及时了解：①国家对科技开发投资和支持的重点；②该领域技术发展动态和研究开发费用总额；③技术转移和技术商品化速度；④专利及其保护情况，等等
自然环境	主要指企业经营所处的地理位置、气候条件和资源禀赋状况等自然因素

二、行业环境

公司环境最关键的部分是公司投入竞争的一个或几个行业的环境。我们称行业环境为“地”。

根据美国学者波特的研究，一个行业内部的竞争状态取决于五种基本竞争作用力，如图 7–1–1 所示。这些作用力汇集起来决定着该行业的最终利润潜力，并且最终利润潜力也会随着这种合力的变化而发生根本性的变化。一个公司的竞争战略的目标在于使公司在行业内进行恰当定位，从而最有效地抗击五种竞争作用力并影响它们向对自己有利的方向变化。

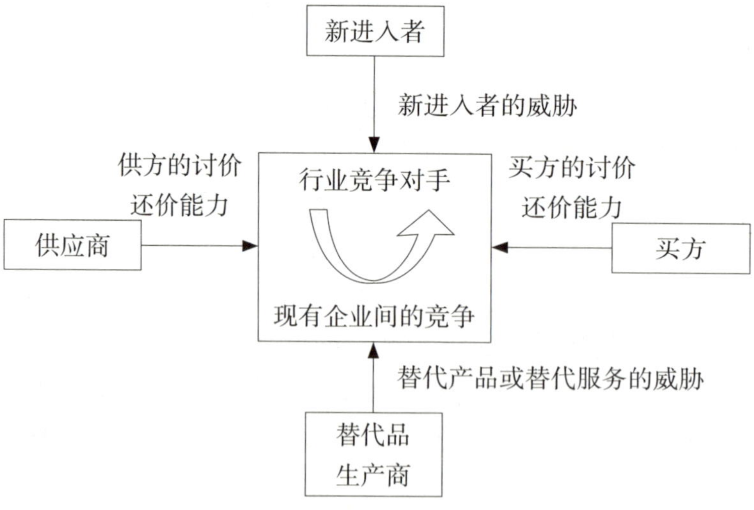

图7–1–1　驱动行业竞争的五种力量

这五种基本竞争作用力也会受到其他因素的影响，如表 7–1–2 所示。

表7-1-2 五种基本竞争作用力的影响因素

基本竞争作用力	影响因素
现有企业间的竞争研究	现有企业间的竞争状态取决于如下因素：①现有竞争者的力量和数量；②产业增长速度；③固定或库存成本；④产品特色或转移购买成本；⑤生产能力增加状况；⑥竞争对手类型；⑦战略利益相关性；⑧退出成本
新进入者研究	某一行业被入侵的威胁的大小主要取决于行业的进入障碍。影响行业进入障碍的因素主要有：①规模经济；②产品差别化；③转移购买成本；④资本需求；⑤在位优势；⑥政府政策
替代品生产商研究	主要包括两个内容：①判断哪些产品是替代品；②判断哪些替代品可能对本企业经营构成威胁
买方的讨价还价能力研究	其影响因素主要有：①买方是否大批量或集中购买；②买方这一业务在其购买额中的份额大小；③产品或服务是否具有价格合理的替代品；④买方面临的购买转移成本的大小；⑤本企业的产品、服务是否是买方在生产经营过程中的一项重要投入；⑥买方是否采取“后向一体化”的策略；⑦买方行业获利状况；⑧买方对产品是否具有充分信息
供应商的讨价还价能力研究	其影响因素主要有：①要素供应方行业的集中化程度；②要素替代品行业的发展状况；③本行业是否是供方集团的主要客户；④要素是否为该企业的主要投入资源；⑤要素是否存在差别化或其转移成本是否低；⑥要素供应者是否有“前向一体化”的威胁

三、竞争对手

一般来说，竞争对手可以从以下群体中辨识出来：①不在本行业但可以克服进入壁垒（尤其是那些不费力气者）进入本行业的企业；②进入本行业可以产生明显的协同效应的企业；③通过战略实施而自然进入本行业的企业；④那些通过后向或前向一体化进入本行业的买方或供方。

分析竞争对手的目的是认识在行业竞争中可能成功的战略的性质、竞争对手对各不同战略可能做出的反应，以及竞争对手对行业变迁及其更广泛的环境变化可能做出的反应。

四、企业自身

根据价值链分析法，每个企业都是设计、生产、营销、交货以及对产品起辅助作用的各种价值活动的集合。企业的各种价值活动分为两类：基本活动和辅助活动（见图 7-1-2）。

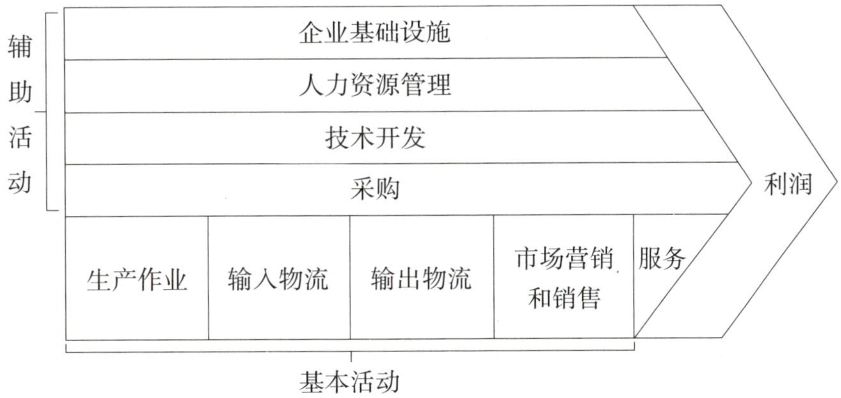

图7-1-2 企业价值链：基本活动及辅助活动

（一）企业的基本活动（见表 7-1-3）

表7-1-3 企业的基本活动

基本活动	具体内容
输入物流	包括与接收、存储和分配相关的各种活动
生产作业	包括与将投入转化为最终产品形式相关的各种活动
输出物流	包括与集中、存储和将产品发送给买方有关的各种活动
市场营销和销售	包括与传递信息、引导和巩固购买有关的各种活动
服务	包括与提供服务以增加或保持产品价值有关的各种活动。

每种基本活动可以进一步细分或组合，有助于企业内部分析。

（二）企业的辅助活动（见表 7-1-4）

表7-1-4 企业的辅助活动

辅助活动	具体内容
企业基础设施	包括总体管理、计划、财务、会计、法律、信息系统等价值活动
人力资源管理	包括组织各级员工的招聘、培训、开发和激励等价值活动
技术开发	包括基础研究、产品设计、媒介研究、工艺与装备设计等价值活动
采购	指购买用于企业价值链的各种投入的活动，包括原材料采购，以及诸如机器、设备、建筑设施等直接用于生产过程的投入品采购等价值活动

五、顾客（目标市场）

企业顾客研究的主要内容包括总体市场分析、市场细分、目标市场确定和产品定位，如图 7-1-3 所示。

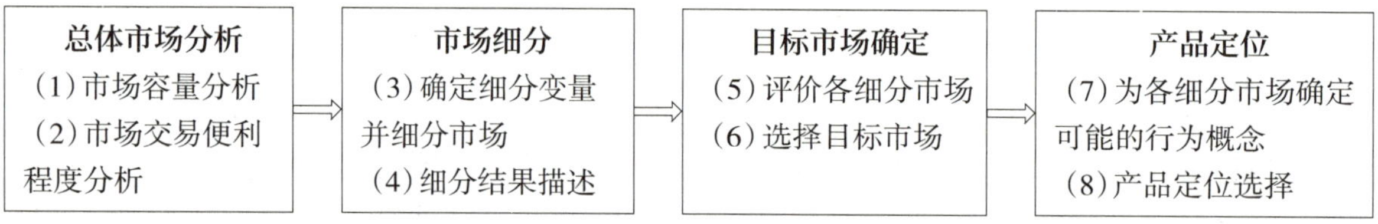

图7-1-3 目标市场研究

（一）总体市场分析

要分析市场容量首先必须要界定地域和需求性质。根据所界定的地域和需求性质，再分析市场总需求，以及总需求中有支付能力的需求和暂时没有支付能力的潜在需求。市场交易的便利程度主要取决于市场基础建设、法规建设、产权制度和市场制度建设状况。

（二）市场细分

市场细分就是将一个总体市场划分为若干个具有不同特点的顾客群，每个顾客群需要相应的产品或市场组合。市场细分一般包括调查、分析、聚类并描述三个阶段。

典型的消费品市场细分变量有四类，如表 7-1-5 所示。

表7-1-5 典型的消费品市场细分变量

市场细分变量	具体内容
地理因素	主要包括地区、区域大小、城市规模、人口密度、气候等
人口统计因素	主要包括年龄、性别、家庭规模、家庭生命周期、收入、职业、教育水平、宗教信仰、种族、国籍等
心理特征因素	主要包括社会分层、生活方式、个性特征等
行为因素	主要包括场合（如是定期还是特别场合）、利益（如是豪华、中等还是经济的）、使用率（如是经常使用还是偶尔使用）、忠诚度（如不忠诚、中等忠诚、忠诚、专一）等

典型的工业品市场细分变量也有四类，如表 7-1-6 所示。

表7-1-6 典型的工业品市场细分变量

市场细分变量	具体内容
地理因素	主要包括产业、企业规模、地理位置等
生产运作变量	如顾客的能力、技术水平等
采购方式因素	如买方企业集权程度、内部权力结构、采购政策、公共形象与公共关系、采购标准等
状态因素	如对交货和服务的不同评价（厌恶、可使用、喜欢、热爱）

（三）目标市场确定

企业用以下三个主要指标来评价细分市场：①细分市场规模及其成长状况；②细分市场结构的吸引力；（这可以用上面提到的波特行业竞争结构进行框架分析）③企业的目标和资源状况，即使细分市场在规模、增长及其结构吸引力方面都较好，但如果该细分市场不符合企业的目标，则也不宜选择该细分市场为目标市场。

良好的细分市场应具有的特征如表 7-1-7 所示。

表7-1-7 良好细分市场的特征

特征	具体内容
可测量性	市场规模、容量和购买力可以测量
丰富性	市场规模足够大，且有利可图
可接近性	市场可以有效地接近且能为顾客服务
可实现性	企业有能力满足该市场的需求

如果细分市场对企业具有吸引力，但市场容量过大，企业过小，从而无法满足该市场需求，则应该对该市场再进一步细分。

（四）产品定位

产品定位是企业为了满足目标市场，确定产品（或服务）的功能、质量、价格、包装、销售渠道、服务方式等。与产品定位相联系的是广告（促销）定位。广告定位使企业的产品在顾客心里占有位置，并决定占怎样的位置。

第二节 战略性计划选择

课前思考

1. 有哪些战略类型可供选择？
2. 如何理解成本领先、特色优势和目标集聚战略？
3. 战略的作用有哪些？

考点精讲

战略环境分析使企业认识自己所面临的机遇与威胁，了解自身的实力与不足以及能为何种顾客进行服务。战略选择的实质是企业选择恰当的战略，从而扬长避短、趋利避害和满足顾客需求。企业可选择的各种战略类型如表 7–2–1 所示。

表7–2–1　企业可供选择的各种战略类型

分类	战略		定义
基本战略	成本领先（成本挂帅战略）		企业强调以低单位成本价格为用户提供标准化产品，其目标是要成为其产业中的低成本生产厂商
	特色优势（差异化战略）		企业力求就顾客广泛重视的一些方面在产业内独树一帜。它选择被产业内许多客户视为重要的一种或多种特质，并为其选择某种独特的地位以满足顾客的要求。其具体内容：①差异化战略是使企业所经营的产品或服务具有与众不同的特色；②表现在产品的设计、性能、质量、售后服务、销售方式等的某个方面或某些方面；③具有经营特色同样能使企业在竞争中处于有利地位；④采用差异化战略往往要以成本提高为代价，特色产品或特色服务往往价格较高，它很难拥有很大的销量
	目标集聚（集中化战略）		企业选择产业内一种或一组细分市场，并量体裁衣使其战略为该市场服务而不是为其他细分市场服务
成长战略Ⅰ：即核心能力企业内扩张	一体化战略	前向一体化	企业获得分销商或零售商的所有权或加强对他们的控制
		后向一体化	企业获得供应商的所有权或加强对他的控制
		横向一体化	企业获得与自身生产同类产品的竞争对手的所有权或加强对他的控制
	多元化战略	同心多元化	企业增加新的，但与原有业务相关的产品或服务
		横向多元化	企业向现有顾客提供新的，与原有业务不相关的产品或服务
		混合多元化	企业增加新的，与原有业务不相关的产品或服务
	加强型战略	市场渗透	企业通过加强市场营销，提高现有产品或服务在现有市场上的市场份额
		市场开发	企业将现有产品或服务打入新的区域市场
		产品开发	企业通过改进或改变产品或服务而提高销售
成长战略Ⅱ：即核心能力企业外扩张	战略联盟		企业与其他企业在研究开发、生产运作、市场销售等价值活动中进行合作，相互利用对方资源
	虚拟运作		企业通过合同、参少数股权、优先权、信贷帮助、技术支持等方式同其他企业建立较为稳定的关系，从而将企业价值活动集中于自己的优势方面，将其非专长方面外包出去
	出售核心产品		企业将价值活动集中于自己少数优势方面，产出产品或服务，并将产品或服务通过市场交易出售给其他生产者做进一步的生产加工

续表

分类	战略	定义
防御战略	收缩战略	通过减少成本和资产对企业进行重组，加强企业所具有的基本的和独特的竞争能力
	剥离战略	企业出售分部、分公司或任一部分，以使企业摆脱那些不盈利、需要太多资金或与公司其他活动不相适宜的业务
	清算战略	企业为实现其有形资产的价值而将公司资产全部或分块出售

【知识拓展】一、战略的类型（蔡茂生）（见表 7-2-2）

表7-2-2 战略的类型

分类			含义
发展型战略（成长型战略）	密集型成长战略	市场渗透战略	
		市场开发战略	
		产品开发战略	
	横向一体化战略		
	纵向一体化战略		
	多元化战略		
稳定发展型战略			是指企业遵循与过去相同的战略目标，保持一贯的成长速度，同时不改变基本的产品或经营范围。它是对产品、市场等方面采取以守为攻，以安全经营为宗旨，不冒较大风险的一种战略形态
防御型战略			也称为收缩型战略，是指企业在目前的战略经营领域和基础水平上，通过缩小经营规模、剥离部分业务或对企业进行重组，采用抽资转向或撤退等防御手段的一种战略形态

二、公司层战略的选择（蔡茂生）

公司战略的选择是同内外环境紧密相关的，战略选择重点在于战略匹配。战略匹配就是将企业的内部优势、劣势与外部环境的机会、威胁进行匹配，为获得备选战略提供基础，最简单的是一对一匹配，而实际上，外部因素与内部因素关系复杂，通常都是多重匹配。SWOT 矩阵（见表 7-2-3）是对两者匹配关系的描述，它指出了不同内外环境下相应的战略选择。

表7-2-3 SWOT矩阵

外部因素	内部因素	
	内部强项（S）	内部弱项（W）
外部机会（O）	SO战略	WO战略
外部威胁（T）	ST战略	WT战略

SWOT 矩阵主要用于企业的外部环境和资源分析，也可用于企业战略的选择。SWOT 是 “strengths（强项）” “weaknesses（弱项）” “opportunities（机会）” “threats（威胁）” 四个词的首个字母缩拼词。根据环境和资源分析，SWOT 矩阵可制定出相应的 SO、WO、ST、WT 四种可供选择的战略，如表 7-2-4 所示。

表7-2-4 四种可供选择的战略

战略类型	具体内容
SO战略	是指运用组织的强项去利用环境中的机会。对组织来说，这是比较理想的局面。战略形态是发展型战略
WO战略	是指利用环境的机会克服企业内部的弱项。战略形态是稳定发展型战略
ST战略	是指利用企业的强项去克服或避开环境的威胁。换句话说，是企业的强势扩大到最大限度，使环境中的威胁减少到最低限度。战略形态是稳定发展型战略
WT战略	是指把弱势和威胁都减至最小，意味着紧缩开支或实行撤退清算等。通常企业只好紧缩开支、实行清理等。战略形态是收缩型战略

一、企业基本战略

企业基本战略揭示企业如何为顾客创造价值。波特认为："竞争优势归根结底产生于企业为顾客所能创造的价值，或者在提供同等效益时采取相对低价格，或者其不同寻常的效益用于补偿溢价而有余。"一种基本战略可以有多种实现形式，比如，多元化和一体化战略都可以是成本领先或特色优势战略。同样，一种战略形式可以为多种基本战略服务，比如，多元化战略既可以实现成本领先的战略，又可以实现特色优势的战略。

二、企业核心能力与成长战略

美国学者哈梅尔和普拉哈拉得认为，"核心能力是组织内的集体知识和集体学习，尤其是协调不同生产技术和整合多种多样技术流的能力。"一项能力能否成为企业的核心能力必须通过三项检验，即：①用户价值。核心能力必须能够使企业创造顾客可以识别的和看重的且在顾客价值创造中处于关键地位的价值。②独特性。与竞争对手相比，核心能力必须是企业所独具的，即使不是独具的，也必须比任何竞争对手胜出一筹。③延展性。核心能力是企业向新市场延展的基础，企业可以通过核心能力的延展而创造出丰富多彩的产品。

企业成长的基础是核心能力。一种方式是核心能力通过一体化、多元化和加强型战略等战略形式在企业内扩张，另一种方式是核心能力通过出售核心产品、非核心能力的虚拟运作和战略联盟等战略形式在企业间扩张。

三、防御性战略

在企业成长的道路上，经常需要采取一些防御性战略。以退为进，以迂为直，从而使企业更加健康地成长。常采用的防御性战略有收缩、剥离和清算等方式。

四、战略的作用

战略直接关系着组织的兴衰成败，在整个组织体系中有着极为重要的作用。战略管理包括战略分析、战略选择和战略实施，战略的作用也就体现在战略计划的制订与实施上。

（一）战略有利于组织明确发展方向和发展目标

战略为组织发展指明了总方向和应该达到的状态，以及总体资源的投向，即明确了总体资源在较长时期内投向哪些事业领域。为组织在今后较长时间内的发展规划了蓝图，这使得组织在其成长过程中有了导航器，并对组织的今后行为进行了严格的约束和规范。此外，清晰明确的发展方向还有利于组织上下达成一致，彼此支持，有利于组织目标的实现。

（二）战略计划有利于合理配置组织资源

资源的有限性决定了“少投入多产出”对于组织生存发展的重要性，战略计划通过对组织经营业务类别的筛选、对经营项目的排序，大大减少了资源盲目投入而造成的不必要损失，从而使组织的资源得到优化配置。

（三）战略的制定与实施有利于组织获取竞争优势

组织若期望长期生存与发展，就必须有一技之长，趋利避害。战略选择是建立于对组织内部条件和外部环境分析基础上的，战略选择与实施的本质任务在于：为组织发现、培育、使用和维护自身的竞争优势，抓住稍纵即逝的机会，从而实现组织发展的长远目标。

（四）战略是为实现组织目标，动态平衡内外条件的有力工具

组织的生存与发展对外部环境的依赖性决定了管理工作要以未来的环境变化趋势作为决策的基础，而组织的竞争优势却源于内部条件。要在激烈的竞争环境中长期生存与发展，就要求组织必须平衡外部环境和内部条件。战略分析、战略选择和战略实施均需注重这两者的平衡，以便正确地确定组织的发展方向、活动领域和发展路径，从而能更好地利用组织的竞争优势把握外部环境所提供的机会，规避风险，增强企业经营活动对外部环境的适应性，从而使二者达成最佳的结合。

第三节 计划的组织实施

课前思考

1. 什么是目标管理？其基本思想、过程又是什么？
2. 什么是滚动计划法？其又有何优缺点？
3. 什么是网络计划技术？其优点有哪些？

考点精讲

战略性计划把所确定的目标在时间和空间两个维度展开，具体地规定了组织的各个部门从目前到未来的各个较短的时期阶段，特别是最近的时段中，应该从事何种活动，从事该种活动应达到何种要求，因而为各组织成员在近期内的行动提供了依据。实践中，计划的组织实施行之有效的方法主要有目标管理、滚动计划法和网络计划技术等。

一、目标管理

目标管理（management by objectives，MBO）是20世纪50年代中期出现于美国，以泰罗的科学管理和行为科学理论为基础而形成的一套管理制度。1954年，美国著名管理学家彼得·德鲁克在《管理实践》一书中首先提出了“目标管理和自我控制”的主张，我国在20世纪80年代初开始引进目标

管理法，取得了较好的成效。

（一）目标管理的含义（蔡茂生）

目标管理是让组织的主管人员和员工共同参与目标制定，在工作中实现自我控制并努力完成工作目标的一种管理制度或方法。至于员工的工作成果，则是根据目标的完成情况来评价和奖励的。目标管理不是用目标控制、约束，而是用它来激励下级。

目标管理的核心内容就是目标，它清楚表明了每一个人、每一个具体岗位为了共同目标和组织战略应该怎么去做或如何去做。

目标管理打破了传统目标单一的“自上而下”的转化方式，采用了“自上而下”和“自下而上”相结合的方式。每一个组织成员和各级管理者共同参与了目标的设定，把组织整体目标层层转化为组织单位和个人目标，构成一个目标层级结构。

（二）目标管理基本思想

（1）企业的任务必须转化为目标，企业管理人员必须通过这些目标对下级进行领导，并以此来保证企业总目标的实现。

（2）目标管理是一种程序，使一个组织中的上下各级管理人员统一起来制定共同的目标，确定彼此的责任，并将此项责任作为指导业务和衡量各自贡献的准则。

（3）每个企业管理人员或工人的分目标就是企业总目标对他的要求，同时也是这个企业管理人员或工人对企业总目标的贡献。

（4）管理人员和工人是依据设定的目标进行自我管理，他们以所要达到的目标为依据，进行自我指挥、自我控制，而不是由他的上级来指挥和控制。

（5）企业管理人员对下级进行考核和奖惩也是依据这些分目标。

（三）目标的性质（见表 7–3–1）

目标表示最后结果，总目标需要由子目标来支持。这样，组织及其各层次的目标就形成了一个目标网络。作为任务分配、自我管理、业绩考核和奖惩实施依据的目标具有如下特征：①层次性；②网络性；③多样性；④可考核性；⑤可接受性；⑥富有挑战性；⑦伴随信息反馈性。

表7–3–1　目标的性质

性质	定义
层次性	组织目标形成一个有层次的体系，从宽泛的组织战略性目标到特定的个人目标。这个体系的顶层是组织的远景和使命陈述，第二层次是组织的任务。在目标体系的基层是分公司的目标、部门和单位的目标、个人目标等
网络性	目标网络的内涵表现为以下四点：第一，目标和计划很少是线性的，即并非当一个目标实现后接着去实现另一个目标，如此等等。目标和规划形成一个互相联系着的网络。第二，主管人员必须确保目标网络中的每个组成部分要相互协调。不仅各种规划的执行要协调，而且完成这些规划在时间上也要协调。第三，组织中的各个部门在制定自己部门的目标时，必须要与其他部门相协调。一家公司的一个部门似乎很容易制定完全适合于它的目标，但这个目标却可能在经营上与另一个部门的目标相矛盾。第四，组织制定各种目标时，必须要与许多约束因素相协调
多样性	在目标层次体系中的每个层次的具体目标也可能是多种多样的。有人认为，一位主管人员不可能有效地追求更多的目标，以2～5个为宜。在考虑追求多个目标的同时，必须对各目标的相对重要程度进行区分

续表

性质	定义
可考核性	要让目标可以考核就要将目标量化。目标定量化可能会损失组织运行的一些效率，但是对组织活动的控制、成员的奖惩会带来很多方便。有时要用可考核的措辞来说明结果会有更多的困难，对高层管理人员以及政府部门尤其如此。但原则是：我们只可能规定明确的、可考核的目标
可接受性	如果一个目标要对其接受者产生激发作用，那么对于接受者来说，这个目标必须是可接受的、可以完成的。对一个目标接受者来说，如果目标超过其能力所及的范围，则该目标对其是没有激励作用的
挑战性	如果完成一项工作所达到的目的对接受者没有多大意义的话，接受者是没有动力去完成该项工作的；如果完成一项工作，对接受者来说，是件轻而易举的事件，那么接受者也没有动力去完成该项工作。教育学中有一原则叫"跳一跳，摘桃子"与之相对应。目标的可接受性和挑战性是对立统一的关系，但在实际工作中，我们必须把它们统一起来
伴随信息反馈性	信息反馈是把目标管理过程中目标的设置、目标的实施情况不断地反馈给目标设置和实施的参与者，让他们时时知道组织对自己的要求及自己的贡献情况。如果建立了目标再加上反馈，就能更进一步加强员工工作表现

（四）目标管理的特点（蔡茂生）

目标管理的特点如下：①参与管理；②自我控制；③权力下放；④绩效反馈。

（五）目标管理的过程

孔茨认为，目标管理是一个全面的管理系统，它用系统的方法把许多关键管理活动结合起来，并且有意识地瞄准并有效地和高效率地实现组织目标和个人目标。

1. 制定目标

包括确定组织的总体目标和各部门的分目标。总体目标是组织在未来从事活动要达到的状况和水平，其实现有赖于全体成员的共同努力。在制定每个部门和每个成员的目标时，上级要向下级提出自己的方针和目标，下级要根据上级的方针和目标制定自己的目标方案，在此基础上进行协商，最后由上级综合考虑后做出决定。

2. 明确组织的作用

理想的情况是，每个目标和子目标都应有某一个人的明确责任。然而，几乎不可能去建立一个完美的组织结构以保证每一特定的目标都成为某个个人的责任。例如，在制定一种新产品投入的目标中，研究、销售和生产等部门的主管人员必须仔细地协调他们的工作。组织通常采用设立一名产品主管人员来统一协调各种职能。

3. 执行目标

组织中各层次、各部门的成员为达成分目标，必须从事一定的活动，活动中必须利用一定的资源。为了保证他们有条件组织目标活动的开展，必须授予相应的权力，使之有能力调动和利用必要的资源。有了目标，组织成员便会明确努力的方向；有了权力，他们便会产生与权力使用相应的责任心，从而能充分发挥他们的判断能力和创造能力，使目标执行活动有效地进行。

4. 评价成果

评价成果既是实行奖惩的依据，也是上下左右沟通的机会，同时还是自我控制和自我激励的手段。评价成果既包括上级对下级的评价，也包括下级对上级、同级关系部门相互之间以及各层次组织成员对自我的评价。上、下级之间的相互评价有利于信息、意见的沟通，从而有利于组织活动的控制；横向的关系部门相互之间的评价，有利于保证不同环节的活动协调进行；而各层次组织成员的自我评价则有利于促进他们的自我激励、自我控制以及自我完善。

5. 实行奖惩

组织对不同成员的奖惩是以上述各种评价的综合结果为依据的。奖惩可以是物质的，也可以是精神的。公平合理的奖惩有利于维持和调动组织成员饱满的工作热情和积极性，奖惩有失公正，则会影响成员的工作积极性。

6. 制定新目标并开始新的目标管理循环

成果评价与成员行为奖惩，既是对某一阶段组织活动效果以及组织成员贡献的总结，也为下一阶段的工作提供了参考和借鉴。在此基础上，组织成员及各个层次、部门制定新的目标并组织实施，即展开目标管理的新一轮循环。

二、滚动计划法

滚动计划法是一种定期修订未来计划的方法。

（一）滚动计划法的基本思想

滚动计划法是根据计划的执行情况和环境变化情况定期修订未来的计划，并逐期向前推移，使短期计划、中期计划有机地结合起来。具体使用近细远粗的办法制订计划。五年期的滚动计划方法如图 7-3-1 所示。

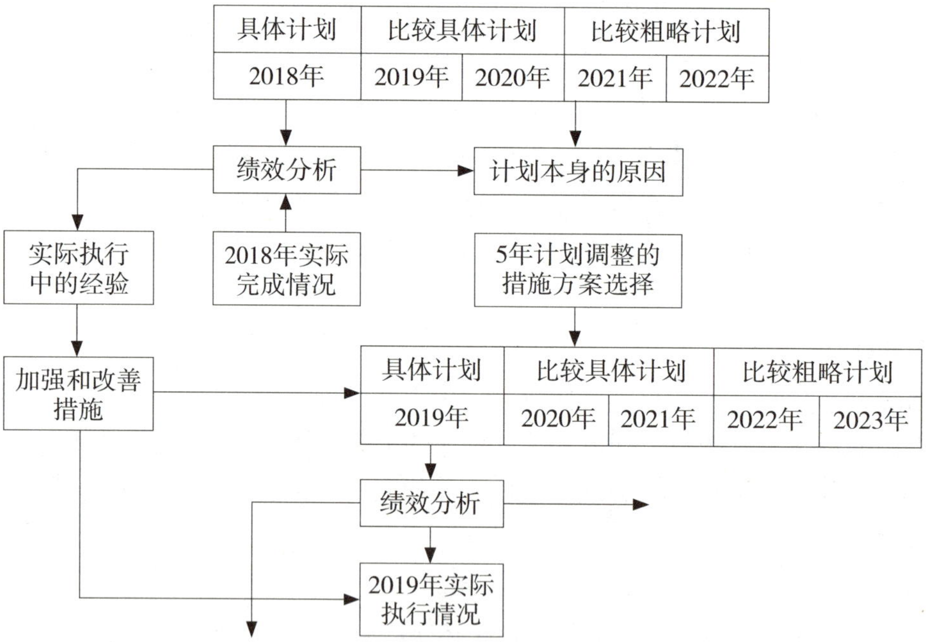

图7-3-1　五年期的滚动计划方法

由图 7-3-1 可以看出，在计划期的第一阶段结束时，要根据该阶段计划的实际执行情况和外部与内部有关因素的变化情况，对原计划进行修订，并根据同样的原则逐期滚动。每次修订都使整个计划向前滚动一个阶段。

（二）滚动计划法的评价

1. 优点

（1）使得计划更加切合实际，并且使战略性计划的实施也更加切合实际。

（2）滚动计划法相对缩短了计划时期，加大了计划的准确性和可操作性，从而是战略性计划实施的有效方法。

（3）滚动计划方法使长期计划、中期计划与短期计划相互衔接，短期计划内部各阶段相互衔接。这就保证了即使环境变化出现某些不平衡时，各期计划也能及时地进行调节，从而基本保持一致。

（4）滚动计划方法大大加强了计划的弹性，这在环境剧烈变化的时代尤为重要，它可以提高组织的应变能力。

2. 缺点

滚动计划法使得计划编制和实施工作的任务量加大。

三、网络计划技术

网络计划技术是 20 世纪 50 年代后期在美国产生和发展起来的。它包括各种以网络为基础制订计划的方法，如关键路径法、计划评审技术、组合网络法等。

（一）网络计划技术的基本步骤

网络计划技术的原理，是把一项工作或项目分成各种作业，然后根据作业顺序进行排列，通过网络图对整个工作或项目进行统筹规划和控制，以便用最少的人力、物力、财力资源，以最快的速度完成工作。网络计划技术的基本步骤如图 7–3–2 所示。

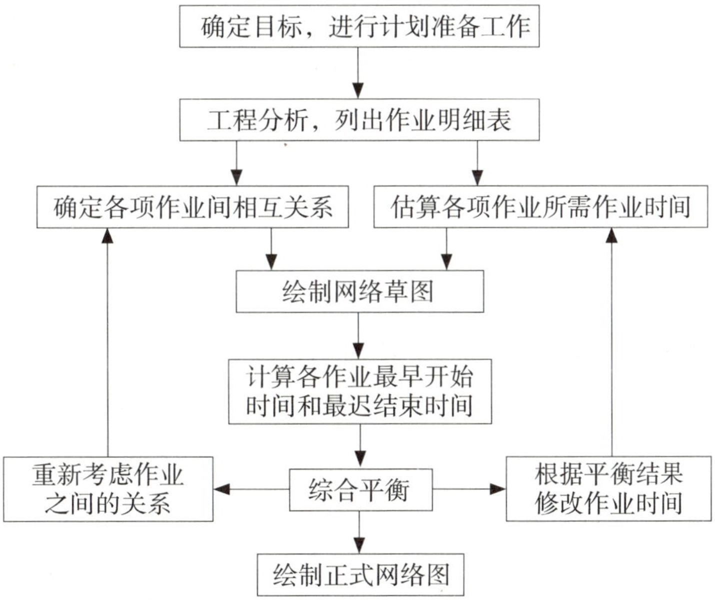

图7–3–2　网络计划技术的基本步骤

（二）网络图

网络图是网络计划技术的基础。任何一项任务都可以分解成许多工作，根据这些工作在时间上的衔接关系，用箭线表示它们的先后顺序，画出一个由各项工作相互联系并注明所需时间的箭线图，这个箭线图就被称作网络图。图 7–3–3 便是一个简单的网络图。

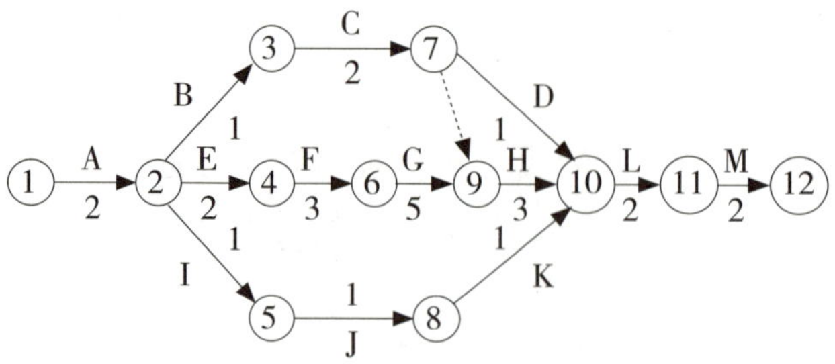

图7-3-3　网络图

网络图的构成部分：工序、事项、路线。

（三）网络计划技术的评价

网络计划技术虽然需要大量而繁琐的计算，但在计算机广泛运用的时代，这些计算已大都程序化了。这种技术之所以被广泛地运用，是因为它有一系列的优点。

（1）该技术能清晰地表明整个工程的各个项目的时间顺序和相互关系，并指出了完成任务的关键环节和路线。因此，管理者在制订计划时可以统筹安排，全面考虑，又不失重点。在实施过程中，管理者可以进行重点管理。

（2）可对工程的时间进度与资源利用实施优化。在计划实施过程中，管理者调动非关键路线上的人力、物力和财力从事关键作业，进行综合平衡。这样既可节省资源又能加快工程进度。

（3）可事先评价达到目标的可能性。该技术指出了计划实施过程中可能发生的困难点以及这些困难点对整个任务产生的影响，有利于管理者准备好应急措施，从而减少完不成任务的风险。

（4）便于组织与控制。管理者可以将工程，特别是复杂的大项目，分成许多支持系统来分别组织实施与控制，这种既化整为零又聚零为整的管理方法可以实现局部和整体的协调一致。

（5）易于操作，并具有广泛的应用范围，适用于各行各业以及各种任务。

课后练习

一、单项选择题

1. 企业为获得与自身生产同类产品的竞争对手的所有权或加强对他们的控制而选择的战略是（　）

A. 前向一体化战略　　B. 后向一体化战略

C. 纵向一体化战略　　D. 横向一体化战略

2. 下列属于战略环境分析中行业环境分析范畴的是（　）

A. 竞争对手分析　　B. 入侵者研究　　C. 目标市场确定　　D. 产品定位

3. 在公司的战略中，加强型战略属于（　）

A. 成长战略　　B. 基本战略　　C. 防御型战略　　D. 收缩型战略

4. 目标管理法的提出者是（　）

A. 波特　　B. 德鲁克　　C. 欧文　　D. 戴明

5. 目标管理法的人性假设是（ ）

A. 经济人　B. 社会人　C. 自我实现人　D. 复杂人

6. 网络计划技术的基础是（ ）

A. 计划评审技术　B. 组合网络法　C. 网络图　D. 关键路径法

7. 在企业自身的价值活动中，不属于辅助活动的是（ ）

A. 人力资源管理　B. 采购　C. 企业基础设施　D. 服务

8. 把弱项和威胁都减至最小，意味着紧缩开支或实行撤退清算的战略选择是（ ）

A.SO 战略　B.WO 战略　C.ST 战略　D.WT 战略

二、多项选择题

9. 根据价值链分析法，企业的价值活动中的基本活动主要有（ ）

A. 输入物流　B. 输出物流　C. 生产作业

D. 市场营销与销售　E. 服务

10. 战略环境分析考虑的因素主要有（ ）

A. 外部一般环境　B. 行业环境　C. 竞争对手

D. 企业自身　E. 顾客

11. 成长战略 II 包括（ ）

A. 战略联盟　B. 虚拟运作　C. 出售核心产品

D. 市场渗透　E. 目标聚集

12. 根据美国学者波特的研究，驱动行业竞争的五种力量有（ ）

A. 替代品生产商　B. 供应商　C. 买方

D. 新进入者　E. 现有企业间的竞争

三、名词解释

13. 网络图

14. 目标集聚

15. 特色优势

四、简答题

16. 简述目标管理的特点。

17. 简述网络计划技术的优点。

18. 简述战略的作用。

五、论述题

19. 试联系实际论述目标管理的基本思想及其过程。

扫码获取答案解析

第八章 组织设计

思维导图

- 组织设计
  - ★★组织与组织设计
    - 组织设计的必要性分析
    - 组织结构的定义、内容及特性
    - 组织设计的任务和原则
    - 组织设计的影响因素
  - ★★★组织的部门化
    - 基本原则
      - 因事设职与因人设职相结合
      - 分工与协作相结合
      - 精简高效的部门设计
    - 基本形式
      - 按工作过程来划分
      - 按工作结果来划分
    - 典型的组织结构（蔡茂生）
  - ★★★组织的层级化
    - 层级化与管理幅度
    - 层级设计主要问题（集权与分权）
    - 层级设计的授权

组织是两个以上的人在一起为实现某个共同目标而协同行动的集合体。组织目标一经确立，决策与计划一旦制订，为了保证目标与计划的有效实现，管理者就必须设计合理的组织架构，整合这个架构中不同员工在不同时空的工作并使之转换成对组织有用的贡献。组织设计涉及两个方面的工作内容：在职务设计的基础上进行横向的管理部门设计和纵向的管理层级设计。

第一节 组织与组织设计

课前思考

1. 何谓组织？何谓组织设计？
2. 为什么要进行组织设计？
3. 组织结构的特性是什么？组织设计又有哪些原则？

考点精讲

一、组织设计的必要性分析

（一）组织设计的概念

组织设计就是对组织的结构和活动进行创构、变革和再设计。

（二）组织设计的目的

组织设计的目的如下：①通过创构柔性灵活的组织，动态地反映外在环境变化的要求；②在组织演化成长的过程中，有效积聚新的组织资源；③协调好组织中部门与部门之间、人员与任务之间的关系；④使员工明确自己在组织中应有的权力和应担负的责任；⑤有效地保证组织活动的开展，最终保证组织目标的实现。

二、组织结构的定义及特性

（一）组织结构的定义

所谓组织结构是指组织的基本架构，是对完成组织目标的人员、工作、技术和信息所做的制度性安排。

【知识拓展】组织结构的内容（蔡茂生，见表 8–1–1）

表8–1–1 组织结构的内容

内容	定义
职能结构	完成目标所需的各项业务工作及其比例和关系。如一个企业有经营、生产、技术、后勤、管理等不同的业务职能。各项工作任务都为实现企业的总体目标服务，但各部分的权责关系却不同
层次结构	各管理层次的构成，又称组织的纵向结构。例如，公司机构的纵向层次大致可分为：董事会—总经理—各职能部门—基层部门—班组。这样就形成了一个从上而下的纵向的组织结构层次
部门结构	各管理和业务部门的构成，又称组织的横向结构。如企业设置生产部、技术部、营销部、财务部、人事部等职能部门
职权结构	各层次各部门在权力和责任方面的分配及相互关系。如董事会负责决策，经理负责执行与指挥，各职能层次、部门之间的协作关系、监督与被监督关系等

（二）组织结构的特性

组织结构可以用复杂性、规范性和集权性三种特性来描述，如表 8–1–2 所示。

表8-1-2 组织结构的特性

特性	定义
复杂性	每一个组织内部在专业化分工程度、组织层级、管理幅度以及人员之间、部门之间关系上存在着的巨大差别性。分工越细、组织层级越多、管理幅度越大，组织的复杂性就越高；组织的部门越多、分布越散，人员与事物之间的协调也就越难
规范性	组织需要靠规章制度以及程序化、标准化的工作，规范地引导员工的行为。规范的内容既包括了以文字形式表述的规章制度、工作程序、各项指令，也包括了以非文字形式表达的组织文化、管理伦理以及行为准则等。组织中的规章条例越多，组织结构也就越正式化
集权性	组织在决策时正式权力在管理层级中分布与集中的程度。当组织的权力高度集中在上层，问题要由下至上反映，并最终要由最高层决策时，组织的集权化程度就较高；反之，一些组织授予下层人员更多决策权力时，组织的集权化程度较低，这种授权方式被称为分权

三、组织设计的任务和原则

（一）组织设计的任务

组织设计的任务是：①设计清晰的组织结构；②规划和设计组织中各部门的职能和职权；③确定组织中职能职权、参谋职权、直线职权的活动范围；④编制职务说明书。

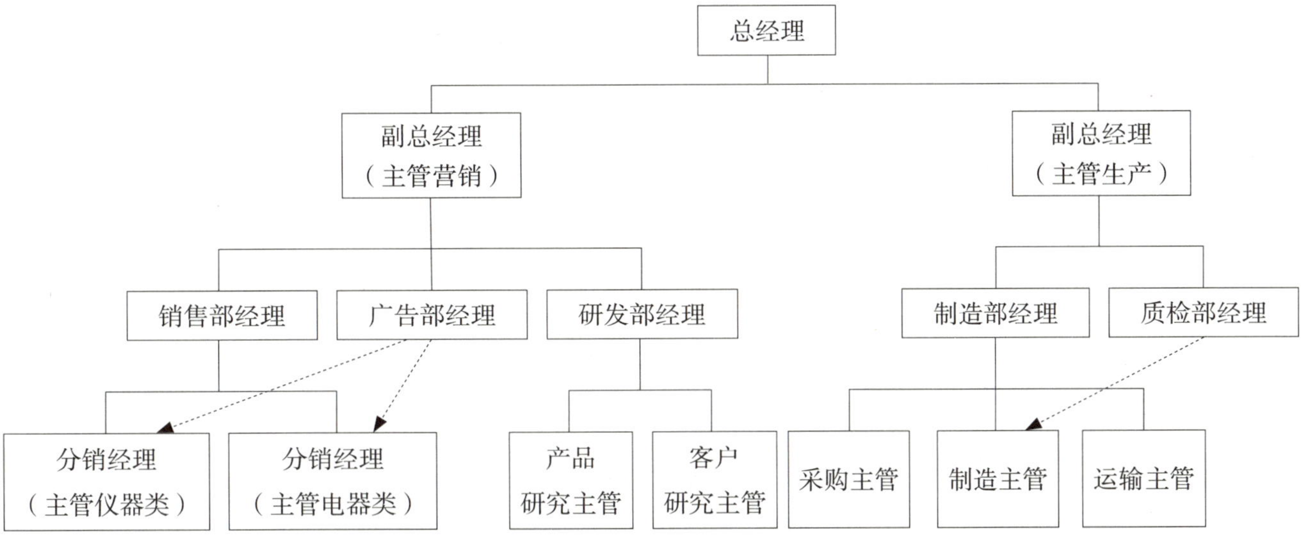

图8-1-1 组织系统示意图

图 8-1-1 是一个典型的组织系统示意图。图中的方框表示各种管理职务或相应的部门。箭线表示不同职权的指向。通过直线将各方框进行连接，虽然没有显示出各种职权与职责的具体内容以及哪一个阶段哪一个部门最为重要，但该示意图清晰地描述了组织内正式职位系统的决策层级和联系网络，同时也标明了各种管理职务或各个部门在组织结构中的地位以及它们之间的相互关系。比如，主管营销的副总经理必须服从总经理的指示，并向总经理汇报工作情况，同时，他又直接领导着销售部经理、广告部经理以及研发部经理。

从图 8-1-1 我们还可以看出，组织的活动可以分解为横向和纵向两种结构形式。组织纵向结构设计的结果是决策的层级化，即确定了由上到下的指挥链以及链上每一级的权责关系，显然，这种关系具有明确的方向性和连续性；组织横向结构设计的结果是组织的部门化，即确定了每一部门的基本职能、每一位主管的控制幅度、部门划分的标准以及各部门之间的工作关系。

职务说明书要求能简单而明确地指出：该管理职务的工作内容、职责与权力，该职务在组织中与其他职务之间的区别与联系，职务人员需具备的专业背景、知识结构、工作经验、管理能力等基本条件。

为了达到组织设计的理想效果，组织设计者需要完成以下几项工作。

1. 职能与职务的分析与设计

组织首先需要将总的任务目标进行层层分解，分析并确定完成组织任务究竟需要哪些基本的职能与职务，然后设计和确定组织内从事具体管理工作所需的各类职能部门以及各项管理职务的类别和数量，分析每位职务人员应具备的资格条件、应享有的权力范围和应负的职责。

2. 部门设计

根据每位职务人员所从事的工作性质以及职务间的区别和联系，按照组织职能相似、活动相似或关系紧密的原则，将各个职务人员聚集在“部门”这一基本管理单位内。

3. 层级设计

在职能与职务设计以及部门划分的基础上，必须根据组织内外能够获取的现有人力资源情况，对初步设计的职能和职务进行调整和平衡，同时要根据每项工作的性质和内容确定管理层级并规定相应的职责、权限，通过规范化的制度安排使各个职能部门和各项职务形成一个严密、有序的活动网络。

（二）组织设计的原则

在组织设计的过程中，还应该遵循一些最基本的原则，如表 8–1–3 所示，这些原则都是在长期管理实践中的经验积累，应该为组织设计者所重视。

表8–1–3　组织设计的原则

组织设计原则	定义
专业化分工	专业化分工是组织设计的基本原则。专业化分工就是要把企业活动的特点和参与企业活动的员工的特点结合起来，把每个员工都安排在适当的领域中积累知识、发展技能，从而不断地提高工作的效率
统一指挥	要求每位下属应该有且仅有一个上级，要求在上下级之间形成一条清晰的指挥链
控制幅度	一个上级直接领导与指挥的下属人数应该有一定的限度，并且应该是有效的。法国的管理学者格拉丘纳斯曾提出一套数学公式，说明了当上级的控制幅度超过6～7人时，其和下级之间的关系会越来越复杂，以至于最后使他无法驾驭
权责对等	组织中的每个部门和部门中的每个人员都有责任按照工作目标的要求保质保量地完成工作任务，同时，组织也必须委之以自主完成任务所必需的权力
柔性经济	所谓组织的柔性，是指组织的各个部门各个人员都是可以根据组织内外环境的变化而进行灵活调整和变动的。组织的经济是指组织的管理层次与幅度、人员结构以及部门工作流程必须设计合理，以达到管理的高效率。组织的柔性与经济是相辅相成的，一个柔性的组织必须符合经济的原则，而一个经济的组织又必须使组织保持柔性。只有这样，才能保证组织机构既精简又高效，避免形式主义和官僚主义作风的滋长和蔓延

四、组织设计的影响因素

面对竞争日趋激烈的外部环境和不确定的市场需求变化，任何组织都会察觉到管理日趋复杂和自身能力有限。这就需要把权变的组织设计观引入组织设计的思想中。所谓权变的组织设计是指以系统、动态的观点来思考和设计组织，它要求把组织看成是一个与外部环境有着密切联系的开放式组织系统。因此，权变的组织设计必须考虑战略、环境、规模、技术等一系列因素，针对不同的组织特点设计不同的组织结构。

管理学者西拉季认为，影响组织设计的因素有四个，即环境、战略、技术与组织规模，而学者周三多则认为有五个，即环境、战略、技术、组织规模和生命周期。

（一）环境的影响

环境包括一般环境和特定环境两部分（见表 8–1–4）。

表8–1–4　一般环境和特定环境的内容

环境	具体内容
一般环境	包括对组织管理目标产生间接影响的，诸如经济、政治、社会文化以及技术等环境条件，这些条件最终会影响到组织现行的管理实践
特定环境	包括对组织管理目标产生直接影响的，诸如政府、顾客、竞争对手、供应商等具体环境条件

环境的复杂性和变动性决定了环境的不确定性。不确定性是指决策者由于缺乏完整的外部环境信息，而无法预测未来的变化，进而无法做出正确的判断和决策。

组织设计者可以通过以下几种方法提高组织对环境的应变性。

1. 对传统的职位和职能部门进行相应的调整

当外部环境的复杂性提高时，传统的应变方法是增设必要的职位和缓冲部门。这些职位和缓冲部门主要是围绕核心能力设立的，其目的是促使组织资源和环境之间更好地交流和平衡。随着外部竞争的不断加剧，信息变得愈加重要，组织设计者还要能够跨越组织边界聘用一些外部专家或建构信息情报部门来搜集必要的信息，以使决策者能够及时了解外部环境的动态变化，防止组织的僵化。

2. 根据外部环境的不确定程度设计不同类型的组织结构

伯恩斯和斯托克的研究发现，外部环境与组织内部结构具有关联性。当外部环境较为稳定时，内部组织为了提高组织运行的效率，往往需要制定明确的规章制度、工作程序和权力层级，组织的规范化、集权化程度比较高，其组织结构的设计可以采用机械式的层级结构形式。而在环境较为不确定时，内部组织比较松散、决策权力分散并下移，权力层级不明确，组织结构设计可以采用柔性灵活的有机结构形式。

3. 根据组织的差别性、整合性程度设计不同的组织结构

劳伦斯和洛奇通过对塑料、食品及容器三种产业共 10 家企业的实证分析，证实了组织的差别性、整合性与有效组织结构之间密不可分的关系。组织的差别性是指不同职能部门管理人员在组织目标与价值取向上的差别程度。组织整合性是指各个部门努力的方向趋于一致性的程度。

4. 通过加强计划和对环境的预测减少不确定性

在一个相对稳定的环境条件下，组织考虑的是如何集中精力去解决当前的主要问题。对组织本身来讲，未来环境的要求与当前是一致的，因此制订长期计划并预测未来似乎意义不大，组织的效率主要体现在对一些现实问题的有效处理上。而在一个相对动态、不确定的环境条件下，加强计划和对环境的预测可以大大减轻外部环境变化对组织所造成的负面影响，当然，计划需要随时加以更新，计划部门的活动也不能替代其他部门的活动。

5. 通过组织间合作尽量减小组织自身要素资源对环境的过度依赖性

组织存在的一个重要前提是能够确保从外部环境中连续不断地获取关键的组织要素资源，如原材料、资金、劳动力等。如果这些资源被其他组织所控制，组织活动将会变得十分被动。为此，组织需要通过与其他组织建立广泛的合作关系来确保这些资源的及时供给。合作的方式可以是多种多样的，例如，通过并购来获取对关联组织的控制，通过与其他组织建立战略联盟实现资源的共享和互补，选

择有重要影响力的人士加入董事会，通过广告和公共关系树立组织形象等。当然，组织也可以通过并购或剥离等变革方式彻底改变组织所依存的环境从而保持相对的自主性和独立性。

（二）战略的影响

战略是指决定和影响组织活动性质及根本方向的总目标，以及实现这一总目标的路径和方法。钱德勒的研究认为，新的组织结构如不因战略而异，就将毫无效果。具体来讲，战略发展有四个不同阶段，每个阶段应有与之相适应的组织结构，如表 8–1–5 所示。

表8–1–5 钱德勒提出的战略发展四阶段

阶段	具体内容
数量扩大阶段	许多组织开始建立时，往往只有一个单独的工厂，比较单一地执行制造或销售等职能。这个阶段的组织结构很简单，有的只有一个办公室。组织面临的重要战略是如何扩大规模
地区开拓阶段	组织随着向各地区开拓业务，为了把分布在不同地区的业务单元有机地组合起来，就产生了协调、标准化和专业化的问题。这就要求建立一种新的组织结构即职能部门
纵向联合发展阶段	组织在同一行业发展的基础上进一步向其他领域延伸扩展，如零售商店从专门销售服装用品扩大到销售各种用具和家具等。这种发展战略要求建立与此相适应的职能结构
产品多样化阶段	为了在原产品的主要市场开始衰退的时候，更好地利用组织现有的资源、设备和技术，转向新行业内新产品的生产和新服务的提供。这种战略的组织结构要考虑对新产品与新服务的评价和考核，考虑对资源的分配以及部门的划分、协调等问题。这就要求建立与此相适应的产品型组织结构

梅尔斯和斯诺进一步考虑到外部环境中不确定因素对决策的影响，形象地总结了四种战略类型以及相关的组织结构类型，如表 8–1–6 所示。

表8–1–6 梅尔斯和斯诺提出的战略类型

战略类型	具体内容
防御者型	组织一般都处于比较稳定的环境之中，决策者通过高度的集权和专业化分工以及程序化、标准化的作业活动使组织稳固地发展，并据此防御竞争对手。这类组织由于具有严密的层级控制系统和高度的部门分工差异性，组织的目标稳定而富有效率
探险者型	组织一般都处于动荡变化的环境之中，决策者需要不断地开发新产品，寻找新市场，组织的目标可以灵活地加以调整，这必然要冒更大的市场风险。组织必须依靠建构更为柔性、分权化的组织结构，使各类人才和各个部门都有充分的决策自主权，最终能够对市场的最新需求做出灵活的反应
分析者型	组织所处的环境也是动荡不定的，但决策者的目标比较灵活，尽可能使风险最小而收益最大。这类组织一方面要稳定现有产品的市场份额，即需要实行规范化、标准化、程序化的作业保证市场供给；另一方面，组织又需要跟踪分析更富有市场竞争力的新产品，及时跟进，这时又需要通过建构柔性灵活、分权化的组织结构，随时对外在环境的变化做出反应
反应者型	组织一般也是处于动荡变化的环境之中，但限于决策者的市场判断能力、内部管理能力、主动应变能力，组织很难及时对外在环境变化做出反应，只好采用被动反应的战略以应付环境的不确定性。这种战略很明显是低效率的，组织往往面临强大的变革压力

（三）技术的影响

技术是指把原材料等资源转化为最终产品或服务的机械力和智力。任何组织都需要通过技术将投入转换为产出，于是组织的设计就需要因技术的变化而变化，特别是技术范式的重大转变，往往要求组织结构做出相应的改变和调整。伍德沃德等人根据制造业技术的复杂程度把技术划分为三类：单件小批量生产技术、大批量生产技术和流程生产技术，如表 8–1–7 所示。

表8-1-7 伍德沃德提出的技术类型

技术类型	具体内容
单件小批量生产技术	被定制产品（如定制服装和水力发电用涡轮机等）生产单件或小批量生产单位所采用
大批量生产技术	由大批和大量生产的制造商采用，它们提供诸如家电和汽车之类的产品，这些产品一般可以通过专业化流水线技术生产实现规模经济
流程生产技术	该技术是最复杂的一类技术，采用者如炼油厂、发电厂和化工厂这类连续流程的生产者

佩罗提出，组织中每一个部门都是由专门技术组成的集合体。技术受到两个方面的影响，即工作的多变性与可分析性。所谓工作的多变性，是指技术在工作过程中发生意外变化的概率情况，例如，对程序化的流水线工作而言，由于发生意外事件的可能性甚小，其工作的多变性就较低。所谓工作的可分析性，是指技术在工作过程中可被分析的难易程度，例如，品酒师的工作就需要有相当丰富的工作经验和直觉判断，其工作无法用现成的技术和程序去归纳，这项工作的可分析性就比较低。

根据工作的多变性与可分析性两项维度标准，就可以将技术划分为四种不同的类型：常规型技术、工艺型技术、工程型技术、非常规型技术，如表 8-1-8 所示。

表8-1-8 佩罗提出的技术类型

技术类型	具体内容
常规型技术	工作的多变性较小而可分析性较大，工作的标准化、规范化程度都较高的部门技术，例如，汽车装配部门的装配技术、银行出纳部门的出纳技术等
工艺型技术	工作的多变性与可分析性都较小，工作必须依靠直觉、经验判断来灵活处理的部门技术，例如，服装业的设计技术、烹饪师的烹调技术等
工程型技术	工作的多变性与可分析性都较大，工作需要依靠知识和能力并按照公式化、程序化方式操作的部门技术，例如，工程设计技术、会计做账技术等
非常规型技术	工作的多变性较大而可分析性较小，工作需要依靠丰富的知识和经验，运用综合性、创造性的方法来解决问题的部门技术，如战略计划的制订等

佩罗认为，组织的协调和控制方法应该视组织的部门技术类型不同而有所区分。组织内部门技术越是常规化，组织规范化、集权化程度就越高，采用机械式组织结构的效率也就越高；组织内部门技术越是非常规化，组织规范化、集权化程度就越低，这时采用柔性有机式组织结构的效率也就越高。

（四）组织规模的影响

布劳等人曾对组织规模与组织设计之间的关系做了大量研究，认为组织规模是影响组织结构的最重要的因素，即大规模会提高组织复杂性程度，并连带提高专业化和规范化的程度。大型组织与小型组织在组织结构上的区别主要体现在以下几个方面（见表 8-1-9）。

表8-1-9 大型组织与小型组织在组织结构上的区别

维度	大型组织	小型组织
规范化程度	高	低
集权化程度	分权	集权
复杂化程度	高	低
人员结构比率	在迅速成长的组织中，管理人员比其他人员增幅大得多；在组织衰退过程中，管理人员要比其他人员减幅小得多。总体而言，高层管理人员与一般员工之间的结构比率应当是均衡的，任何不一致都应当通过积极主动的变革来加以调整	

（五）生命周期的影响

组织的演化成长呈现出明显的生命周期特征，组织结构、内部控制系统以及管理目标在各个阶段都可能是不相同的。

葛瑞纳最早提出企业生命周期理论，他认为企业的成长如同生物的成长一样要经过诞生、成长和衰退几个过程。奎因和卡梅隆把组织的生命周期细划为四个阶段（见表 8–1–10）：创业阶段、集合阶段、规范化阶段和精细阶段。

表8–1–10　奎因和卡梅隆提出的组织生命周期四阶段

阶段	具体内容
创业阶段	起初，组织是小规模的、非官僚制的和非规范化的。高层管理者制定组织结构框架并控制整个运行系统，组织的精力放在生存和单一产品的生产和服务上。随着组织的成长，组织需要及时调整产品的结构，这就必然会产生调整组织结构和调换更具能力的高层管理者的压力
集合阶段	这是组织发展的成长期，组织结构可能仍然欠规范、欠合理。此时组织面临的任务是如何使基层的管理者更好地开展工作，如何在放权之后协调和控制好各部门的工作
规范化阶段	组织进入成熟期之后就会出现官僚制特征。组织可能会大量增加人员，并通过建构清晰的层级制和专业化劳动分工进行规范化、程序化工作。组织的主要目标是提高内部的稳定性和扩大市场。组织往往会通过建立独立的研究和开发部门来实现创新，这又使得创新的范围受到了限制。因此，高层管理者不仅要懂得如何通过授权调动各个层级管理者的积极性，还要能够不失控制
精细阶段	成熟的组织往往显得规模巨大和官僚化，继续演化可能会使组织步入僵化的衰退期。这时，组织管理者可能会尝试跨越部门界限组建团队来提高组织的效率，阻止进一步的官僚化。如果绩效仍不明显就必须考虑更换高层管理者并进行组织重构以重塑组织的形象，否则组织的发展将会受到很大的限制

第二节　组织的部门化

课前思考

1. 组织部门化的原则是什么？
2. 组织部门化有哪些基本形式？
3. 如何理解职能部门化、产品或服务部门化、地域部门化、顾客部门化、流程部门化？

考点精讲

组织设计任务的实质是按照劳动分工的原则将组织中的活动专业化，而劳动分工又要求组织活动保持高度的协调一致性。协调的有效方法就是组织的部门化，即按照职能相似性、任务活动相似性或关系紧密性的原则把组织中的专业技能人员分类集合在各个部门内，然后配以专职的管理人员来协调领导、统一指挥。

一、组织部门化的基本原则

要想有效、合理地集合组织资源，安排好组织内全部的业务活动，必须提供一些基本的指导原则（见表 8–2–1），使组织部门化能够具备科学性和可操作性。

表8-2-1 组织部门化的基本原则

基本原则	具体内容
因事设职和因人设职相结合的原则	为了保证组织目标的实现，必须将组织活动落实到每一个具体的部门和岗位上去，确保“事事有人做”，使得“人尽其能”“人尽其用”
分工与协作相结合的原则	在组织的部门设计中，必须对每一个部门、每一个岗位进行必要的工作分析和关系分析，并按照分工与协作的要求进行业务活动的组合
精简高效的部门设计原则	部门精简高效是每一个部门设计者所追求的理想效果，作为一项基本的原则，应当贯彻于部门设计的每一个阶段和每一项活动过程中

二、组织部门化的基本形式

组织的部门有多种不同的划分方式，依据不同的划分标准，可以形成以下几种不同的部门化形式。其中，职能部门化和流程部门化是按工作的过程标准来划分的，而其余几种则是按工作的结果标准来划分的。

（一）职能部门化

职能部门化的要点如表 8-2-2 所示。

表8-2-2 职能部门化要点

要点	具体内容
定义	职能部门化是一种传统而基本的组织形式。职能部门化就是按照基本活动相似或技能相似的要求，分类设立专门的管理部门，如生产、财务、营销、人事、研发等部门
优点	①能够突出业务活动的重点，确保高层主管的权威性并使之能有效地管理组织的基本活动；②符合活动专业化的分工要求，能够充分有效地发挥员工的才能，调动员工学习的积极性；③简化了培训，强化了控制，避免了重叠，最终有利于管理目标的实现
缺点	①由于人、财、物等资源的过分集中，不利于开拓远区市场或按照目标顾客的需求组织分工；②这种划分方式也可能助长部门主义风气，使得部门之间难以协调配合；③部门利益高于企业整体利益的思想可能会影响到组织总目标的实现；④由于职权的过分集中，部门主管虽容易得到锻炼，却不利于高级管理人员的全面培养和提高，也不利于多面手式人才的成长
适用范围	在品种单一、规模较小的企业，按职能进行组织分工是理想的部门化划分形式

图 8-2-1 是一个典型的按职能划分的部门化组织图。

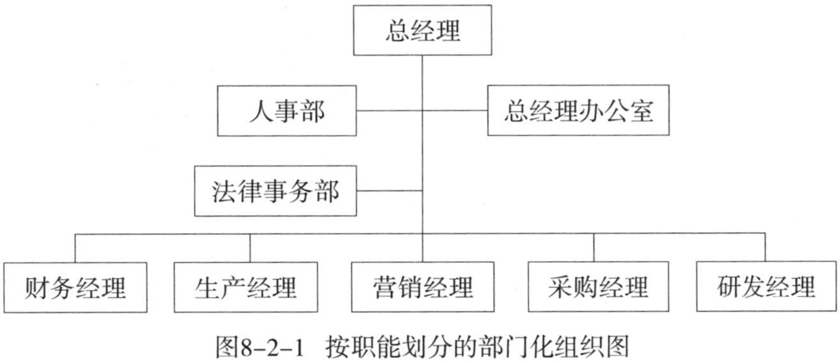

图8-2-1 按职能划分的部门化组织图

（二）产品或服务部门化

产品或服务部门化的要点如表 8–2–3 所示。

表8–2–3　产品或服务部门化的要点

要点	具体内容
背景概况	随着企业的进一步成长与发展，企业面临着增加产品线和扩大生产规模以获取规模经济和范围经济的经营压力，管理组织的工作也将变得日益复杂。这时，就有必要以业务活动的结果为标准来重新划分企业的活动
定义	按照产品或服务的要求对企业活动进行分组，即产品或服务部门化，是一种典型的结果划分法
优点	①有利于提高专业化经营的效率水平；②有利于不同产品或服务的合理竞争；③有利于比较不同部门对企业的贡献；④有利于上级加强指导和调整；⑤有利于培训多面手式的管理人才
缺点	①企业需要更多的多面手人才去管理；②容易产生部门的本位主义，影响企业总目标的实现；③职能部门重复，管理费用增加；④增加了总部对多面手人才（产品总经理）的监督成本

图 8–2–2 是一个典型的按产品或服务划分的部门化组织图。

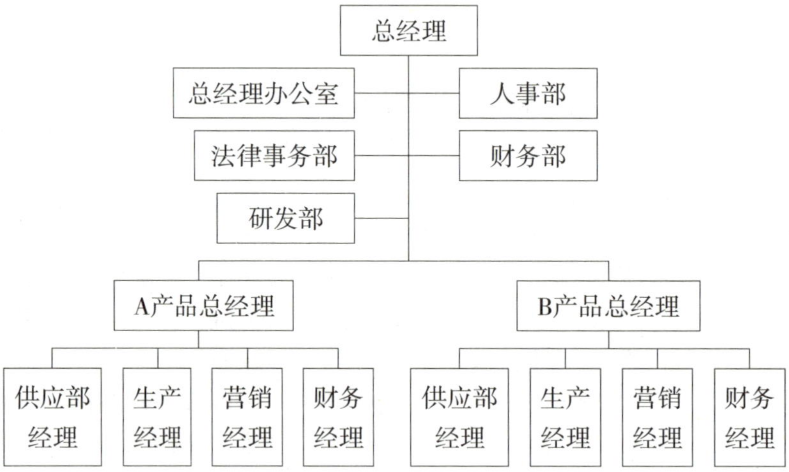

图8–2–2　按产品或服务划分的部门化组织图

（三）地域部门化

地域部门化的要点如表 8–2–4 所示。

表8–2–4　地域部门化的要点

要点	具体内容
背景概况	随着经济活动范围日趋广阔，企业特别是大型企业越来越需要跨越地域的限制去开拓外部的市场。不同的文化环境，造就出不同的劳动价值观，企业根据地域的不同设置管理部门，为的是更好地针对各地的特殊环境条件实现业务活动的发展
定义	地域部门化就是按照地域的分散化程度划分企业的业务活动，继而设置管理部门管理其业务活动
优点	①组织可以把责权下放到地方，鼓励地方参与决策和经营；②地区管理者还可以直接面对本地市场的需求灵活决策；③通过在当地招募职能部门人员，既可以缓解当地的就业压力，争取宽松的经营环境，又可以充分利用当地有效的资源进行市场开拓，同时减少了许多外派成本，也减少了不确定性风险
缺点	①企业所需的能够派赴各个区域的地区主管比较稀缺，且比较难控制；②各地区可能会因存在职能机构设置重叠而导致管理成本过高

图 8-2-3 是一个典型的按地域划分的部门化组织图。

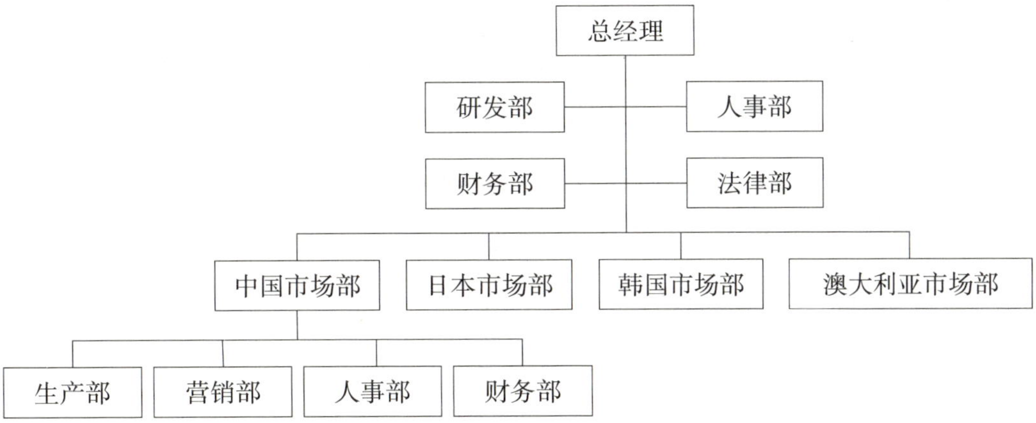

图8-2-3　按地域划分的部门化组织图

（四）顾客部门化

顾客部门化的要点如表 8-2-5 所示。

表8-2-5　顾客部门化的要点

要点	具体内容
背景概况	在激烈的市场竞争中，顾客的需求导向越来越明显，企业应当在满足顾客需求的同时，努力创造顾客的未来需求，顾客部门化顺应了需求发展的这种趋势
定义	顾客部门化就是根据目标顾客的不同利益需求来划分组织的业务活动
优点	①企业可以通过设立不同的部门满足目标顾客各种特殊而广泛的需求，同时能有效获得用户真诚的意见反馈，这有利于企业不断改进自己的工作；②企业能够持续有效地发挥自己的核心专长，不断创造顾客的需求，从而在这一领域内建立持久性竞争优势
缺点	①可能会增加与顾客需求不匹配而引发的矛盾和冲突；②需要更多能妥善协调和处理与顾客关系的管理人员和一般人员；③顾客需求偏好的转移，可能使企业无法时时刻刻都能明确顾客的需求分类，结果会造成产品或服务结构的不合理，影响对顾客需求的满足

图 8-2-4 是一个典型的按顾客划分的部门化组织图。

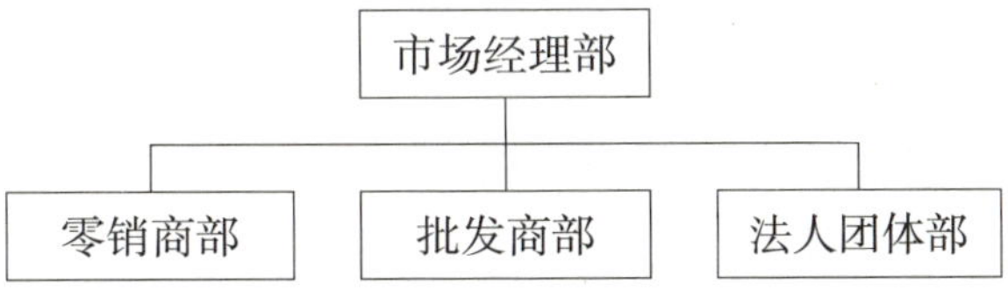

图8-2-4　按顾客划分的部门化组织图

（五）流程部门化

流程部门化的要点如表 8-2-6 所示。

表8-2-6　流程部门化的要点

要点	具体内容
定义	流程部门化是指按照工作或业务流程来组织业务活动。人员、材料、设备比较集中或业务流程连续是实现流程部门化的基础。例如，一家发电厂的生产流程经过燃煤输送、锅炉燃烧、汽轮机冲动、电力输出、电力配送等几个主要过程

续表

要点	具体内容
优点	①组织能够充分发挥集中的技术优势，易于协调管理，对市场需求的变动也能够快速敏捷地反应，容易取得较明显的集合优势；②另外也简化了培训，容易在组织内部形成良好的相互学习的氛围，会产生较为明显的学习经验曲线效应
缺点	①部门之间的紧密协作有可能得不到贯彻，也会产生部门间的利益冲突；②权责相对集中，不利于培养出多面手式的管理人才

图 8-2-5 是一个典型的按流程划分的部门化组织图。

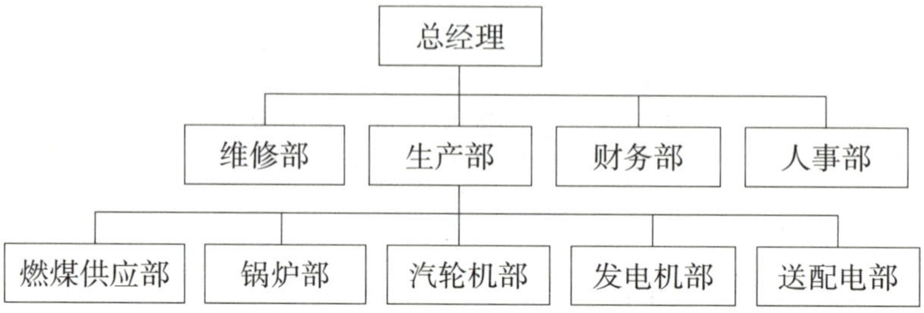

图8-2-5 按流程划分的部门化组织图

（六）矩阵型结构（二维矩阵制）

矩阵型结构是由纵、横两套管理系统组成的矩形组织结构，一套是纵向的职能管理系统，另一套是为完成某项任务而组成的横向项目系统，横向和纵向的职权具有平衡对等性。矩阵型结构打破了统一指挥的传统原则，它有多重指挥线。当组织面临较高的环境不确定性，组织目标需要同时反映技术和产品双重要求时，矩阵型结构应该是一种理想的组织形式。

注：其优缺点见组织结构的典型形式。

（七）动态网络型结构（网络组织）

动态网络型结构是一种以项目为中心，通过与其他组织建立研发、生产制造、营销等业务合同网，有效发挥核心业务专长的协作型组织形式。动态网络型结构是组织基于日新月异的信息技术，为了应对更为激烈的市场竞争而发展起来的一种临时性组织。它以市场的组合方式替代传统的纵向层级组织，实现了组织内在核心优势与市场外部资源优势的动态有机结合，进而更具敏捷性和快速应变能力，这种组织结构可视为组织结构扁平化趋势的一个极端例子。

注：其优缺点见组织结构的典型形式。

三、组织结构的典型形式（蔡茂生）

（一）直线制

直线制的组织结构图如图 8-2-6 所示。

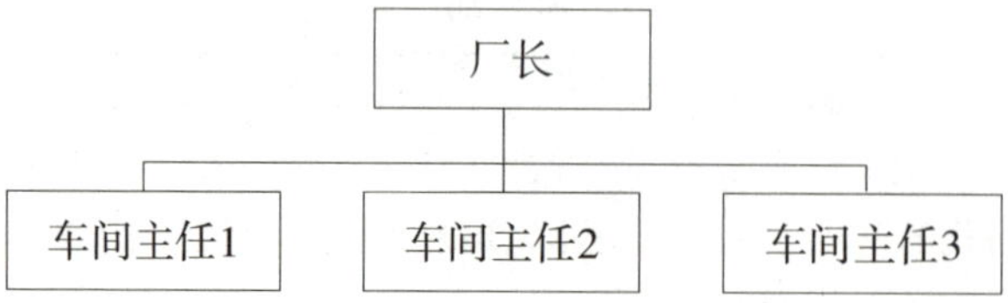

图8-2-6 直线制组织结构图

1. 直线制的特点

（1）一个下属只有一个顶头上司。

（2）所有的管理职能都由一个领导者承担。

2. 直线制的优点

（1）结构简单。

（2）指挥统一，责权明确。

3. 直线制的缺点

（1）要求领导者通晓各种专业管理知识，需全面型的领导者。

（2）因领导者忙于各项日常业务，不能有效决策。

（二）职能制

职能制的组织结构图如图 8–2–7 所示。

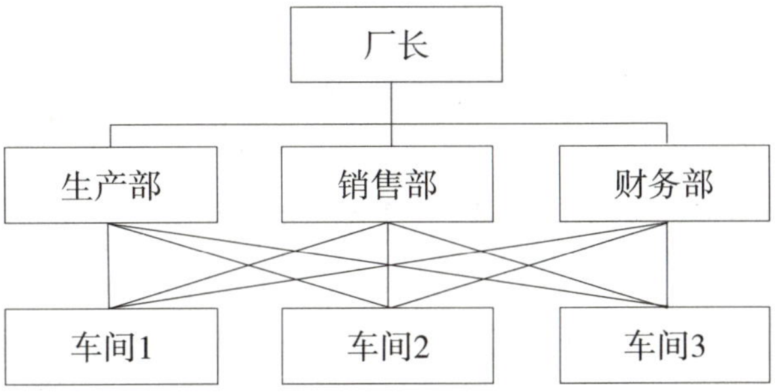

图8–2–7　职能制组织结构图

（说明：下级有多个顶头上司，多头管理。比如对车间 1 来说，生产部经理是顶头上司，销售部经理也是顶头上司，财务部经理也是顶头上司）

1. 职能制组织结构的特点

（1）在各级行政领导之下，按专业分工原则设置相应的职能部门。

（2）各职能部门均可以向所有下级部门发布命令（在其所管辖的业务范围内），即下级部门的行政负责人既要服从上级行政领导的指挥，也要服从上级各个职能部门的指挥，每个职能主管都是下级行政负责人的顶头上司，形成多头领导。

2. 职能制的优点

充分发挥了各职能部门专业化分工管理的作用，有利于适应现代企业管理工作复杂及专业知识要求高的需要。

3. 职能制的缺点

妨碍集中统一指挥，形成多头领导，不利于明确划分各级行政负责人和各职能部门的职责权限。

（三）直线—职能制

直线—职能制是各类组织中最常采用的一种组织模式，其组织结构图如 8–2–8 所示。

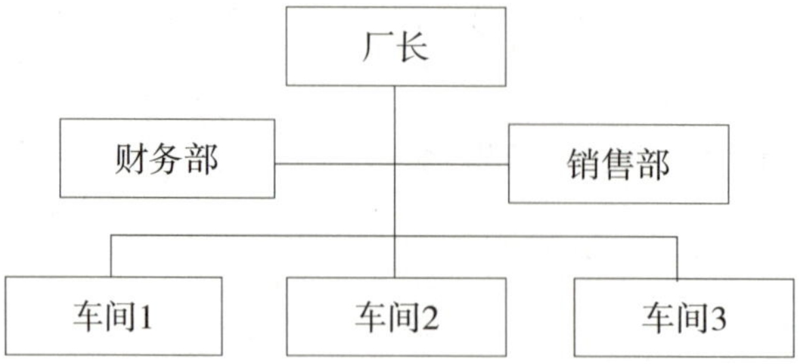

图8-2-8　直线—职能制组织结构图

（说明：车间1、2、3等与厂长是直线制；财务部和销售部等是职能部门，这些部门不是车间的顶头上司）

1. 直线—职能制的特点

（1）将直线制的统一领导和职能制的专业分工结合起来，避免了职能制的多头管理的缺点，也避免了直线制的没有专业分工的缺点。

（2）在直线—职能制中，直线领导者行使直线职权，职能部门领导者行使职能职权或参谋职权。

2. 直线—职能制的优点

（1）这种结构分工细致，任务明确，各部门职责范围具有明显的界限，不会造成多头领导，各职能部门效率较高。

（2）这种结构的稳定性较高，在外部环境变化不大的情况下，易于发挥组织的集团效率。

3. 直线—职能制的缺点

（1）各部门缺乏全局观念，部门之间缺乏信息交流，直线领导与职能领导目标不统一，矛盾较多，最高领导者的协调工作量大。

（2）不利于培养全面型的管理人才。

（3）这种结构系统刚性较大，灵活性不足，分工很细，手续繁杂，反应较慢，不易迅速适应新情况。

（四）事业部制

事业部制是欧美和日本的大企业采用的典型组织形式。其组织结构图如图8-2-9所示。

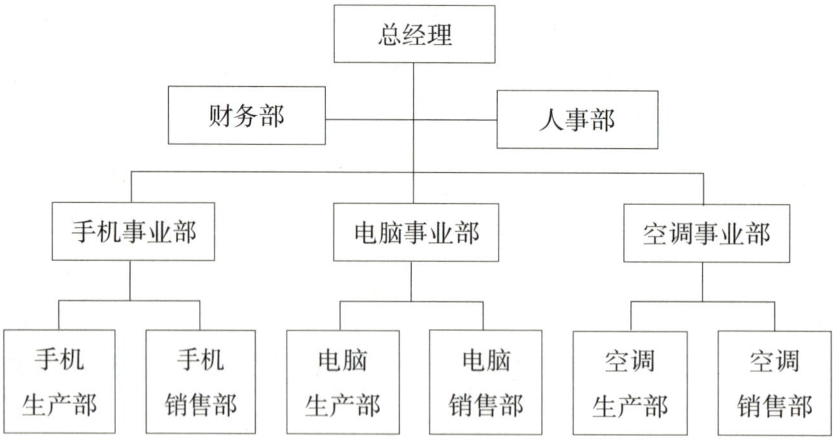

图8-2-9　事业部制组织结构图

（说明：各个事业部相当于分公司。各个事业部或分公司相对独立，有自己的一套管理系统，有自己的生产部、销售部、人事部、财务部、车间等。各个事业部独立运营，但是要把利润上缴给公司总部，或者与公司总部分成利润）

1. 事业部制的特点

（1）事业部制是一个企业内对于具有独立的产品和市场、独立的责任和利益的部门实行分权管理的一种组织形式。要成为事业部，需具备三个要素：

①具有独立的产品和市场，是产品责任单位或市场责任单位。

②具有独立的利益，实行独立核算，是一个利益责任单位。

③是一个分权单位，具有足够的权力，能自主经营。

（2）事业部制把政策制定和行政管理分开，政策管制集权化，业务运营分权化。

（3）为保持企业的完整性，防止各事业部各行其是，变成独立王国，最高管理层需要保持以下三方面的决策权：①事业发展的决策权；②资金分配的决策权；③人事安排权。

2. 事业部制的优点

（1）能使高层管理部门摆脱日常繁杂的行政事务，可以专注于公司的战略决策事务。

（2）各事业部独立经营，充分自主，更好地以顾客为中心，促进资源的有效整合。

（3）有利于培养多面手式的全面型管理通才。

（4）有利于发挥经营者的灵活性和主动性，提高对市场竞争的适应性。

（5）事业部制具有较高的稳定性。

3. 事业部制的缺点

（1）机构重复，管理人员多，管理成本高。

（2）容易出现各自为政的部门主义倾向，导致总体利益受损。

（五）二维矩阵制（矩阵型结构）

二维矩阵型组织结构是由纵、横两套管理系统组成的矩形管理结构，一套是纵向的职能部门管理系统，另一套是横向的项目部门管理系统。横向和纵向的职权具有平衡对称性。矩阵型结构打破了一个下属只有一个上级的统一指挥原则，它有双重的指挥链。当企业面临较高的环境不确定性，以及需要同时反映技术和产品的双重要求时，二维矩阵结构是一种理想的组织形式。

二维矩阵结构是第二次世界大战后在美国首先出现的，它是为了适应在一个组织内同时有几个项目需要完成，每个项目又需要具有不同专长的人在一起工作才能完成这一特殊的任务，其组织结构图如图 8–2–10 所示。

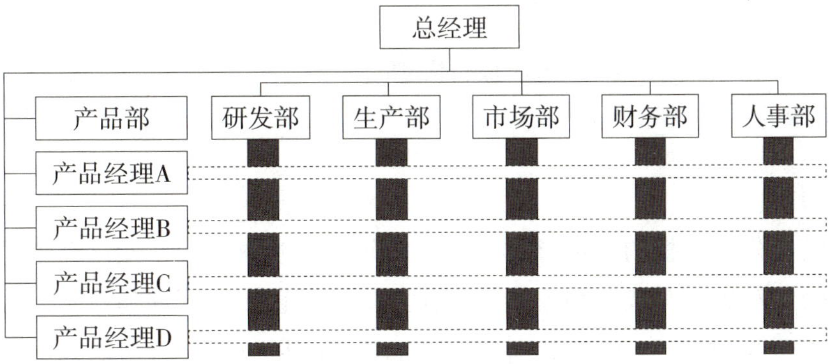

图8–2–10 二维矩阵制结构图

（说明：一个企业可能有几个项目，每一个项目都有一个人在总经理的直接领导之下专门负责。根据项目的特殊需要，从各个职能部门和车间抽调若干人组成各个项目小组）

1. 二维矩阵的优点

（1）适应较高不确定性的环境。

（2）取得专业化分工的好处。

（3）资源可以在不同产品之间灵活分配。

（4）加强部门之间的配合和信息交流。

（5）增强矩阵主管的积极性和责任感。

2. 二维矩阵的缺点

（1）项目经理与职能经理之间容易发生矛盾。

（2）项目成员接受双重领导，影响组织效率。

（六）动态网络型结构（网络组织）

动态网络型结构是一种以项目为中心，通过与其他组织建立研发、生产制造、营销等业务合同网，有效发挥核心业务专长的协作型组织形式。动态网络型结构是组织基于日新月异的信息技术，为了应对更为激烈的市场竞争而发展起来的一种临时性组织。它以市场的组合方式替代传统的纵向层级组织，实现了组织内在核心优势与市场外部资源优势的动态有机结合，进而更具敏捷性和快速应变能力，这种组织结构可视为组织结构扁平化趋势的一个极端例子，其组织结构图如图 8–2–11 所示。

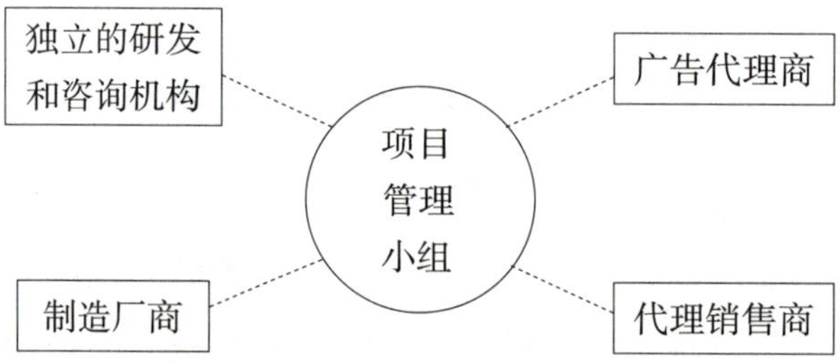

图8–2–11　动态网络型结构示意图

1. 动态网络型结构的优点

（1）组织结构具有更大的灵活性和柔性，随时可以根据市场需求的变动情况增加、调整或撤并。

（2）由于都实现了外包，组织结构简单、精练，效率更高。

2. 动态网络型结构的缺点

（1）可控性太差。

（2）外部合作组织都是临时的，随时有解体的危险。

（3）员工对组织的忠诚度降低。

（七）控股型组织

控股型结构是实行公司分权的一种形式，它是在非相关领域开展多元化经营的企业所常用的一种组织结构形式。大公司对非相关或弱相关的经营业务不进行直接的管理和控制，而代之以持股控制。这样，大公司就成为持股公司之一（母公司），其他持股的单位（子公司或关联公司）不但对具体业务有自主经营权，而且是独立的法人。子公司、关联公司和母公司一道构成了以母公司为核心的企业集团，其组织结构图如图 8–2–12 所示。

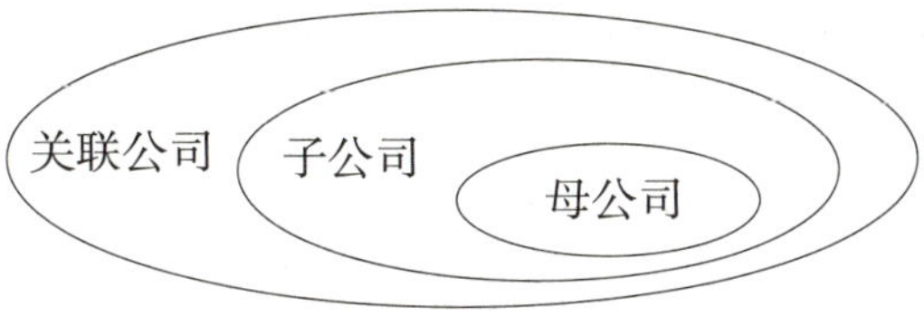

图8-2-12 控股型组织示意图

母公司与被持股的企业之间不是上下级之间的行政管理关系，而是出资人对被持股企业的产权管理关系。母公司作为大股东，对持股单位进行产权管理控制的主要手段是：母公司凭借所掌握的股权向子公司派遣产权代表和董事、监事，通过这些人员在子公司股东会、董事会、监事会中发挥积极作用而影响子公司的经营决策。

1. 控股型组织的优点

（1）母公司与子公司各为独立法人，相对降低了经营风险。

（2）子公司有较强的责任感和积极性。

2. 控股型组织的缺点

（1）母公司对子公司的影响间接、缓慢。

（2）母公司与子公司之间缺乏必要的联系和协调。

第三节 组织的层级化

课前思考

1. 何谓管理幅度？何谓组织层级？两者关系如何？

2. 如何区分扁平式组织结构和锥形式组织结构？

3. 管理幅度设计的影响因素有哪些？

考点精讲

组织的层级化是指组织在纵向结构设计中需要确定层级数目和有效的管理幅度，需要根据组织集权化的程度，规定纵向各层级之间的权责关系，最终形成一个能够对内外环境要求做出动态反应的有效组织结构形式。

一、组织的层级化与管理幅度

（一）管理幅度与组织层级的互动性

组织层级化设计的核心任务是确定完成任务需要设定的层级数目，有效的管理幅度是决定组织中层级数目的最基本因素。所谓管理幅度，也称组织幅度，是指组织中上级主管能够直接有效地指挥和领导下属的数量。这些下属的任务是分担上级主管的管理工作，并将组织任务进行层层分解，然后付诸实施。显然，组织幅度应该是有限的，因为一定幅度的下属数量固然能够减少上级必须直接从事的业务工作量，但同时也增加了上级协调这些人之间关系的工作量。

由于组织任务存在递减性，从最高层的直接主管到最低的基层具体工作人员之间就形成了一定的层次，这种层次便称为组织层级。组织层级受到组织规模和组织幅度的影响，它与组织规模成正比，组织规模越大，包括的人员越多，组织工作也越复杂，则层级也就越多；在组织规模已确定的条件下，组织层级与组织幅度成反比，即上级直接领导的下属越多，组织层级就越少，反之则越多。

组织层级与组织幅度的反比关系（见图 8-3-1）决定了两种基本的组织结构形态：一种是扁平式的组织结构形态；另一种是锥形式的组织结构形态。

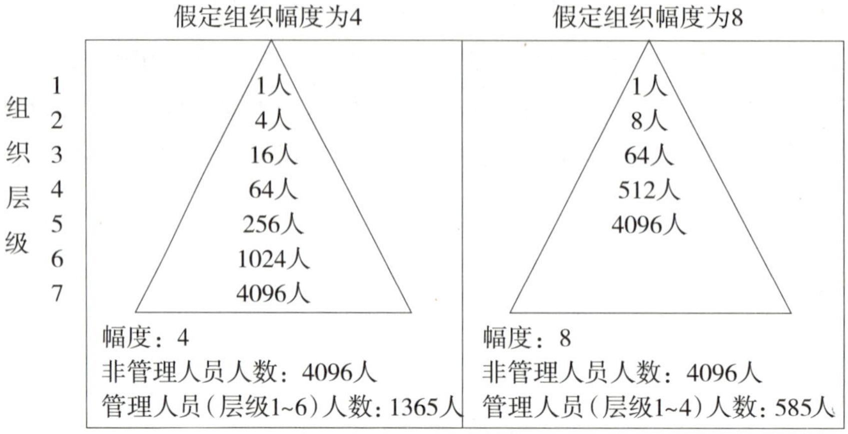

图8-3-1　管理幅度与组织层级比较图

（二）扁平式组织结构和锥形式组织结构的优缺点（见表 8-3-1）

表8-3-1　扁平式组织结构和锥形式组织结构的优缺点

组织结构	优点	缺点
扁平式	（1）由于管理的层级比较少，信息的沟通和传递速度比较快，信息失真度比较低 （2）上级主管对下属的控制也不会太呆板，这有利于发挥下属人员的积极性和创造性	（1）过大的管理幅度增加了主管对下属的监督和协调控制的难度 （2）下属也缺少了更多的提升机会
锥形式	（1）由于管理的层级比较多，管理幅度比较小，每一管理层级上的主管都能对下属进行及时的指导和控制 （2）层级之间的关系也比较紧密，这有利于工作任务的衔接 （3）也为下属提供了更多的提升机会	（1）过多的管理层级往往会影响信息的传递速度，信息失真度可能会比较大 （2）增加了高层主管与基层之间的沟通和协调成本 （3）增加了管理工作的复杂性

（三）管理幅度设计的影响因素

任何组织都需要解决主管人员直接指挥与监督的下属数量问题。有效的管理幅度受到诸多因素的影响，主要有管理者和被管理者的工作能力、工作内容和性质、工作条件与工作环境等，如表 8-3-2 所示。

表8-3-2　管理幅度设计的影响因素

影响因素	具体内容
工作能力	主管的综合能力、理解能力、表达能力强，可以迅速地把握问题的关键，对下属的请示提出适当的指导建议，并使下属明确地理解，从而可以减少下属请示所花费的时间。同样，如果下属具备所需要的能力，受过良好的系统的培训，则可以在很多问题上根据自己符合组织要求的主见去解决，从而可以减少向上司请示、占用上司时间的频率。这样，管理的幅度便可以适当宽些

续表

影响因素	具体内容
工作内容和性质	主管所处的管理层次。处在管理系统中不同层次的管理者，决策和用人的比重各不相同。决策的工作量越大，主管用于指导、协调下属的时间就越少。而越接近组织高层，主管人员的决策职能越重要，所以其管理幅度较中层和基层管理人员小
	下属工作的相似性。下属从事的工作内容和性质相近，主管对每个人工作的指导和建议也大体相同，有利于扩大主管的管理幅度
	计划的完善程度。如果计划本身制订得详尽周到，下属对计划的目的和要求明确，那么主管对下属指导所需的时间就不多；相反，如果下属不仅要执行计划，而且要对计划进一步了解，或计划本身不完善，那么主管对下属指导、解释的工作量就会相应增加，从而减少有效管理幅度
	非管理事务的多少。主管作为组织不同层次的代表，往往必须用相当一部分时间去进行一些非管理事务。这种现象对管理幅度也会产生消极的影响
工作条件	助手的配备情况。如果与下属有关的所有问题都要主管亲自处理，那么必然要花费他大量的时间，他能直接领导的下属数量也会受到限制。如果主管配备了必要的助手,由助手和下属进行一般的联络，并直接处理一些次要问题，则可以大大减少主管的工作量，增加其管理幅度
	信息手段的配备情况。掌握信息是进行管理的前提。利用先进的技术去收集、处理和了解下属的工作情况，不仅可以及时地提出忠告和建议，而且可使下属更多地了解与自己工作有关的信息，从而能更自如、自主地处理分内的事务。这显然有利于扩大主管的管理幅度
	工作地点的相近性。不同下属的工作岗位在地理上的分散会增加下属与主管以及下属之间的沟通困难，从而会影响主管直属部下的数量
工作环境	组织环境稳定与否会影响组织活动内容和政策的调整频度与幅度。环境变化越快，变化程度越高，组织中遇到的新问题越多，下属向上级的请示就越有必要、越经常，因此上级能用于指导下属工作的时间和精力也越少，因为他必须花更多的时间去关注环境的变化，考虑应变的措施。因此，环境越不稳定，各层主管人员的管理幅度越受到限制

二、层级设计需要解决的主要问题：集权与分权

（一）权力的性质与特征

职权是指组织内部授予的指导下属活动及其行为的决定权，这些决定一旦下达，下属必须服从。职权跟组织层级化设计中的职位紧密相关，跟个人特质无关。

传统观念认为职权来源于组织的顶层，职权的发展是由上至下，然后贯穿整个组织的。而巴纳德认为，职权的发展是由下至上的，否则下属有权否定这种职权。为了提高职权的有效性，在做出决定之前，管理者必须对职权的范围进行界定，并且在此范围内谨慎地行使职权。职权在被接受之前必须具备以下四个条件：

（1）在做决定时，下属必须能够了解沟通的内容。

（2）在做决定时，下属必须深信他的要求和组织的宗旨是一致的。

（3）在做决定时，下属必须深信他的要求跟他本人的兴趣是一致的。

（4）在做决定时，下属在体力和精力上应能予以配合，职权的行使不能逾越他们的能力和服从范围。

（二）职权的类型（见表 8-3-3）

表8-3-3 职权的三种类型

类型	定义
直线职权	是指管理者直接指导下属工作的职权
参谋职权	是指管理者拥有某种特定的建议权或审核权，评价直线职权的活动情况，进而提出建议或提供服务
职能职权	职能职权是一种权益职权，是由直线管理者向自己辖属以外的个人或职能部门授权，允许他们按照一定的制度在一定的职能范围内行使的某种职权。职能职权的设立主要是为了发挥专家的核心作用，减轻直线主管的任务负荷，提高管理工作的效率

由此可见，管理中的职权来源于以下三个方面：

（1）在层级组织中居于某一特殊职位所拥有的命令指挥权。

（2）由于个人具备某些核心专长或高级技术知识而拥有的技术能力职权。

（3）由于个人能够有效地激励、领导和影响他人而拥有的管理能力职权。

（三）组织层级化设计中的集权与分权

集权和分权是组织层级化设计中的两种相反的权力分配方式。

集权是指决策指挥权在组织层级系统中较高层次上的集中。也就是说下级部门和机构只能依据上级的决定、命令和指示办事，一切行动必须服从上级指挥。

分权是指决策指挥权在组织层级系统中较低管理层次上的分散。组织高层将其一部分决策指挥权分配给下级组织机构和部门的负责人，使他们充分行使这些权力，支配组织的某些资源，并在其工作职责范围内自主地解决某些问题。

戴尔曾提出判断一个组织分权程度的四条标准：

（1）较低的管理层次做出的决策数量越多，分权程度就越大。

（2）较低的管理层次做出的决策重要性越大，分权程度就越大。

（3）较低的管理层次做出的决策影响面越大，分权程度就越大。

（4）较低的管理层次所做的决策审核越少，分权程度就越大。在根本不需要审核决策的情况下，分权程度最大。若做出决策后还必须上报上级领导，分权程度就较小。如果在决策之前必须请示上级领导，则分权程度就更小。

在组织层级化设计中，影响组织分权程度的主要因素如表 8-3-4 所示。

表8-3-4 影响组织分权程度的主要因素

主要因素	具体内容
组织规模的大小	组织规模增大，管理的层级和部门数量就会增多，信息的传递速度和准确性就会降低。因此，组织需要及时分权，以减缓决策层的工作压力，使其能够集中精力于最重要的事务
政策的统一性	如果组织内部各个方面的政策是统一的，集权最容易达到管理目标的一致性
员工的数量和基本素质	如果员工的数量和基本素质能够保证组织任务的完成，组织可以更多地分权
组织的可控性	组织中各个部门的工作性质大多不同，有些关键的职能部门，如财务会计等部门往往需要相对地集权，而有些区域性部门或者是业务部门，如研发、市场营销等部门，却需要相对地分权。组织需要考虑的是围绕任务目标的实现，如何对分散的各类活动进行有效的控制
组织所处的成长阶段	在组织成长的初始阶段，为了有效管理和控制组织的运行，组织往往采取集权的管理方式；随着组织的成长，管理的复杂性逐渐增强，组织分权的压力也就比较大，管理者对权力的偏好就会减弱

三、组织层级设计中的授权

（一）授权的含义及其有效性

所谓授权就是组织为了共享内部权力，激励员工努力工作，而把某些权力授予下级。这些权力委派给了下级之后，下级可以在其职权范围内自由决断，灵活处理问题，但同时也负有完成任务并向上级报告的责任，上级仍然保留着对下级的指挥与监督权。

授权与分权有所不同。孔茨认为，分权是授权的一个基本方面。授权的含义略大于分权，授权是上级把权力授予下级，分权是上级把决策权力分配给下级机构和部门负责人。授权的含义有：

（1）分派任务。向被托付人交代所要完成的任务。

（2）授予权力或职权。授予被托付人相应的权力，使之能有权处理原本无权处理的事务。

（3）明确责任。要求被托付人对托付的工作负全责。所负责任不仅包括需要完成的指定任务，也包括向上级汇报任务完成的具体情况和成果。

（二）有效授权的要素

要想使授权具有充分而理想的效果，组织必须注意以下几个方面的工作（见表 8–3–5）。

表8–3–5 有效授权的要素

要素	具体内容
信息共享	组织中的信息作为一种共享资源。组织如果能够使员工充分地获取必要的信息资料，就会大大提高员工的积极性和工作的主动性
提高授权对象的知识与技能	组织必须对员工进行及时、有效的培训，以帮助他们获取必需的知识和技能
充分放权	组织若要充分发挥团队的作用，就必须真正地放权给团队中的各个专家和基层人员，使每个成员都能根据工作过程实际情况进行适当的安排
奖励绩效	组织应该制定合理的绩效评估和奖励系统，对组织成员的绩效贡献给予奖励

（三）授权的原则（见表 8–3–6）

表8–3–6 授权的原则

原则	具体内容
重要性原则	组织授权必须建立在相互信任的基础上。所授权限不能是一些无关紧要的部分，要敢于把一些重要的权力下放，使下级充分认识到上级的信任和管理工作的重要性，并把具体任务落到实处
适度原则	组织授权还必须建立在效率的基础上。授权过少往往会造成主管工作量过大，授权过多又会造成工作杂乱无序，甚至失控，所以不能无原则放权
权责一致原则	组织在授权的同时，必须向被托付人明确所授任务的目标、责任及权力范围，权责必须一致，否则被托付人要么可能会滥用权力导致形式主义，要么会对任务无所适从造成工作失误
级差授权原则	组织只能在工作关系紧密的层级上进行级差授权。越级授权可能会造成中间层次在工作上的混乱和被动，伤害他们的负责精神，并导致管理机构的失衡，进而破坏管理的秩序

课后练习

一、单项选择题

1. 组织设计最为重要的基础性工作是（　）

A. 部门划分与结构形成　　B. 职务设计与人员调配

C. 管理人员的素质和能力　　D. 职能与职务的设计与分析

2. 直线管理者向自己辖属以外的个人或职能部门授权，允许他们按照一定的程序和制度，在一定的职能范围内行使的某种职权，称为（　）

A. 直线职权　　B. 职能职权　　C. 参谋职权　　D. 建议职权

3. 最早提出企业生命周期理论的学者是（　）

A. 奎因　　B. 卡梅隆　　C. 葛瑞纳　　D. 布兰查德

4. 认为环境、战略、技术与组织规模是影响组织设计的因素的学者是（　）

A. 布劳　　B. 周三多　　C. 西拉季　　D. 伍德沃德

5. 组织理论上把管理层次少而管理幅度大的结构称之为（　）

A. 锥形结构　　B. 扁平结构　　C. 直线结构　　D. 矩形结构

6. 钱德勒在研究组织结构与战略关系时提出战略发展的第四个阶段是（　）

A. 地区开拓阶段　　B. 纵向联合发展阶段

C. 数量扩大阶段　　D. 产品多样化阶段

7. 根据梅尔斯和斯诺的观点，当组织处在动荡变化的环境中时，以下不适合采取的战略类型是（　）

A. 防御者型　　B. 探险者型　　C. 分析者型　　D. 反应者型

8. 按照工作的过程标准划分的组织部门化形式是（　）

A. 职能部门化与流程部门化　　B. 流程部门化与顾客部门化

C. 顾客部门化与地域部门化　　D. 职能部门化与地域部门化

9. 具有更大灵活性和柔性，而且容易操作的组织结构形式是（　）

A. 矩阵型结构　　B. 动态网络型结构

C. 直线—职能制结构　　D. 事业部制结构

二、多项选择题

10. 组织结构的特性包括（　）

A. 复杂性　　B. 规范性　　C. 集权性

D. 科学性　　E. 艺术性

11. 组织设计的原则包括（ ）

A. 专业化分工原则

B. 统一指挥原则

C. 柔性经济原则

D. 权责对等原则

E. 控制幅度原则

12. 授权的原则包括（ ）

A. 重要性原则

B. 适度原则

C. 权责一致原则

D. 级差授权原则

E. 弹性原则

13. 大型组织与小型组织在组织结构上的区别主要体现在（ ）

A. 规范化程度

B. 集权化程度

C. 复杂化程度

D. 人员结构比率

E. 人员职称比例

14. 有效授权的要素有（ ）

A. 信息共享

B. 组织环境稳定与否

C. 提高授权对象的知识与技能

D. 充分放权

E. 奖励绩效

三、名词解释

15. 组织结构

16. 管理幅度

17. 职能部门化

四、简答题

18. 简述影响组织分权程度的因素。

19. 简述事业部制的优缺点。

五、论述题

20. 联系实际论述影响组织设计的因素。

扫码获取答案解析

第九章 人力资源管理

思维导图

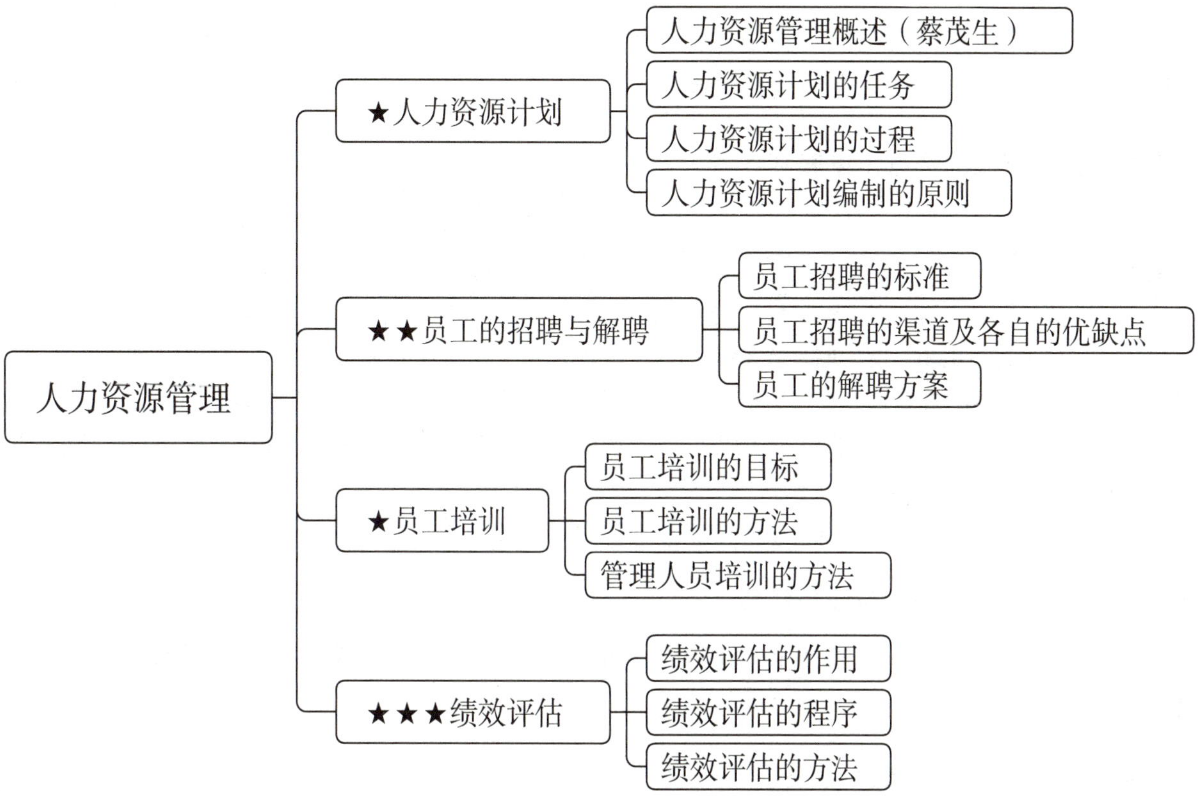

组织设计为组织系统的运行提供了基本的运行框架。为确保各项任务的顺利完成并使系统能够正常地运行，组织还必须按照组织设计的基本要求为系统配置合适的人力资源，如管理人员、作业人员及参谋人员等，并对之进行有效的管理。

第一节 人力资源计划

课前思考

1. 人力资源有哪些特点？
2. 人力资源计划的任务是什么？
3. 如何理解人力资源计划的过程和编制原则？

考点精讲

一、人力资源管理概述（蔡茂生）

（一）人力资源的定义

人力资源是指能够推动国民经济和社会发展的具有劳动能力的人口总和。企业人力资源是指能够推动整个企业发展的全部现任在岗员工之总和。

（二）人力资源的特点（见表 9–1–1）

表9–1–1　人力资源的特点

特点	具体内容
能动性	能动性是人力资源区别于其他资源的最根本的特质，人具有思想、感情，具有主观能动性，能够有目的地进行活动，能动地改造客观世界
时效性	人力资源存在于人的生命之中，它是一种具有生命的资源，其形式、开发和利用都要受到时间的限制
再生性	基于人口的再生产和劳动力的再生产，通过人口总体内个体的不断更替和“劳动力耗费—劳动力生产—劳动力再次耗费—劳动力再次生产”的过程得以实现
社会性	人力资源是一种社会资源，应当归整个社会所有，而不应仅仅归属于某一个具体的社会经济单位

（三）人力资源管理的目标和任务

人力资源管理的目标和任务如下：①发挥人最大的主观能动性；②取得最大的使用价值；③培养全面发展的人。

（四）人力资源管理的基本内容

人力资源管理的基本内容如下：①人力资源规划；②工作分析；③员工招聘；④员工培训与开发；⑤使用员工；⑥绩效考评；⑦薪酬管理；⑧员工激励。

二、人力资源计划的任务

编制和实施人力资源计划的目标，就是要通过规划人力资源管理的各项活动，使组织的需求与人力资源的基本状况相匹配，确保组织总目标的实现。

人力资源计划的任务包括以下几个部分：

①系统评价组织中人力资源的需求量；

②选配合适的人员；

③制订和实施人员培训计划。

三、人力资源计划的过程

人力资源管理的整个过程（见图 9–1–1）大致可以分为六个步骤。前三个步骤分别是：在组织战略规划框架之下编制人力资源计划、招聘员工、选用员工。这一阶段的目的是要发掘有能力的人才并加以选用。后三个步骤分别是：职前引导、培训、职业生涯发展。这三项活动是为了确保组织既能留住人才，又能使员工技能得以更新，符合组织未来的发展要求。上述程序均会受到来自政府政策和法律的约束。

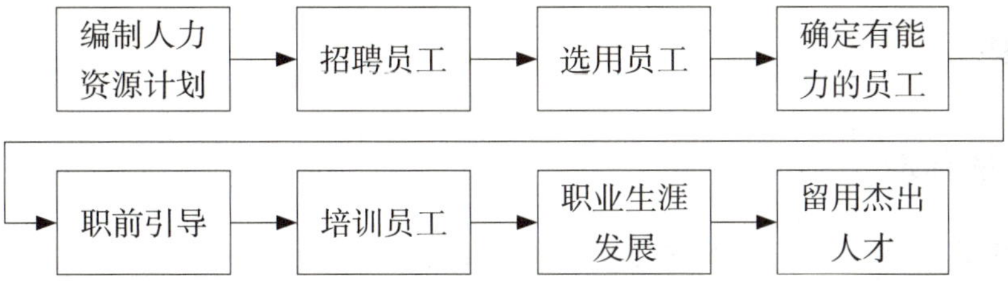

图9-1-1 人力资源管理的程序图

编制人力资源计划是程序中的第一步，这一步又可以细分为三个具体的步骤：评估现有的人力资源；评估未来所需的人力资源；制订一套相适应的计划，以确保未来的人力资源供需的匹配。

（一）评估现有的人力资源状况

这一步是通过工作分析法检查现有人力资源状况，并制定出工作说明书和工作规范。前者说明了员工应做哪些工作、如何做、为什么这样做，反映出工作的内容、工作环境以及工作条件等；后者说明了某种特定工作至少需要具备哪些知识和技能。

（二）评估未来人力资源状况

组织的目标与战略决定了对人力资源的未来需求。要使战略规划转化成具体的、操作性较强的人力资源计划，组织就必须根据组织内外资源的情况对未来人力资源状况进行预测，找出各时期各类人员的余缺分布。

（三）制订一套相适应的人力资源计划

对现状和未来人力资源需求做出评估之后，管理者就可以制订出一套与组织战略目标及其环境相适应的人力资源计划。当然，组织还必须对此计划进行跟踪、监督和调整，正确引导当前和未来的人才需求。另外，这一计划还需要与组织中的其他计划相互衔接。

四、人力资源计划编制的原则

人力资源计划的编制和组织执行不仅关系到人力资源本身的获得和利用，而且影响企业其他资源的利用效率；不仅关系到企业的生存和发展，而且直接关系到以企业为舞台的员工职业生涯的发展。因此，人力资源计划的编制需要依循以下基本原则：

（1）既要保证企业短期自下而上的需要，也要能促进企业的长期发展。

（2）既要能促进员工现有人力资源价值的实现，又要能为员工的长期发展提供机会。

第二节 员工的招聘与解聘

课前思考

1. 企业招聘管理人员的一般要求有哪些？
2. 如何区分外部招聘与内部提升？
3. 员工招聘的程序与方法有哪些？员工解聘方案又有哪些？

考点精讲

一、员工招聘的标准

员工招聘是指组织及时寻找、吸引并鼓励符合要求的人到本组织中任职和工作的过程。组织需要招聘员工可能基于以下几种情况：新设立一个组织；组织扩张；调整不合理的人员结构；员工因故离职而出现的职位空缺等。

企业对不同的员工有不同的素质要求，下面主要讨论对管理人员的一般要求。

（1）管理的愿望。强烈的管理愿望是有效开展工作的基本前提。

（2）良好的品德。良好的品德是每个组织成员都应具备的基本素质。

（3）勇于创新的精神。只有不断创新，组织才能充满生机和活力，才能不断发展。

（4）较高的决策能力。对管理人员来说，为了更好地完成组织的任务，不仅要计划和安排好自己的工作，更重要的是要通过一系列的决策组织和协调好下属的工作。

【知识拓展】招聘的原则（蔡茂生）

招聘的原则有：双向选择原则、效率优先原则、遵守国家法律的原则、能职匹配的原则、内外平等的原则、协调互补的原则。

二、员工招聘的渠道及各自的优缺点

（一）员工招聘的来源

一般来讲，组织可以通过以下几种渠道来获取必要的人力资源：

①广告应聘；②员工或关联人员推荐；③职业介绍机构推荐；④其他来源。

（二）外部招聘和内部提升的优缺点（见表 9–2–1）

人力资源计划中最为关键的一项任务是能够找到并留住有才能的管理干部。依据来源不同，组织可以通过外部招聘和内部提升两种方式来选择和填补管理岗位的空缺。

外部招聘就是根据组织制定的标准和程序从组织外部选拔符合空缺职位要求的员工。

内部提升是指组织内部成员的能力和素质得到充分确认之后，被委以比原来责任更大、职位更高的职务，以填补组织中由于发展或其他原因而空缺了的管理职务。

表9–2–1　外部招聘和内部提升的优缺点

来源渠道	优点	缺点
外部招聘	（1）具备难得的“外部竞争优势” （2）有利于平息并缓和内部竞争者之间的紧张关系 （3）能够为组织输送新鲜血液	（1）外聘者对组织缺乏深入了解 （2）组织对外聘者缺乏深入了解 （3）外聘对内部员工的积极性造成打击
内部提升	（1）有利于调动员工的工作积极性 （2）有利于吸引外部人才 （3）有利于保证选聘工作的正确性 （4）有利于被聘者迅速展开工作	（1）可能会导致组织内部“近亲繁殖”现象的发生 （2）可能会引起同事之间的矛盾

企业在选择招聘方式时应注意的因素如表 9–2–2 所示。

表9–2–2 企业在选择招聘方式时应注意的因素

因素	具体内容
所需选聘人才的层次	一般来说，高层次管理人才选拔应内部优先
企业经营环境的特点	外部环境变化剧烈时，企业宜从外部选聘适合的人才
企业所处的发展阶段	处于成长期的企业，由于发展速度较快，仅仅依靠内部选拔与培养企业人才队伍无法跟上企业的发展；相反，在成长后期与成熟期，通过长期的培养，企业已经积累了一定的优秀人力资源，这时内部选聘可能更为恰当
企业战略以及与之相关的企业文化调整的需要	企业战略不变，需要原有的企业文化的支持，这时内部晋升可以保证企业文化的传承；相反，当企业根据外部环境及其他因素的变化需要对原来的战略进行调整时，通常也需要对原先的文化进行改造，这时需要从外部引进管理干部以对内部的价值观、行为准则形成一定的冲击，从而促进企业文化的改造和变革

（三）员工招聘的程序与方法

为了保证员工选聘工作的有效性和可行性，应当按照一定的程序并通过竞争来组织选聘工作。具体的步骤是：①制订并落实招聘计划；②对应聘者进行初选；③对初选合格者进行知识与能力的考核；④选定录用员工；⑤评价和反馈招聘效果。

【知识拓展】员工选拔的方法、员工录用（蔡茂生）

1. 员工选拔的方法：①资格审查与初选；②笔试；③心理测验；④面试。
2. 员工录用过程：①录用决策；②签订劳动合同；③员工的试用。

（四）员工招聘的作用（人员配备的作用）（蔡茂生）

员工招聘的作用如下：

（1）员工招聘与配备是实现组织目标的保证；

（2）员工招聘与配备是人尽其才的手段；

（3）员工招聘与配备是实施人力资源计划的重要途径；

（4）员工招聘与配备是激励员工的有效手段；

（5）员工招聘与配备是改善组织气氛的措施之一。

三、员工的解聘

解聘的方式有多种，表 9–2–3 概括了几种主要的解聘方案。

表9–2–3 员工的解聘方案

方案	说明
解雇	永久性、非自愿地终止合同
临时解雇	临时性、非自愿地终止合同；可能持续若干天，也可能延续几年
自然减员	对自愿辞职或正常退休腾出的职位空缺不予填补
调换岗位	横向或向下调换员工岗位，通常不会降低成本，但可减缓组织内的劳动力供求不平衡
缩短工作周	让员工每周少工作一些时间，或者进行工作分担，或以临时工身份做这些工作
提前退休	为年龄大、资历深的员工提供激励，使其在正常退休期限前提早离位

第三节 员工培训

课前思考

1. 员工培训的目标是什么？
2. 员工培训的方法有哪些？

考点精讲

一、员工培训的目标

培训是指组织通过对员工有计划、有针对性地教育和训练，使其能够改进目前知识和能力的一项连续而有效的工作。培训旨在提高员工队伍的素质，促进组织的发展，实现以下四个方面的具体目标：①补充知识；②发展能力；③转变观念；④交流信息。

二、员工培训的方法

一个组织中的培训对象主要有：新来员工、基层员工、一般技术或管理人员、高级技术或管理人员。员工培训的方法有多种，依据所在职位的不同，可以分为对新员工的培训（导入培训）、在职培训和离岗培训三种形式，如表 9–3–1 所示。

表9–3–1 员工培训的方法

培训方法	具体内容
导入培训	应聘者一旦决定被录用之后，组织中的人事部门应该对他将要从事的工作和组织的情况给予必要的介绍和引导
在职培训	是员工技能培训的重点，对员工进行在职培训是为了使员工通过不断学习掌握新技术和新方法，从而达到新的工作目标要求所进行的不脱产培训。工作轮换和实习是两种最常见的在职培训
离岗培训	离岗培训是指为了使员工能够适应新的工作岗位要求而让员工离开工作岗位一段时间，专心致志参与一些职外培训。最常见的离岗培训方式包括教室教学、影片教学以及模拟演练等

三、管理人员培训的方法

对员工的培训重在提高素质技能以使其能以更高的效率完成组织交给的任务。而管理工作的性质决定了对管理者培训的要求不仅是提高其具体工作的技能，而且更重要的是要提高其从整体上把握全局、激励他人以及协调他人劳动的能力。这种提高更多地需要在管理的实践中去实现。可以考虑的管理人员培训的方法如表 9–3–2 所示。

表9–3–2 管理人员培训的方法

培训方法	具体内容
工作轮换	工作轮换包括管理工作轮换与非管理工作轮换。非管理工作轮换是根据受培训者的个人经历，让他们轮流在公司生产经营的不同部门和岗位上工作一段时间，以熟悉公司的各种业务。管理工作轮换是在提拔某个管理人员担任较高层次的职务以前，让他先在一些较低层次的部门工作，以积累不同部门的管理经验，了解各管理部门在整个公司中的地位、作用及其相互关系

续表

培训方法	具体内容
设置助理职务	在一些较高的管理层次设立助理职务，不仅可以减轻主要负责人的负担，使之从繁忙的日常管理中脱出身来，专心致力于重要问题的考虑和处理，而且有助于培训待提拔管理人员
临时职务与彼得原理	设立代理职务不仅是一种培训管理人员的方法，而且可以帮助组织进行正确的提升，可以防止“彼得现象”的产生

第四节 绩效评估

课前思考

1. 什么是绩效评估?
2. 绩效评估有哪些作用?
3. 如何进行绩效评估?

考点精讲

一、绩效评估的作用

绩效评估是指组织定期对个人或群体小组的工作行为及业绩进行考察、评估和测度的一种正式制度。

（一）绩效评估为最佳决策提供了重要的参考依据

绩效评估的首要目标是为组织目标的实现提供支持，特别是在制定重要的决策时，绩效评估可以使管理者及其下属在制订初始计划过程中及时纠偏，减少工作失误，为最佳决策提供重要的参考依据。

（二）绩效评估为组织发展提供了重要的支持

绩效评估另一个重要目标是提高员工的业绩，引导员工努力的方向，使其能够跟上组织的变化和发展。绩效评估提供的相关信息资料可以作为激励或处分员工、提升或降级、职务调动以及进一步培训的依据，这是绩效评估最主要的作用。

（三）绩效评估为员工提供了一面有益的“镜子”

绩效评估使员工有机会了解自己的优缺点以及其他人对自己工作情况的评价，是一面有益的“镜子”。特别是当这种评价比较客观时，员工可以在上级的帮助下有效发挥自己的潜能，顺利执行自己的职业生涯计划。

（四）绩效评估为确定员工的工作报酬提供依据

绩效评估的结果为确定员工的实际工作报酬提供决策依据。实际工作报酬必须与员工的实际能力和贡献相结合，这是组织分配制度的一条基本原则。为了鼓励员工出成绩，组织必须设计和执行一个公正合理的绩效评估系统，对那些最富有成效的员工和小组给予明确的加薪奖励。

（五）绩效评估为员工潜能的评价以及相关人事调整提供了依据

绩效评估中对能力的考评是指通过考察员工在一定时期内的工作业绩，评估他们的现实能力和发展潜力，看其是否符合现任职务所具备的素质和能力要求，是否具有担任更重要工作的潜能。组织必须根据员工在工作中的实际表现，对组织的人事安排进行必要的调整。应该把能力不足的员工安排到其力所能及的岗位上，而对潜能较强的员工应提供更多的晋升机会，对另一些能力较为平衡的员工则可保持其现有的职位。

二、绩效评估的程序与方法

（一）绩效评估的程序

绩效评估可以分为以下几个步骤：

1. 确定特定的绩效评估目标

在考评员工时，首先要有针对性地选择并确定特定的绩效评估目标，然后根据不同岗位的工作性质，设计和选择合理的考评制度。

2. 确定考评责任者

要使考评方案取得成效，还必须让那些受过专门评估培训的直线管理人员直接参与到方案实施中来，因为直线领导可以更为直观地识别员工的能力和业绩，并负有直接的领导责任。当然，下属和同事的评价也可以作为参考。

3. 评价业绩

在确定了特定的绩效评估目标和考评责任者之后，就应当通过绩效评价系统根据特定的评估目标内容，对员工进行正确的考评。考评应当客观、公正，杜绝平均主义和个人偏见。在综合各考评表得分的基础上，得出考评结论，并对考评结论的主要内容进行分析，特别是要检查考评中有无不符合事实以及不负责任的评价，检验考评结论的有效程度。

4. 公布考评结果，交流考评意见

考评人应及时将考评结果通知被考评者。上级主管可以与被考评对象直接单独面谈，共同讨论绩效评价的结果。

5. 根据考评结论，将绩效评估的结论备案

根据最终的考评结论，可以使组织识别那些具有较高发展潜力的员工，并根据员工成长的特点，确定其发展方向。同时还需要将绩效评估的结果进行备案，为员工今后的培训和人事调整提供充分的依据。

（二）绩效评估的方法

组织所采取的传统绩效评估方法主要有：个人自我评价法、小组评议法、工作标准法、业绩表评估法、排列评估法、平行对比评估法等。现代绩效评估更多采用目标管理法。

在传统的绩效评估方法中，组织往往更多地把员工的个人品质作为主要的业绩评判标准，同时也过多地掺杂了考评者的个人偏好和主观意见。而目标管理法则把评估的重点放在员工的贡献上，通过管理者与员工共同建立目标的方式，实现了双方工作态度的彻底转变。共同建立目标的方式使管理者由评判人转变为工作顾问，而员工也由消极的旁观者变为过程的积极参与者，双方将始终保持密切的合作和联系。这样，在绩效评估的每一个阶段，双方都会努力解决存在的问题，并为下一个评价期建立更为积极的目标。

课后练习

一、单项选择题

1. 人力资源区别于其他资源的最根本特质是（ ）

A. 能动性　B. 时效性　C. 再生性　D. 社会性

2. 以下不属于内部晋升优势的是（ ）

A. 有利于调动内部员工的工作积极性　B. 有利于为组织输送新鲜血液

C. 有利于保证选聘工作的正确性　D. 有利于选聘者迅速开展工作

3. 在人力资源管理活动中，制定出工作说明书与岗位（职务）规范等人事文件的环节是（ ）

A. 人力资源规划　B. 绩效考核　C. 员工培训与开发　D. 工作分析

4. 以下不是传统绩效评估方法的是（ ）

A. 小组评议法　B. 工作标准法　C. 目标管理法　D. 排列评估法

5. 为了防止“彼得现象”的发生，企业应该采取的方法是（ ）

A. 工作轮换　B. 设置助理职务　C. 临时岗位　D. 设立代理职务

二、多项选择题

6. 员工培训目标包括（ ）

A. 补充知识　B. 发展能力　C. 转变观念

D. 交流信息　E. 增强信心

7. 员工解聘的主要方案包括（ ）

A. 解雇　B. 临时解雇　C. 自然减员

D. 调换岗位　E. 提前退休

8. 与其他资源相比较，人力资源所具有的特点包括（ ）

A. 能动性　B. 时效性　C. 再生性

D. 社会性　E. 历史性

9. 编制人力资源计划可以细分为下列哪几个步骤（ ）

A. 制定出相应的工作说明书　B. 制定出员工工作规范

C. 制订相适应的人力资源计划　D. 评估未来人力资源状况

E. 评估现有人力资源状况

10. 员工培训的方法有（　　）

A. 脱产培训　　B. 导入培训　　C. 工作轮换

D. 在职培训　　E. 设置助理职位

三、名词解释

11. 员工招聘

12. 员工培训

13. 绩效评估

四、简答题

14. 简述人力资源计划的过程。

15. 简述绩效评估的步骤。

16. 简述员工招聘的作用。

扫码获取答案解析

第十章 组织变革与组织文化

思维导图

- 组织变革与组织文化
  - ★组织变革的一般规律
    - 组织变革的动因
    - 组织变革的类型
    - 组织变革的目标
    - 组织变革的内容
  - ★★管理组织变革
    - 组织变革的过程与程序
    - 组织变革的阻力及其管理
    - 组织变革中的压力
    - 组织冲突及其管理
  - ★★★组织文化及其发展
    - 组织文化的概念及其特征
    - 组织文化的结构与内容
    - 组织文化的功能与塑造

第一节 组织变革的一般规律

课前思考

1. 什么是组织变革?
2. 组织变革的原因是什么?
3. 组织变革的类型、目标和内容有哪些?

考点精讲

一、组织变革的动因

(一)组织变革的必要性分析

哈默和钱皮曾在《再造公司》一书中把“三C”力量,即顾客(customers)、竞争(competition)、变革(change)看成是影响市场竞争最重要的三种力量,并认为三种力量中尤以变革最为重要,“变革不仅无所不在,而且还持续不断,这已成了常态”。

组织变革就是组织根据内外环境的变化,及时明确组织活动的内容或重点,并据此对组织中的岗位、机构(岗位的组合)以及结构(机构间的权力配置)进行调整,以适应组织发展的要求。组织变革的根本目的是为了提高组织的效能。

（二）组织变革的原因（见表 10-1-1）

推动组织变革的因素可以分为外部环境因素和内部环境因素两个部分。

表10-1-1 组织变革的原因

原因	具体内容
外部环境因素	宏观社会经济环境的变化
	科技进步的影响
	环境资源的影响
	竞争观念的改变
内部环境因素	组织机构适时调整的要求
	保障信息畅通的要求
	克服组织低效率的要求
	快速决策的要求
	提高组织整体管理水平的要求

二、组织变革的类型和目标

（一）组织变革的类型

依据不同的标准，组织变革可以划分为不同的类型，如表 10-1-2 所示。

表10-1-2 组织变革的类型

划分标准	具体分类
变革的程度与速度	渐进式变革和激进式变革
工作的对象	以组织为重点的变革、以人为重点的变革和以技术为重点的变革
组织所处的经营环境状况	主动性变革和被动性变革

本章主要阐述以下四种类型的变革定义，如表 10-1-3 所示。

表10-1-3 四种类型的变革定义

变革类型	定义
战略性变革	组织对其长期发展战略或使命所做的变革
结构性变革	组织需要根据环境的变化适时对组织的结构进行变革，并重新在组织中进行权力和责任的分配，使组织变得更为柔性灵活、易于合作
流程主导性变革	组织紧密围绕其关键目标和核心能力，充分应用现代信息技术对业务流程进行重新构造。这种变革会使组织结构、组织文化、用户服务、质量、成本等各个方面产生重大的改变
以人为中心的变革	组织必须通过对员工的培训、教育等引导，使他们能够在观念、态度和行为方面与组织保持一致

（二）组织变革的目标

组织变革的基本目标是提高组织的适应能力，具体来说，包括如表 10-1-4 所示的三个方面。

表10-1-4 组织变革的目标

目标	具体内容
提高组织的环境适应性	组织要想在动荡的环境中生存并得以发展，就必须顺势变革自己的任务目标、组织结构、决策程序、人员配备、管理制度等

续表

目标	具体内容
提高管理者的环境适应性	管理者一方面需要调整过去的领导风格和决策程序，使组织更具灵活性和柔性，另一方面，管理者要能根据环境的变化要求重构层级之间、工作团队之间的各种关系，使组织变革的实施更具针对性和可操作性
提高员工的环境适应性	组织要使人员更具环境适应性，就必须不断地进行再教育和再培训，决策中要更多地重视员工的参与和授权，要能根据环境的变化改造和更新整个组织文化

三、组织变革的内容

组织变革具有互动性和系统性，组织中的任何一个因素改变，都会带来其他因素的变化。然而，在组织发展的不同时期，由于环境情况各不相同，变革的内容和侧重点也有所不同。综合而言，组织变革过程的主要变量因素包括人员、结构、技术和任务，其具体内容如表 10–1–5 所示。

表10–1–5 组织变革的内容

内容	定义
人员变革	指员工在态度、技能、期望、认知和行为上的改变
结构变革	包括权力关系、协调机制、集权程度、职务与工作再设计等其他结构参数的变化
技术与任务变革	包括对作业流程与方法的重新设计、修正和组合，包括更换机器设备，采用新工艺、新技术和新方法等

第二节 管理组织变革

课前思考

1. 组织变革的过程和程序分别有哪些？
2. 组织变革有哪些阻力？怎样消除组织变革的阻力？
3. 什么是组织冲突？组织冲突的类型有哪些？

考点精讲

一、组织变革的过程与程序

（一）组织变革的过程

为使组织变革顺利进行，并能达到预期效果，必须先对组织变革的过程有一个全面的认识，然后按照科学的程序组织实施。组织变革的过程包括解冻、变革、再冻结三个阶段，如表 10–2–1 所示。

表10–2–1 组织变革的过程

过程	具体内容
解冻阶段	这是改革前的心理准备阶段。组织在解冻期间的中心任务是改变员工原有的观念和态度，组织必须通过积极的引导，激励员工更新观念、接受改革并参与其中
变革阶段	这是变革过程中的行为转换阶段。组织要把激发起来的改革热情转化为改革的行为，关键是要能运用一些策略和技巧减少对变革的抵制，进一步调动员工参与变革的积极性，使变革成为全体员工的共同事业

续表

过程	具体内容
再冻结阶段	这是变革后的行为强化阶段，其目的是要通过对变革驱动力和约束力的平衡，使新的组织状态保持相对的稳定。改革措施顺利实施后，还应采取种种手段对员工的心理状态、行为规范和行为方式等进行不断的巩固和强化

（二）组织变革的程序

组织变革程序可以分为以下几个步骤：

（1）诊断组织现状，发现变革征兆。

（2）分析变革因素，制定变革方案。

（3）选择正确方案，实施变革计划。

（4）评价变革效果，及时进行反馈。

二、组织变革的阻力及其管理

（一）组织变革的阻力（见表 10–2–2）

表10–2–2　组织变革的阻力

阻力	内容
个人	利益上的影响
	心理上的影响
团体	组织结构变动的影响
	人际关系调整的影响

（二）消除组织变革阻力的管理对策

1. 客观分析变革的助力和阻力的强弱

勒温曾提出运用力场分析的方法研究变革的阻力。其要点是：把组织中支持变革和反对变革的所有因素分为助力和阻力两种力量，前者发动并维持变革，后者反对和阻碍变革。

2. 创新组织文化

只有创新组织文化并渗透到每个成员的行为之中，才能使露出水面的改革行为变得更为坚定，也才能够使变革具有稳固的发展基础。

3. 创新策略方法和手段

注意调动管理层变革的积极性，尽可能削减团体对组织变革的抵触情绪，力争使变革的目标与团体的目标相一致，提高员工的参与程度。

三、组织变革中的压力

（一）压力的定义

所谓压力，是在动态的环境条件下，个人面对种种机遇、规定以及追求的不确定性所造成的一种心理负担。

（二）压力的起因及其特征（见表 10-2-3）

表10-2-3 压力的起因及其特征

项目	具体内容
压力的起因	（1）组织因素：组织中的结构变动和员工的工作变动 （2）个人因素：家庭成员去世、个人经济状况困难、离异、伤病、配偶失业、借债、法律纠纷等
压力的特征	（1）生理上的反应：如新陈代谢的改变、心跳和呼吸频率加快、血压升高、头痛、心脏病、胃溃疡等 （2）心理上的反应：如紧张、焦虑、易怒、烦躁、拖延等 （3）行为上的反应：工作效率减低、饮食习惯改变、增加吸烟和酗酒、说话速度增快、不安、睡眠不规律等

四、组织冲突及其管理

所谓冲突是指组织内部成员之间、不同部门之间、个人与组织之间由于在工作方式、利益、性格、文化价值观等方面的不一致性所导致的彼此相抵触、争执甚至攻击等行为。

（一）组织冲突的影响

组织冲突会对组织造成很大的影响。研究表明，竞争是导致团体内部或团体之间发生冲突的最直接因素，组织变革的一个主要目标就是要在效率目标的前提下通过有效的竞争来降低组织的交易成本。因此，团体内部或团体之间的竞争是不可避免的，组织冲突可以说是这种竞争的一种表现形式。

竞争胜利和竞争失败对组织的影响如表 10-2-4 所示。

表10-2-4 竞争胜利和竞争失败对组织的影响

项目	影响
竞争胜利	①组织内部更加团结，成员对团体更加忠诚，这有利于加强和保持团体的凝聚力；②组织内部气氛更为轻松，紧张的情绪有所消除；③强化了组织内部的协作，组织更为关心成员的心理需求；④组织成员容易感到满足和舒畅，而不想重新反思团体是否还需要根据环境的变化做进一步的改善
竞争失败	①团体之间容易产生偏见，每个团体总是只看到对方的弱点，而忽视对方的长处；②当团体发现失败是无可置疑的事实时，依据团体的基本状况，可分为两种情况：一种情况是团体内部可能发生混乱与斗争，团体最终趋于解散；另一种情况是全体成员可能会知耻而奋起，大胆改进，以求走出失败的困境；③竞争失败后的团体往往不太关心成员的心理需求，而只集中精力于自己的本职工作，组织有集权化的倾向；④成员以往的自信心会受到极大的打击，但这也是组织的一个检讨、改革的机会

无论是竞争胜利还是竞争失败，组织冲突都会存在两种截然不同的结果，即建设性冲突和破坏性冲突，如表 10-2-5 所示。

表10-2-5 建设性冲突和破坏性冲突的定义

名称	定义
建设性冲突	是指组织成员从组织利益角度出发，对组织中存在的不合理之处提出意见等，可以促进不同意见的交流和对自身弱点的检讨，有利于促进良性竞争
破坏性冲突	是指由于认识上的不一致以及组织资源和利益分配方面的矛盾，员工发生相互抵触、争执甚至攻击等行为，从而导致组织效率下降，并最终影响到组织发展的冲突

（二）组织冲突的类型（见表 10-2-6）

表10-2-6　组织冲突的类型

类型	具体内容
正式组织与非正式组织之间的冲突	由于正式组织与非正式组织之间成员是交叉混合的，更由于人们心理上存在的感性、非理性因素的作用，非正式组织的存在必然要对正式组织的活动产生影响
直线与参谋之间的冲突	组织中的管理人员是以直线主管或参谋两类不同身份出现的，现实中这两类人员之间的矛盾往往是组织缺乏效率的重要原因
委员会成员之间的冲突	委员会是集体工作的一种形式，它起到了汇聚各种信息、加强人员交流、协调部门关系等重要作用

（三）组织冲突的避免（见表 10-2-7）

表10-2-7　组织冲突的避免

对象	具体内容
组织目标	强调组织整体目标的一致性
非正式组织	认识到非正式组织存在的必要性和客观性，积极引导非正式组织积极贡献，使其目标与正式组织目标相一致，同时要建立良好的组织文化，规范非正式组织的行为
直线与参谋	明确必要的职权关系，既要充分认识到参谋的积极作用，也要认识到协作和改善直线工作的重要性
委员会	应该选择勇于承担责任的合格的成员加入委员会，同时要对委员会的规模提出限制
其他	要把建设性冲突和破坏性冲突区分开来，适度的组织冲突是组织进步的表现，它会使组织保持一定的活力和创造力

第三节　组织文化及其发展

课前思考

1. 组织文化是什么？其特征有哪些？
2. 组织文化有哪些结构、内容和功能？
3. 如何塑造组织文化？

考点精讲

组织文化是被组织成员广泛认同、普遍接受的价值观念、思维方式、行为准则等群体意识的总称。组织通过培养、塑造这种文化，来影响成员的工作态度和工作中的行为方式，引导实现组织目标。因此，根据外在环境的变化适时变革组织文化常被视为组织成功的基础。

一、组织文化的概念及其特征

（一）组织文化的基本概念

文化有广义和狭义两种理解。广义的文化是指人类在社会历史实践过程中所创造的物质财富和精神财富的总和，其中，物质文化可称为“器的文化”或“硬文化”，精神文化可称为“软文化”。狭义的文化是指社会的意识形态，以及与之相适应的礼仪制度、组织机构、行为方式等物化的精神。文化具有民族性、多样性、相对性、沉淀性、延续性和整体性的特点。

组织文化是组织在长期的实践活动中所形成的并且为组织成员普遍认可和遵循的具有本组织特色的价值观念、团体意识、工作作风、行为规范和思维方式的总和。

（二）组织文化的主要特征（见表 10–3–1）

表10–3–1 组织文化的主要特征

主要特征	定义
超个体的独特性	每个组织都有其独特的组织文化，这是由不同的国家和民族、不同的地域、不同的时代背景以及不同的行业特点所形成的
相对稳定性	组织文化是组织在长期的发展中逐渐积累而成的，具有较强的稳定性，不会因组织结构的改变、战略的转移或产品与服务的调整而随时变化
融合继承性	组织文化在发展过程中，不仅要接受和继承这个国家和民族的文化传统和价值体系，也要注意吸收其他组织的优秀文化，融合世界上最新的文明成果，不断地充实和发展自我
发展性	组织文化随着历史的积累、社会的进步、环境的变迁以及组织变革逐步演进和发展

二、组织文化的结构与内容

（一）组织文化的结构

一般认为，组织文化有三个层次结构，即潜层次、表层和显现层，如表 10–3–2 所示。

表10–3–2 组织文化的结构

结构	主要内容
潜层次	又称精神层，是指组织文化中的核心和主体，是广大员工共同而潜在的意识形态，包括管理哲学、敬业精神、人本主义的价值观念、道德观念等
表层	又称制度层，是指体现某个具体组织的文化特色的各种规章制度、道德规范和员工行为准则的总和，也包括组织体内的分工协作关系的组织结构。它是组织文化核心层（内隐部分）与显现层的中间层，是由虚体文化（意识形态）向实体文化转化的中介
显现层	又称物质层，是指凝聚着组织文化抽象内容的物质体的外在显现，它既包括了组织整个物质的和精神的活动过程、组织行为、组织产出等外在表现形式，也包括了组织实体性的文化设备、设施等。显现层是组织文化最直观的部分，也是人们最易于感知的部分

（二）组织文化的内容（见表 10–3–3）

表10–3–3 组织文化的内容

内容	定义
组织价值观	组织内部管理层和全体员工对该组织的生产、经营、服务等活动以及指导这些活动的一般看法或基本观点
组织精神	是一个组织的精神支柱，是组织文化的核心，是指组织经过共同努力奋斗和长期培养所逐步形成的，认识和看待事物的共同心理趋势、价值取向和主导意识，也反映了一个组织的基本素养和精神风貌，成为凝聚组织成员共同奋斗的精神源泉
伦理规范	从道德意义上考虑的、由社会向人们提出并应当遵守的行为准则，它通过社会公众舆论规范人们的行为

三、组织文化的功能与塑造

（一）组织文化的功能（见表 10–3–4）

表10–3–4　组织文化的功能

功能	定义
整合功能	组织文化通过培育组织成员的认同感和归属感，建立起成员与组织之间的相互信任和依存关系，使个人的行为、思想、感情、信念、习惯以及沟通方式与整个组织有机地整合在一起
适应功能	组织文化能从根本上改变员工的旧有价值观念，建立起新的价值观念，使之适应组织外部环境的变化要求
导向功能	组织文化作为团体的共同价值观，与组织成员必须强行遵守的、以文字形式表述的明文规定不同，它只是一种软性的理智约束，通过组织的共同价值观不断地向个人价值观渗透和内化，使组织自动生成一套自我调控机制，以一种适应性文化引导着组织的行为和活动
发展功能	组织在不断的发展过程中所形成的文化沉淀，通过无数次的辐射、反馈和强化，会随着实践的发展而不断地更新和优化，推动组织文化从一个高度向另一个高度迈进
持续功能	组织文化的形成是一个复杂的过程，往往会受到政治、社会、人文和自然环境等诸多因素的影响，因此，它的形成需要经过长期的倡导和培育

（二）组织文化的形成

企业文化首先是在企业中的主要管理者（或称企业家）的倡导下形成的。同时，只有当企业家倡导的价值观念和行为准则为企业员工广泛认同、普遍接受，并自觉地作为自己行为的选择依据时，企业文化才能在真正意义上形成。

1. 管理者（或称企业家）的倡导

企业文化首先是企业家文化。企业家倡导某种价值观念和行为准则体系主要借助两种途径：

（1）企业不仅要提出企业员工所接受的某种价值观念，而且要身体力行，自觉表现出与自己倡导的价值观和行为准则相应的行为选择，以求对身边的人，进而对企业组织中其他成员的行为产生潜移默化的影响。

（2）借助重大事件的成功处理，促进企业成员对重要价值观和行为准则的认同，从而使企业文化在自觉模仿或认同的基础上逐渐形成。

2. 组织成员的接受：“社会化”与“预社会化”

所谓社会化是指组织通过一定形式不断向员工灌输某种特定的价值观念，借助正式或非正式渠道传颂体现特定价值观的企业内部的各种“神话”以及企业家在各种场所的言传身教，从而使组织成员逐渐接受这些价值观和行为准则。

所谓预社会化是企业在招募新员工时不仅提出相应的技能和素质要求，而且注意分析应聘者的行为特征，判断影响应聘者外显行为的内在价值观念与企业文化是否一致，从而保证新聘员工对组织文化的接受和其进入组织后在特定文化氛围中的迅速融入。

（三）组织文化的塑造途径（见表 10-3-5）

表10-3-5 组织文化的塑造途径

塑造途径	具体内容
确立正确的组织价值观	组织价值观是整个组织文化的核心，选择正确的组织价值观是塑造良好组织文化的首要战略问题
强化员工的认同感	在选择并确立了组织价值观和组织文化模式之后，就应把基本认可的方案通过一定的强化灌输方法使其深入人心
提炼定格	组织价值观的形成不是一蹴而就的，必须经过分析、归纳和提炼方能定格
巩固落实	要巩固落实已提炼定格的组织文化，首先要建立必要的制度保障
在发展中不断丰富和完善	任何一种组织文化都是特定历史的产物，当组织的内外部条件发生变化时，组织必须不失时机地丰富、完善和发展组织文化

课后练习

一、单项选择题

1. 引起组织冲突的主要原因是（　）

A. 差异　B. 竞争　C. 利益　D. 变革

2. 提出运用力场分析的方法研究变革阻力的学者是（　）

A. 哈默　B. 钱皮　C. 勒温　D. 希尔

3. 组织文化最直观的部分是（　）

A. 潜层次　B. 表层　C. 显现层　D. 制度层

4. 组织变革后的行为强化阶段是（　）

A. 解冻阶段　B. 心理准备阶段　C. 变革阶段　D. 再冻结阶段

5. 按照组织所处的经营环境状况不同，组织变革可以分为（　）

A. 以组织为重点的变革和以人为重点的变革

B. 以人为重点的变革和以技术为重点的变革

C. 渐进式变革和激进式变革

D. 主动性变革和被动性变革

6. 曾在《再造公司》一书中把“3C”力量，即顾客、竞争、变革看成是影响市场竞争最重要的三种力量并认为三种力量当中变革最重要的学者是（　）

A. 哈默和钱皮　B. 孔茨和韦里奥

C. 哈尔梅和普拉哈拉德　D. 奎因和卡梅隆

7. 组织对其长期发展战略或使命所做的变革指的是（　）

A. 结构性变革　B. 流程性变革　C. 战略性变革　D. 以人为中心的变革

二、多项选择题

8. 组织文化的主要功能包括（　）

A. 整合功能　B. 适应功能　C. 导向功能

D. 发展功能　E. 持续功能

9. 组织文化具有的主要特征包括（　）

A. 超个体的独特性　B. 相对稳定性　C. 融合继承性

D. 发展性　E. 集中性

10. 组织变革的内容包括（　）

A. 人员变革　B. 结构变革　C. 技术与任务变革

D. 制度变革　E. 环境变革

11. 消除组织变革阻力的管理对策有（　）

A. 创新策略手段　B. 创新策略方法

C. 创新组织文化　D. 客观分析阻力强弱

E. 客观分析推力强弱

三、名词解释

12. 组织文化

13. 组织变革

14. 压力

四、简答题

15. 请简述组织变革的外部原因。

16. 请简述组织变革的程序。

五、论述题

17. 联系实际论述组织文化的结构与塑造途径。

扫码获取答案解析

第四篇 领导

第十一章 领导概论

思维导图

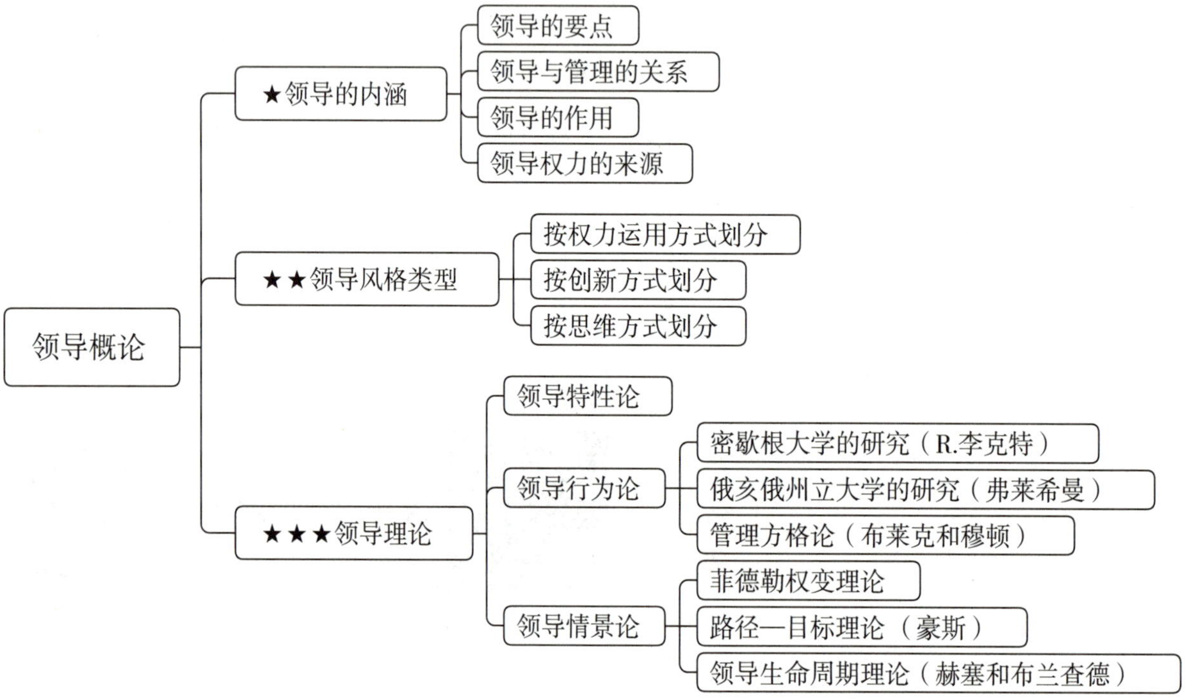

第一节 领导的内涵

课前思考

1. 什么是领导？什么是领导权力？
2. 领导的权力有哪几种来源？
3. 领导的作用有哪些？

考点精讲

一、领导的要点（见表 11–1–1）

表11–1–1 领导的要点

名称	要点
定义	就是指挥、带领、引导和鼓励部下为实现目标而努力的过程
核心	权力
目的	为了实现组织的目标
本质/实质	被领导者自愿的追随和服从
现代领导者应具备的素质	①知识素质；②能力素质；③心理素质；④身体素质

二、领导和管理

“领导”有两种词性含义。一是名词属性的“领导”，即“领导者”的简称；二是动词属性的“领导”，即“领导行为”的简称，指“领导者”所从事的活动。

（一）两者的共同之处

从行为方式上来看，领导和管理都是一种在组织内部通过影响他人的协调行动，以实现组织目标的过程。

从权力的构成上来看，两者也都与职位有关。

（二）两者差异

关于领导与管理的差异，许多学者都进行过长期研究。综合各人研究的结果，领导者与管理者关注点的差异如表 11–1–2 所示。

表11–1–2 领导者与管理者关注点的差异

领导者	管理者
剖析	执行
开发	维护
价值观、期望和鼓舞	控制和结果
长期视角	短期视角
询问“做什么”和“为什么做”	询问“怎么做”和“何时做”
挑战现状	接受现状
做正确的事	正确地做事

一个人可既是一个好的管理者，也可能同时是一个好的领导者。但两者分离的状态也时有发生。管理者的本质是依赖被上级任命而拥有某种职位所赋予的合法权力而进行管理，被管理者往往因追求奖励或害怕处罚而服从管理。而领导者的本质就体现在被领导者的追随和服从，它完全取决于追随者的意愿，而并不完全取决于领导者的职位与合法权力。

三、领导的作用

（一）领导者必须具备的三要素

（1）必须有部下或追随者。

（2）拥有影响追随者的能力或力量。

（3）领导行为具有明确的目的，可以通过影响部下来实现组织的目标。

（二）领导的作用（见表 11-1-3）

表11-1-3　领导的作用

作用	具体内容
指挥作用	是指在组织活动中，需要有头脑清醒、胸怀全局，能高瞻远瞩、运筹帷幄的领导者帮助组织成员认清所处的环境和形势，指明活动的目标和达到目标的路径
协调作用	是指组织在内外因素的干扰下，需要领导者来协调组织成员之间的关系和活动，使之朝着共同的目标前进
激励作用	是指领导者为组织成员主动创造能力发展空间和职业生涯发展条件的行为

四、领导权力的来源

（一）领导权力的定义

领导权力就是影响他人的能力，就是能排除障碍完成任务、达到组织目标的能力。

（二）领导权力的来源

根据法兰西和雷温等人的研究，领导权力有 5 种来源：法定性权力、奖赏性权力、惩罚性权力、感召性权力、专长性权力，如表 11-1-4 所示。

表11-1-4　领导权力的5种来源

来源	定义
法定性权力	由个人在组织中的职位决定。个人由于被任命担任某一职位，因而获得了相应的法定权力和权威地位
奖赏性权力	个人控制着对方所重视的资源而对其施加影响的能力
惩罚性权力	通过强制性的处罚或剥夺而影响他人的能力
感召性权力	由于领导者拥有吸引别人的个性、品德、作风而引起人们的认同、赞赏、钦佩、羡慕而自愿地追随和服从他，感召性权力的大小与职位高低无关，只取决于个人的行为
专长性权力	专长性权力是知识的权力，指的是因为人在某一领域所特有的专长而影响他人的能力

第二节　领导风格类型

课前思考

1. 领导的风格类型有哪些？

2. 如何区分魅力型领导和变革型领导？

3. 什么是战略型领导？

考点精讲

领导的主要风格类型如表 11-2-1 所示。

表11-2-1 领导风格类型

划分标准	类型	定义
权力运用方式	集权式	把管理的制度权力相对牢固地进行控制的领导者
	民主式	向被领导者授权，鼓励下属的参与，并且主要依赖于其个人专长权和模范权影响下属
创新方式	魅力型	具有感召力，并有能力创造或提炼出一种组织价值观体系。具有激励下属超越他们预期绩效水平的能力。魅力型领导者善于创造变革的氛围，热衷于提出新奇的、富有洞察力的想法，通过把未来描绘成诱人的蓝图来激励下属勤奋工作
	变革型	关心每一个下属的日常生活和发展需要，帮助下属用新观念分析老问题，进而改变他们对问题的看法，能够激励、唤醒和鼓舞下属为达到组织目标而付出加倍努力
思维方式	事务型	也称维持型领导者，工作有条不紊，严格遵守组织的规范和价值观。通过明确任务和要求，促使下属完成任务
	战略型	用战略思维进行决策，对未来具有预见性、灵活性和洞察力的领导者。战略的基本特征是长期性、整体性和前瞻性

第三节 领导理论

课前思考

1. 什么是领导特性论、行为论、情景论？
2. 管理方格论有哪些要点？
3. 如何区分路径—目标理论与领导生命周期理论提出的四种领导方式？

考点精讲

一、领导特性论

领导特性理论认为，领导者具有某些共同的特性，但领导者的这些特性并不是先天就有的，而是后天形成的，是通过努力学习和在实践中的长期艰苦锻炼，才逐渐成为有效领导者。

作为有效的领导者，一般具有几个方面共同的特性：①努力进取，渴望成功；②具有强烈的权力欲望；③正直诚信、言行一致；④充满自信；⑤追求知识和信息。

二、领导行为论

领导行为论试图从研究领导者的行为特点与绩效的关系，来寻找最有效的领导风格。以前的学者主要从领导者更关心工作绩效还是更关心群体关系，以及是否让下属参与决策两个方面来研究领导行为。

（一）密歇根大学的研究（见表 11-3-1）

表11-3-1 密歇根大学的研究要点

名称	要点
人物	R.李克特及其同事
研究目的	试图比较群体效率如何随领导者行为的变化而变化。这项研究的目的是期望建立实现预期的绩效和满意水平的基本原理，以及有效的领导方式类型
两种领导方式	（1）工作（生产）导向型的领导行为。这种领导者关心工作的过程和结果，并用密切监督和施加压力的办法来获得良好绩效、满意的工作期限和结果评估。对这种领导者而言，下属是实现目标或任务绩效的工具，而不是和他们一样有着情感和需要的人，群体任务的完成情况是领导行为的中心 （2）员工导向型的领导行为。这种领导者表现为关心员工，并有意识地培养与高绩效的工作群体相关的人文因素，重视人际关系。员工导向型的领导者把他们的行为集中在对人员的监督，而不是对生产的提高上。他们关心员工的需要、晋级和职业生涯的发展
研究发现	员工导向型的领导行为，可使生产率和员工满意度都得到提高

（二）俄亥俄州立大学的研究（见表 11-3-2）

表11-3-2 俄亥俄州立大学的研究要点

名称	要点
人物	弗莱希曼及其同事们
两个维度	关怀维度：代表领导者对员工以及领导者与追随者之间的关系，对相互信任、尊重和友谊的关注，即领导者信任和尊重下属的观念程度 定规维度：代表领导者构建任务、明察群体之间的关系和明晰沟通渠道的倾向。也指为了达到组织目标，领导者界定和构造自己与下属的角色的倾向程度
四种领导风格类型	该项研究说明，领导者在每种维度中的位置通过对两种维度的问卷调查测度。根据这样的分类，领导者可以分为四种基本类型：高关怀—高定规、高关怀—低定规、低关怀—高定规和低关怀—低定规
研究发现	高关怀—高定规，一般更能使下属达到高绩效和高满意度。不过高关怀—高定规型风格并不总是产生积极效果；而其他三种维度组合类型的领导者行为，普遍与较多的缺勤、事故、抱怨以及离职有关系。其他发现还有，领导者的直接上级给领导者的绩效评估等级，与高关怀度成负相关

（三）管理方格论

美国著名的行为科学家布莱克和穆顿在《管理方格论》一书中提出了管理方格论，又称管理坐标理论。在这种领导理论中，首先把管理人员按他们的绩效导向行为（称为对生产的关心）和维护导向行为（称为对人员的关心）进行评估，给出等级分值。然后以此为基础，把分值标注在两个维度坐标界面上，并在这两个维度坐标轴上分别划出 9 个等级，从而生成 81 种不同的领导类型。其中有代表性的五种领导行为如图 11-3-1 所示。

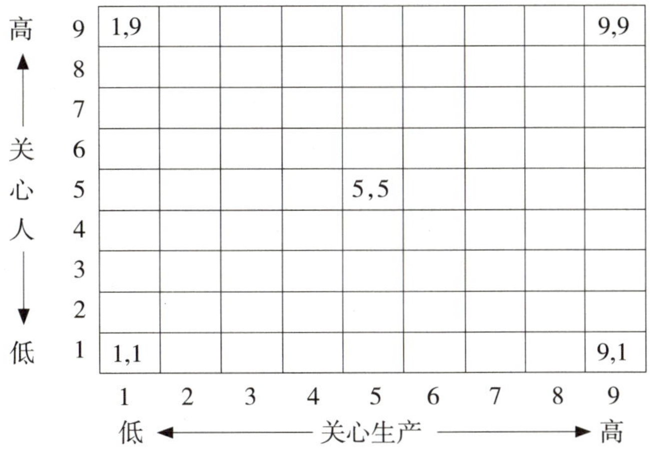

图11-3-1 管理方格图

管理方格论中五种典型的领导行为分析如表 11-3-3 所示。

表11-3-3 五种典型的领导行为特点

坐标	领导行为	特点
（1，1）	贫乏型	领导者不愿努力工作，对工作绩效和对人员的关心都很少，很难维持组织成员的关系。工作效果最差
（1，9）	乡村俱乐部型	领导者只注重支持和关怀下属而不关心任务和效率
（9，1）	任务型	只注重任务效果而不注重下属的发展和士气
（9，9）	团队型	通过协调和综合与工作相关活动而提高任务效率和士气，团队型是最好的领导行为，工作效果最好
（5，5）	中庸之道型	维持足够的任务效率和令人满意的士气

R. 布莱克和 S. 穆顿认为，在 5 种典型领导风格中，（1，1）型效果最差，（1，9）型次差，（5，5）型和（9，1）型在不同情境下的效果不同，（9，1）型在短期内工作效率较高，或在任务紧急及员工素质较低时可能优于（5，5）型，但不利于组织的长期发展；（5，5）型没有太明显的缺陷，但有可能导致中庸主义或官僚主义。他们认为（9，9）型的效果最佳，故大力提倡其他领导风格向（9，9）型转变。

三、领导情景论

情景论认为，并不存在普遍适用的领导特性和领导行为，有效的领导者能因自己当时所处情景的不同而改变自己的领导行为和领导方式。有三种代表性的理论：菲德勒权变理论、路径—目标理论、领导生命周期理论。

（一）菲德勒权变理论

权变理论认为不存在一种普遍适用的领导方式或领导风格，领导工作受到领导者所处的客观环境的影响。

菲德勒将领导者所处的环境因素综合归类为三个大的方面：人际关系（上下级关系是好还是差）、工作结构（任务是简单明了还是复杂混乱）、职位权力（对下级来说，上级的职权或权威是强还是弱）。按照这三个方面，在调查了 1200 个团体后，综合得出的结论是：①在环境好的情况下，低 LPC 领导人或领导方式最有效；②在环境差的情况下，也是低 LPC 领导人或领导方式最有效；③在环境中等的情况下，高 LPC 领导人或领导方式最有效。（LPC：领导者对最不与自己合作的同事的评价。）

低 LPC 领导人或领导方式比较注重工作任务；高 LPC 领导人或领导方式比较注重人际关系。

菲德勒权变理论告诉我们，当环境和领导人的个性、领导风格和领导方式相匹配时，生产效率最高。领导者需要改变自己的风格或方式以适应环境。如果领导者很难改变其个性、风格或方式，就需要上级把他调离，换一个合适的，或者把他调到一个适合他的个性或方式的环境中去，这样才能取得更高效率。

菲德勒的调查数据显示：领导者的个性决定着其领导风格或领导方式，而一个人的个性往往很难改变，因此，领导者的调离或调换是必需的。

菲德勒权变理论的启示：环境对领导风格有偏好。

（二）路径—目标理论

路径—目标理论是罗伯特·豪斯发展的一种领导权变理论。该理论认为，领导者的工作主要是为下属指明实现目标的路径，并为他们清除通往目标道路上的各种障碍，帮助下属达到他们的目标。

所谓“路径—目标”是指有效的领导者既要帮助下属充分理解工作目标，又要指明实现目标所应遵循的路径。

豪斯与菲德勒的观点不同，豪斯认为，领导者的领导风格或领导方式不是由个性决定的，而是可以灵活改变的，同一领导者可以根据不同的情境表现出不同的领导方式。

豪斯把领导方式分成 4 类，如表 11-3-4 所示。

表11-3-4　路径—目标理论的四种领导方式

领导方式	特点
指导型	领导者给予下属具体指导，严格细致
支持型	领导者比较友善，关心下属，注重上下级人际关系
参与型	领导者邀请下属参与进来，共同协商做决策
成就导向型	领导者给下属设置富有挑战性的成就和目标，激励下属，给以充分信任

豪斯认为，要确定哪种领导方式最有效，需要依据两个变量：下属的个性和环境因素。

路径—目标理论提出两种情景变量作为领导行为—结果关系的中间变量，一个是环境因素（任务结构、正式权力系统和工作群体）和下属的个人特点（控制点、经验和知觉能力），两种情景变量引出的一些假设范例如表 11-3-5 所示。

表11-3-5　两种情景变量的假设范例

情景变量	假设范例
环境因素方面	（1）当“任务结构”简单明了时，过分干预的指导型领导方式就会显得多余，甚至惹下属反感。相反，如果任务复杂、模糊不清，下属无所适从时，则需要指导型的领导方式 （2）当“正式权力体系”越明确、越层级化并且等级森严、纪律严明时，领导者越应表现出支持型的领导方式 （3）当下属群体或“工作群体”是凝聚力不强的群体时，支持型的领导方式最有效。 从环境因素的三个方面来看，领导者的领导方式（或领导风格）也应与环境因素互补。或者说，一种领导风格对下属产生的激励程度，取决于下属认为这种风格对自己在工作任务、权力体系或者工作群体等方面的缺失能够补偿的程度

续表

情景变量	具体内容
个性方面	（1）自信心较强的下属，喜欢参与型的领导方式，因此参与型的领导方式最有效 （2）自信心较弱、技能较差的下属，更容易接受指导型的领导方式 （3）工作能力强、完全能胜任工作的下属，不喜欢过度的监督，比较抗拒指导型的领导方式。从下属的个性来看，要做到有效地领导，领导者应与下属的个性互补。这就是说，领导方式要因人而异

（三）领导生命周期理论

美国赫塞和布兰查德把下属的成熟度作为关键的情景因素，认为依据下属的成熟度水平，选择正确的领导方式，决定着领导者的成功。

成熟度是指个体对自己的直接行为负责任的能力和意愿。它包括工作成熟度和心理成熟度。工作成熟度是指下属完成任务时具有的相关技能和技术知识水平，心理成熟度是指下属的自信心和自尊心。高成熟度的下属既有能力又有信心做好某项工作。

生命周期理论提出任务行为和关系行为这两种领导维度，并且将每种维度进行了细化，从而组合成四种具体的领导方式，如表 11–3–6 所示。

表11–3–6　领导生命周期理论的四种领导方式

领导方式	下属的成熟度	关系	特点
指导型	不成熟	高任务、低关系	领导者给下属以具体的指导
推销型	初步成熟	高任务、高关系	领导者同时提供指导和支持
参与型	比较成熟	低任务、高关系	领导者与下属共同决策
授权型	已成熟	低任务、低关系	领导者提供较少的指导和支持

在此基础上，领导方式和任务成熟度之间的关系如图 11–3–2 所示。图中，S 代表四种领导方式，从 S_4 到 S_1 分别是授权、参与、推销和指导，它们依赖于下属的成熟度 M。M_4 代表高成熟度，M_1 代表低成熟度。

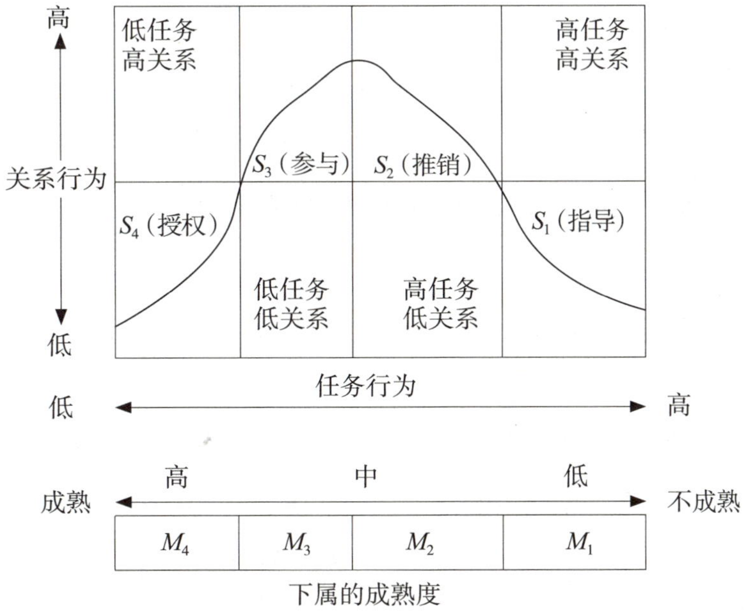

图11–3–2　领导方式与任务成熟度的关系

指导型（S_1）适用于做事无能力、也不愿意负责的下属。由于他们不成熟，领导人应当指导他们做什么、如何去做。

推销型（S_2）适用于那些无能力却愿意做领导人吩咐的工作的下属。领导人对他们的工作提供帮助和指导，提高下属的工作意愿及工作热情。

参与型（S_3）适用于那些有能力做领导人交付的工作，但又不愿意服从其指令的下属。领导人应采取鼓励下属参与管理的态度，才能使下属信任领导人。

授权型（S_4）适用于那些既愿意负责又有能力的下属。他们不需要领导人的指导就可以独立地、成功地完成任务。

随着下属由不成熟向逐渐成熟过渡，领导行为应当按着“高任务—低关系→高任务—高关系→低任务—高关系→低任务—低关系”逐步推移。

课后练习

一、单项选择题

1. 按（　）划分，领导风格可分为集权式领导和民主式领导。

A. 权力运用方式　B. 创新方式　C. 思维方式　D. 领导方式

2. 俄亥俄州立大学的研究结论认为，只有（　）与高满意度和高绩效呈正相关。

A. 高关怀—低定规　B. 低关怀—高定规

C. 高关怀—高定规　D. 低关怀—低定规

3. 美国学者布莱克和穆顿提出了（　）

A. 领导特性论　B. 领导权变理论　C. 管理方格论　D. 领导生命周期理论

4. 与行政职位高低无关的权力是（　）

A. 奖赏性权力和惩罚性权力　B. 专长性权力和惩罚性权力

C. 奖赏性权力和感召性权力　D. 感召性权力和专长性权力

5. 领导为组织成员主动创造能力发展空间和职业生涯发展的行为，属于领导的（　）

A. 指挥作用　B. 协调作用　C. 激励作用　D. 监督作用

6. 认为“有效的领导者既要帮助下属充分理解工作目标，又要指明实现目标所应遵循的路径”的理论是（　）

A. 领导特性论　B. 菲德勒权变理论　C. 路径—目标理论　C. 领导的生命周期理论

7. 下列领导理论中，属于领导情景论的是（　）

A. 管理方格论　B. 领导特性论

C. 领导生命周期理论　D. 领导作风理论

二、多项选择题

8. 领导行为论包括（　　）

A. 密歇根大学的研究　　B. 管理方格论

C. 权变理论　　D. 路径—目标理论

E. 俄亥俄州立大学的研究

9. 豪斯将领导行为方式划分为（　　）

A. 指导型　　B. 支持型　　C. 参与型

D. 授权型　　E. 成就导向型

10. 现代领导者应具备的素质包括（　　）

A. 身体素质　　B. 知识素养　　C. 心理素质

D. 能力素质　　E. 道德素质

11. 菲德勒将领导权变理论具体化的几个方面是（　　）

A. 职位权力　　B. 任务结构　　C. 上下级关系

D. 领导方式　　E. 组织目标

三、名词解释

12. 领导权力

13. 魅力型领导者

14. 变革型领导者

四、简答题

15. 简述管理方格论的内容。

16. 简述有效的领导者所具有的共同特性。

扫码获取答案解析

第十二章 激励

思维导图

- 激励
  - ★激励原理
    - 激励的概念与对象
    - 激励与行为的关系
    - 激励产生的内因与外因
  - ★★★激励的内容理论
    - 马斯洛需要层次理论（马斯洛）
    - 双因素理论（赫茨伯格）
    - 成就需要理论（麦克利兰）
    - XY理论（麦格雷戈）
  - ★★★激励的过程理论
    - 公平理论（亚当斯)
    - 期望理论（弗鲁姆）
    - 强化理论（斯金纳）
  - ★激励实务
    - 传统常用的激励方式
    - 20世纪90年代以来新颖的激励计划

第一节 激励原理

课前思考

1. 什么是激励？激励的对象是谁？
2. 激励与行为有何关系？
3. 激励的心理过程有哪些？

考点精讲

一、激励的概念与对象

（一）激励的概念

激励是和动机连在一起的一种内心状态。激励是针对人的行为动机而进行的工作。激励的理论基础是行为科学和心理学。人的行为受动机的支配，动机由需要引起，因此激励就是激发需要并引导至实现组织目标的过程。

（二）激励的三个关键因素

激励的三个关键因素包括：①努力；②组织目标；③需要。（激励的出发点，是激发人未满足的需要，由需要引发动机和行为）

（三）激励的对象

从激励的定义可以知道，激励的对象是人，是组织中的员工或领导对象（下属）。

（四）激励的心理过程（蔡茂生）

激励的心理过程如下：

（1）需要是任何行为受到激励的前提。

（2）当需要出现时，引起个人内心的不平衡，出现紧张的心理状态。

（3）为了缓和这种心理紧张状态，需要转化为意向和愿望。

（4）行动是在动机的直接推动下，满足需求以实现目标的活动。

（5）目标达到后，需求得到满足，动机减弱，紧张心理消除。

二、激励与行为的关系

激励是组织中人的行为的动力，而行为是人实现个体目标与组织目标相一致的过程。通过激励促成组织中人的行为的产生，取决于某一行动的效价和期望值，其定义如表 12–1–1 所示。

表12–1–1　效价、期望值和激励力的定义及其关系

名称	定义
效价	个人对达到某种预期成果的偏爱程度，或某种预期成果可能给行为者带来的满足程度
期望值	某一具体行动可带来预期成果的概率或可能性
激励力	预期成果的效价与实现的可能性之间综合作用的结果，激励力表示激励的程度
三者关系	激励力=效价×期望值（$M=V\times E$）

三、激励产生的内因和外因

激励产生的根本原因，可分为内因和外因。内因是由人的认知知识构成的。外因则是人所处的环境。人的行为是人自身的特点及其所处环境的函数。

第二节　激励的内容理论

课前思考

1. 激励的内容理论包括哪些理论？
2. 什么是马斯洛需要层次理论？
3. 成就需要理论的内容有哪些？

考点精讲

这类激励理论，根据对人性的理解，着重突出激励对象的未满足的需要类型，有两种思路：一种是从社会文化的系统出发，对人的需要进行分类，通过提供一种未满足的需要的框架，寻求管理对象的激励效率，称之为需要层次论；另一种是从组织范围角度出发，把人的需要具体化为员工切实关心的问题，称之为双因素理论。这两种激励理论形成于20世纪50年代，此后还有与强调需要相关的成就需要理论。

一、需要层次论

这一理论是由美国社会心理学家亚伯拉罕·马斯洛提出来的，因而也称为马斯洛需要层次论。

需要层次论主要试图回答这样的问题：决定人的行为的尚未得到满足的需要有些什么内容？

马斯洛的需要层次论有两个基本出发点，如表12-2-1所示。

表12-2-1 马斯洛需要层次论的两个基本出发点

基本出发点	具体内容
人是有需要的动物	需要取决于他已经得到了什么，还缺少什么，只有尚未满足的需要能够影响行为
人的需要都有轻重层次	某一层需要得到满足后，另一层需要才出现

在这两个论点的基础上，马斯洛认为，在特定的时刻，人的一切需要如果都未能得到满足，那么满足最主要的需要就比满足其他需要更迫切。只有前面的需要得到充分的满足后，后面的需要才显示出其激励作用。

为此，马斯洛认为，每个人其实都有五个层次的需要：生理的需要、安全的需要、社交或情感的需要、尊重的需要、自我实现的需要，如表12-2-2所示。

表12-2-2 马斯洛需要层次理论

需要	具体内容
生理	对人类来说，生理需要是最基本的需要，如衣、食、住、行等。所以，在经济欠发达的社会，必须首先研究并满足这方面的需要
安全	保护自己免受身体和情感伤害的需要。它又分为两类：①现在的安全的需要，要求自己现在的社会生活的各个方面均能有所保证；②对未来的安全的需要，希望未来生活能有所保障
社交或情感	包括友谊、爱情、归属及接纳方面的需要。这主要产生于人的社会性。马斯洛认为，人是一种社会动物，人们的生活和工作都不是孤立进行的
尊重	分为内部尊重和外部尊重。内部尊重因素包括自尊、自主和成就感；外部尊重因素包括地位、认可和关注或者说受人尊重
自我实现	包括成长与发展、发挥自身潜能、实现理想的需要。这是一种追求个人能力极限的内驱力

马斯洛还将这五种需要划分为高低两级。生理的需要和安全的需要称为较低级需要，而社交需要、尊重需要与自我实现需要称为较高级的需要。高级需要是从内部使人得到满足，低级需要则主要是从外部使人得到满足。

我国管理学者认为人类需要实际上具有多样性、层次性、潜在性和可变性等特征，如表12-2-3所示。

表12-2-3 人类需要的特征

特征	具体内容
多样性	一个人在不同时期可有多种不同的需要；即使在同一时期，也可存在着好几种程度不同、作用不同的需要
层次性	有多少种类型的需要，就有多少种层次不同的需要结构
潜在性	人的一生中可能存在多种需要，而且许多是以潜在的形式存在的，当客观环境和主观条件发生了变化，人们才会发现、感觉到这些需要
可变性	需要的迫切性随着阶段与环境变化而发生改变，因而需要的层次结构是可以改变的

因此，只有在认识到需要的类型及其特征的基础上，组织的领导者才能根据不同员工的不同需要进行相应的有效激励。马斯洛的需要层次论为组织激励员工提供了一个参照样本。

【知识拓展】需要层次理论的贡献及其局限性（蔡茂生）

需要层次理论的贡献：①马斯洛的需要层次理论把人类的需要归纳为五大类，概括了人类需要的基本内容及其相互关系，具有相当的普遍性；②从人的需要着手研究人的行为和激励问题，是符合心理规律的，它抓住了管理人的关键；③把人的需要分为不同层次，并由低级向高级发展，也是符合客观生活实际的。该理论简单明了和易于理解，在国内外管理实践中均得到广泛的应用。

需要层次理论的局限性如下：

（1）这一理论把人的需要层次看成是固定的由低级向高级发展的程序，是一种机械的运动，这被许多人认为是形而上学的。而事实上，低水平需要未满足时，高级水平的需要也可以发展，如有的人宁愿挨饿也要追求自尊。高级需要作为一种战略性需要，是行为的调节中心，在一定条件下直接决定人的行为的情况是完全可能的。

（2）一切从个人的需要角度去解释人的行为有失偏颇。马斯洛本人既未提供足够的科学证据，也不能解释现实生活中的许多现象，如绝食、舍己救人等行为。

（3）需要究竟是先天产生还是后天形成的，个人的一切需要是否都是合理的、都是应该满足的并且能够完全满足的等问题，在理论界至今仍在争论之中。

二、双因素理论

这种激励理论也叫“保健—激励理论”，是美国心理学家弗雷德里克·赫茨伯格于20世纪50年代后期提出的。这一理论的研究重点，是组织中个人与工作的关系问题。

赫茨伯格提出，影响人们行为的因素主要有两类：保健因素和激励因素，如表12-2-4所示。

表12-2-4 保健因素和激励因素的定义

名称	定义
保健因素	又称“维持因素”，是指那些与人们的不满情绪有关的因素。保健因素处理不好会引发不满情绪；处理得好可以消除不满，但不能对员工起激励作用，只能保持人的积极性和维持工作现状
激励因素	是指那些与人们的满意情绪有关的因素。激励因素处理得好可以使人们产生满意情绪，处理不当也不会导致不满

保健因素和激励因素的例子如表12-2-5所示。

表12-2-5 保健因素和激励因素举例

保健因素	激励因素
监督	成就
公司政策	承认
与监督者的关系	工作本身
工作条件	责任
工资	晋升
同事关系	成长
个人生活	
地位	
保障	
与下属的关系	

该理论对管理者的基本启示是：要调动和维持员工的积极性，首先要注意保健因素，以防止不满情绪的产生。但更重要的是要利用激励因素去激发员工的工作热情，使之努力工作，创造奋发向上的局面，因为只有激励因素才会增加员工的工作满意感。

三、成就需要论

成就需要论是由美国管理学家大卫·麦克利兰提出的。

成就需要论认为，在人的一生中，有些需要是靠后天获得的。换句话说，人们不是生来就有这些需要的，而是通过生活经验能够学习的。人在后天会产生三种需要：成就的需要、依附的需要、权力的需要（见表 12-2-6），而早期的生活阅历决定着人们是否获得这些需要。

表12-2-6 成就需要论的三种需要

需要	定义
成就的需要	渴望完成困难的事情、获得某种高的成功标准、掌握复杂的工作以及超过别人
依附的需要	指渴望结成紧密的个人关系、回避冲突以及建立亲切的友谊
权力的需要	指渴望影响或控制他人、为他人负责以及拥有高于他人的职权的权威

麦克利兰指出：

第一，有着强烈成就需要的人，是那些倾向于成为企业家的人。

第二，有着强烈依附感需要的人，具有过人的人际关系技能，是成功的整合者，是品牌管理者和项目管理人员。

第三，有着强烈权力需要的人，容易成为企业的高层管理人员。那些具有成就需要但没有权力需要的人，最终升迁的层级较低。

四、X 理论和 Y 理论

该理论由美国的麦格雷戈提出，这是一个关于人性的问题。管理者对人性的假设有两种对立的基本观点：一是消极的 X 理论（theory X）；二是积极的 Y 理论（theory Y）。其对应内容如表 12-2-7 所示。

表12-2-7 X理论和Y理论的内容对比

X 理论	Y 理论
（1）员工天性好逸恶劳，只要可能，就会躲避工作 （2）以自我为中心，漠视组织要求 （3）员工只要有可能就会逃避责任，安于现状，缺乏创造性 （4）员工不喜欢工作，需要对他们采取强制措施或惩罚办法，迫使他们实现组织目标	（1）员工并非好逸恶劳，而是自觉勤奋，喜欢工作 （2）员工有很强的自我控制能力，在工作中执行完成任务的承诺 （3）一般而言，每个人不仅能够承担责任，而且还主动寻求承担责任 （4）绝大多数人具备做出正确决策的能力

启示：麦格雷戈认为 Y 理论更有效。因此他建议企业应让员工参与决策，为员工提供富有挑战性和责任感的工作，建立良好的群体关系，有助于调动员工的积极性。

第三节 激励的过程理论

课前思考

1. 激励的过程理论包括哪些理论？
2. 期望理论有哪些内容？
3. 如何理解正、负强化？

考点精讲

激励的过程理论试图说明员工面对激励措施时，如何选择行为方式去满足他们的需要，以及确定其行为方式的选择是否成功，包括公平理论、期望理论、激励的强化理论。

一、公平理论

公平理论是美国心理学家亚当斯在 1965 年首先提出来的，也称为社会比较理论。这个理论的基础在于：员工不是在真空中工作的，他们总是在进行比较，比较的结果对于他们在工作中的努力程度有影响。这种理论主要讨论报酬的公平性对人们工作积极性的影响。它指出，人们将通过横向和纵向两个方面的比较来判断其所获报酬的公平性。

员工选择与自己进行比较的参照类型有三种，分别是其他人、制度和自我，如表 12-3-1 所示。

表12-3-1 员工比较的参照类型及其内容

参照类型	具体内容
其他人	包括在本组织中从事相似工作的其他人以及别的组织中与自己能力相当的同类人，包括朋友、同事、学生甚至自己的配偶等
制度	指组织中的工资政策与程序以及这种制度的运作
自我	指自己在工作中付出与所得的比率。对某项工作的付出：包括教育、经验、努力水平和能力。通过工作获得的报酬：包括工资、表彰、信念和升职等

亚当斯提出“贡献率”的公式，描述员工在横向和纵向两方面对所获报酬的比较以及对工作态度的影响。

（一）横向比较

所谓横向比较，就是将“自我”与“他人”相比较来判断自己所获报酬的公平性，从而对此作出相对应的反应。其结果有三种情况，如表 12–3–2 所示。其中，Q_p 自己对自己所获报酬的感觉，Q_x 表示自己对他人所获报酬的感觉，I_p 表示自己对付出的感觉，I_x 表示自己对他人的付出的感觉。

表12–3–2 横向比较可能出现的情况

情况	具体内容
$Q_p/I_p=Q_x/I_x$	进行比较的员工觉得报酬是公平的，他可能会为此而保持工作的积极性和努力程度
$Q_p/I_p>Q_x/I_x$	说明此员工得到了过高的报酬或付出的努力较少。在这种情况下，一般来说，他不会要求减少报酬，而有可能会自觉地增加自我的付出。但过一段时间他就会重新因过高估计自己的付出而对高报酬心安理得，于是其产出又会回到原先的水平
$Q_p/I_p<Q_x/I_x$	说明员工对组织的激励措施感到不公平。此时他可能会要求增加报酬，或者自动地减少付出以便达到心理上的平衡，也可能离职

（二）纵向比较

除了进行横向比较，还存在着在纵向上把自己目前的状况与过去的状况进行比较。结果仍然有三种情况，如表 12–3–3 所示。其中，以 Q_{pp} 代表自己目前所获报酬，Q_{pl} 代表自己过去所获报酬，I_{pp} 代表目前自己的投入量，I_{pl} 代表自己过去的投入量。

表12–3–3 纵向比较可能出现的情况

情况	具体内容
$Q_{pp}/I_{pp}=Q_{pl}/I_{pl}$	员工认为激励措施基本公平，积极性和努力程度可能会保持不变
$Q_{pp}/I_{pp}>Q_{pl}/I_{pl}$	一般来讲员工不会觉得所获报酬过高，因为他可能会认为自己的能力和经验有了进一步的提高，其工作积极性不会因此而提高多少
$Q_{pp}/I_{pp}<Q_{pl}/I_{pl}$	员工觉得很不公平，工作积极性会下降，除非管理者给他增加报酬

上述分析表明，公平理论认为组织中的员工不仅关心从自己的工作努力中所得的绝对报酬，而且还关心自己的报酬与他人报酬之间的关系。他们对自己的付出与所得和别人的付出与所得之间的关系进行比较，做出判断。如果觉得这种比率和其他人相比不平衡，就会感到紧张，这样的心理是进一步驱使员工追求公平和平等的动机基础。

该理论对领导者的启示是：要公平地对待员工，制定合理的薪酬制度。当有员工提出辞职时，要弄清楚员工是否有涉及薪酬的不公平心理以及产生的原因，是组织制度上的缺陷还是员工主观上的问题，以便对症下药予以解决。

二、期望理论

期望理论主要由美国心理学家弗鲁姆在 20 世纪 60 年代中期提出并形成。期望理论认为只有当人们预期到某一行为能给个人带来有吸引力的结果时，个人才会采取特定的行动。期望理论是研究人们对他自己的工作能力和应得到回报的期望值在激励过程中的作用的理论。该理论的基本观点是：人们从事某项工作所受到的激励程度（即激励力大小），取决于经其努力后所取得的最终结果的价值和经其努力后实现该结果的可能性或概率。

根据这一理论的研究，员工对待工作的态度依赖于对下列三种联系的判断，如表 12-3-4 所示。

表12-3-4　员工对待工作的态度所依赖的三种联系

三种联系	具体内容
努力—绩效	员工感觉到通过一定程度的努力而达到工作绩效的可能性
绩效—奖赏	员工对于达到一定工作绩效后即可获得理想的奖赏结果的信任程度
奖赏—个人目标	如果工作完成，员工所获得的潜在结果或奖赏对他的重要性程度

用公式表示就是：激励力 = 效价 × 期望值（$M = V \times E$）。该公式表明，一个人对他所追求的目标的价值看得越大，估计能实现这个目标的概率越大，那么对他的激励力也就越大，他的动机就会越强烈，他的积极性、潜力就会被更充分地调动起来。

效价和期望值的不同结合，会产生不同的激发力量，一般存在以下几种情况：

①高 V× 高 E = 高 M；②中 V× 中 E = 中 M；③低 V× 低 E = 低 M；④高 V× 低 E = 低 M；⑤低 V× 高 E = 低 M。

这表明，期望理论的基础是自我利益，它认为每一员工都在寻求获得最大的自我满足。期望理论的核心是双向期望，管理者期望员工的行为，员工期望管理者的奖赏。

所以，期望理论对管理工作的启示是：管理人员的责任是帮助员工满足需要，同时实现组织目标。应该把目标效价和期望概率进行优化组合，才能取得最大效果。

三、激励的强化理论

该理论由美国斯金纳提出，他认为人的行为是其所受刺激的函数。如果这一刺激对他有利，则这种行为就会重复出现；若对他不利，则这种行为就会减弱直至消失。因此管理者要采取各种强化措施，以使人们的行为符合组织的要求。

根据强化的性质和目的，可以分为正强化和负强化两类，如表 12-3-5 所示。

表12-3-5　正强化和负强化的定义及其效果

名称	定义
正强化	奖励那些符合组织目标的行为，以便使这些行为得到进一步加强，从而有利于组织目标的实现。正强化的刺激物不仅包含奖金等物质奖励，还包含表扬、提升、改善工作关系等精神奖励
负强化	惩罚那些不符合组织目标的行为，以使这些行为削弱甚至消失，从而保证组织目标的实现不受干扰。负强化包含减少奖酬或者罚款、批评、降级等
效果	不定期、不定量的正强化和连续的负强化效果最好

【知识拓展】强化理论的启示（蔡茂生）

第一，针对强化对象的具体情况，实事求是、形式多样地使用强化措施。

第二，强化力度要适当，要让接受者感觉到影响力。

第三，坚持奖惩结合，以奖为主，以惩为辅。

第四，要做到及时强化，让人们尽快知道其行为结果或进展情况，并及时予以相应的奖惩。

第四节 激励实务

课前思考

1. 常用的激励方式主要有哪几种？
2. 20 世纪 90 年代以来新颖的激励计划有哪些？
3. 什么是绩效工资？

考点精讲

传统的常用的激励方式主要有四种：工作激励、成果激励、批评激励以及培训教育激励，如表 12–4–1 所示。

表12–4–1 常用的四种激励方式及其内容

激励方式	具体内容
工作激励	通过分配适当的工作来激发员工内在的工作热情
成果激励	在正确评估工作成果的基础上给员工以合理的奖惩，以保证员工行为的良性循环
批评激励	通过批评来激发员工改正错误行为的信心和决心
培训教育激励	通过灌输组织文化和开展技术知识培训，提高员工的素质，增强其更新知识、共同完成组织目标的热情

20 世纪 90 年代以来的新颖的激励计划包括绩效、工资、分红、总奖金、知识工资、员工持股和灵活的工作日程等，如表 12–4–2 所示。

表12–4–2 20世纪90年代以来新颖的激励计划

激励计划	具体内容	
薪酬管理	基本工资	/
	绩效工资	企业突出绩效工资意味着员工是根据他的绩效贡献而得到奖励的，因此这种工资一般又称为奖励工资。它实际上是激励的期望理论和强化理论的逻辑结果，因为增加工资是和工作行为挂钩的
	分红	当单位绩效打破预先确定的绩效目标时，员工和管理人员接受奖金的一项激励计划，分红鼓励和协调团队工作
	总奖金	这是以绩效为基础的一次性现金支付计划。单独的现金支付旨在提高激励的效价
	知识工资	一个员工的工资随着他能够完成的任务数量的增加而增加。知识工资增加了公司的灵活性和效率，因为公司需要做工作的人会越来越少
员工持股	给予员工部分企业股权，允许他们分享改进的利润绩效	
灵活的工作日程	取消对员工固定的五日上班8小时工作制的限制。修改的内容包括四日工作制、灵活的时间以及轮流工作	
目标管理	（1）一个为员工所接受的清楚的目标，可以使员工受到激励 （2）克里斯托夫·埃利和克莱斯门·沙利描述了个体目标设定过程推理的四个阶段：①确定要达到的标准；②判断这个标准能否达到；③判断这个标准与个体目标是否相匹配；④接受标准，目标随之确定，开始为实现目标采取行动 （3）目标管理理论将目标的具体性、参与决策、明确时间规定、绩效反馈作为目标激励的四个组成部分	

课后练习

一、单项选择题

1. 1965 年出现了社会比较理论，提出者是（　）

A. 麦格雷戈　　B. 麦克利兰　　C. 赫茨伯格　　D. 亚当斯

2. 根据公平理论，以下不属于员工选择与自己进行比较的参照类型的是（　）

A. 自我　　B. 其他人　　C. 制度　　D. 公司

3. 根据激励过程的期望理论，激励力、效价和期望值之间的关系可以表示为（　）

A. 激励力 = 效价 × 期望值　　B. 效价 = 激励力 + 期望值

C. 期望值 = 激励力 × 效价　　D. 期望值 = 效价 + 激励力

4. 成就需要理论认为，有着强烈依附感需要的人倾向于成为（　）

A. 教师　　B. 政治家　　C. 品牌经理　　D. 企业家

5. 主张对激励进行针对性的刺激，只看员工的行为及其结果之间的关系，而不是突出激励的内容和过程，这是（　）

A. 强化理论　　B. 过程理论　　C. 期望理论　　D. 公平理论

6. 马斯洛认为人是一种社会动物，人们的生活和工作都不是孤立进行的，这里指的是（　）

A. 社交的需要　　B. 自我实现的需要　　C. 安全的需要　　D. 生理的需要

7. 美国管理学家大卫·麦克利兰提出了（　）

A.XY 理论　　B. 强化理论　　C. 成就需要理论　　D. 双因素理论

二、多项选择题

8. 根据马斯洛的需要层次理论，下列属于尊重需要范畴的有（　）

A. 自尊　　B. 自主　　C. 成就感

D. 地位　　E. 认可和关注

9. 常用的主要激励方式有（　）

A. 成果激励　　B. 奖金激励　　C. 工作激励

D. 培训教育激励　　E. 批评激励

10. 员工的薪酬管理包括（　）

A. 知识工资　　B. 绩效工资　　C. 总奖金

D. 基本工资　　E. 分红

11. 根据期望理论的研究，员工对待工作的态度依赖于对（ ）的联系判断。

A. 绩效—奖赏　B. 个人目标—奖赏　C. 努力—绩效

D. 奖赏—个人目标　E. 绩效—个人目标

12. 成就需要理论认为人的一生中会有以下哪几种需要（ ）

A. 安全的需要　B. 成就的需要　C. 依附的需要

D. 权力的需要　E. 尊重的需要

三、名词解释

13. 激励

14. 保健因素

15. 负强化

四、简答题

16. 简述激励的心理过程。

17. 简述 X 理论的内容。

五、论述题

18. 论述期望理论的内容及其启示。

扫码获取答案解析

第十三章 ➡ 沟通

思维导图

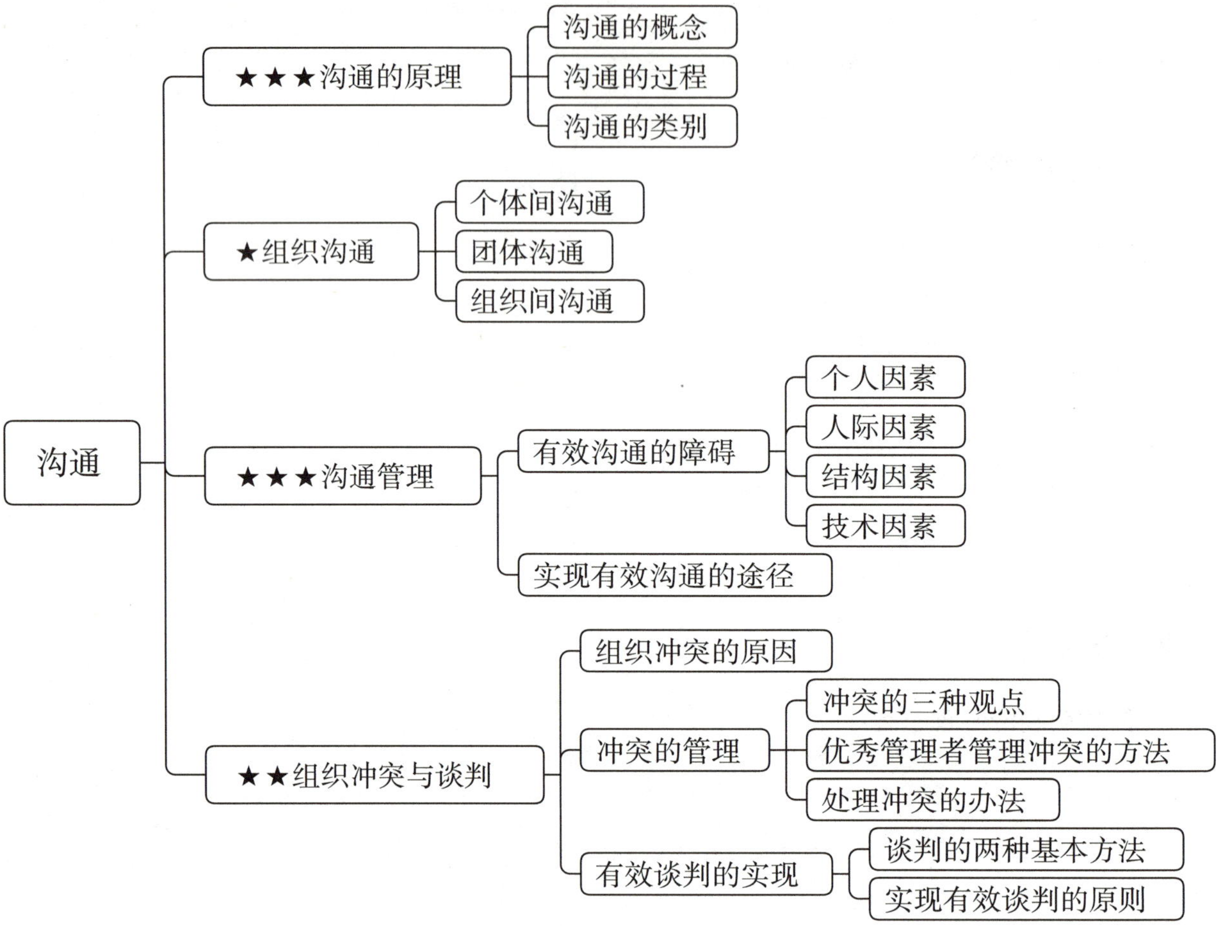

第一节 沟通的原理

课前思考

1. 什么是沟通？沟通有哪些作用？
2. 沟通有哪几个过程？
3. 有哪几种类型的沟通？

考点精讲

一、沟通及其实质、作用、目的

（一）概念

沟通是借助一定手段，把可理解的信息、思想和情感在两个或两个以上的个人或群体中传递或交换的过程。其目的是通过相互间的理解与认同来使个人或群体间的认知以及行为相互适应。

在很大程度上，组织的整个管理工作都和沟通有关。组织内部，有员工之间的交流、员工与工作团队之间的交流、工作团队之间的交流；组织外部，有组织与客户之间的交流、组织之间的交流。在组织中，个体间的沟通是构成组织沟通最基本的内容。组织中最基本的协调工作也是由个体间的沟通完成的。

（二）沟通的实质

（1）沟通是符号象征的过程。任何形式的沟通都需要借助某种符号，因为信息是靠符号传递的。文字就是一种符号。用某种符号来代替某种事物，就是一个象征化的过程。沟通双方正是在这个象征过程中接受并理解了信息。

（2）任何符号都是用来代表或指称某种事物的。同样的事物可以用不同的符号来代表，而同样的符号也可能代表不同的意思。可见，对符号的认知是有效沟通的前提。

（3）有效沟通要求沟通双方使用同一种符号系统。可见没有共同的语言，沟通就会出现障碍。

（4）任何符号的意义都是特定的，同时符号的意义也会因时空的转换而发生变化。对变化的符号意义的理解在于个人的知识和经验。沟通双方知识和经验的差异，会导致对符号特定意义的理解的不同，导致沟通的无效。

（三）沟通的作用

沟通在管理中的作用主要体现在以下三点：

（1）沟通是协调各个体、各要素，使企业成为一个整体的凝聚剂。

（2）沟通是领导者激励下属，实现领导职能的基本途径。

（3）沟通是企业与外部环境之间建立联系的桥梁。

（四）沟通的主要目的

人们希望通过沟通实现的主要目的有：

（1）通过沟通向交往对象提供行为建议。

（2）通过沟通以积极或消极的方式激励或约束他人行为。

（3）通过沟通向上司、下属或合作单位提供与决策制定或执行有关的各种信息。

（4）通过沟通获得与组织自己的活动相关的各种信息。

二、沟通的过程

沟通的过程主要包括以下因素：发送者、信息、编码、沟通渠道、接受者、解码、理解、反馈。从表面上看，沟通就是传递信息的过程。但是实际上，管理学意义上的沟通是一个复杂的过程。这种复杂过程可以通过图 13-1-1 反映出来。

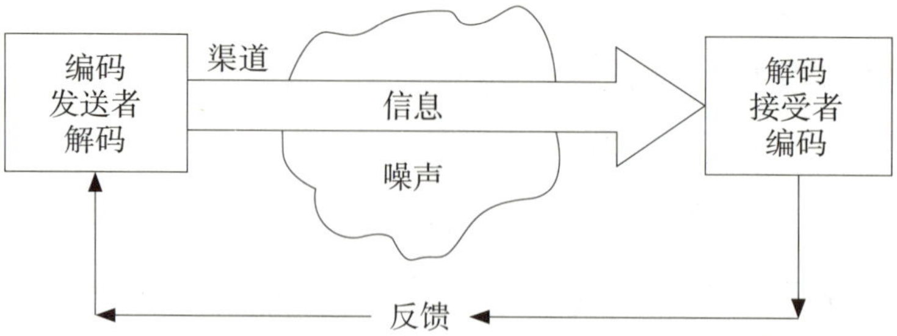

图13-1-1 沟通过程简图

在这个过程中至少存在着一个发送者和一个接受者，即信息发送方和信息接受方。其中沟通的载体成为沟通渠道，编码和解码分别是沟通双方对信息进行的信号加工形式。信息在两者之间的传递是通过下述几个方面进行的：

（1）发送者需要向接受者传送信息或者需要接受者提供信息。这里所说的信息范围很广，诸如想法、观点、资料等。

（2）发送者将这些信息译成接受者能够理解的一系列符号。为了有效地进行沟通，这些符号必须能够符合适当的媒体。例如，如果媒体是书面报告，符号的形式应选择文字、图表或者照片。

（3）将上述符号传递给接受者。由于选择的符号种类不同，传递的方式也不同。传递的方式可以是书面的，也可以是口头的，甚至还可以通过形体动作来表示。

（4）接受者接受这些符号。接受者根据这些符号传递的方式，选择相对应的接受方式。

（5）接受者将这些符号译为具有特定含义的信息。由于发送者翻译和传递能力的差异，以及接受者接受和翻译水平的不同，信息的内容和含义经常被曲解。

（6）接受者理解信息的内容。

（7）发送者通过反馈来了解他想传递的信息是否被对方准确无误地接受。图中的反馈构成了信息的双向沟通。

三、沟通的类别（见表 13-1-1）

表13-1-1 沟通的类别

划分标准	分类	定义
功能	工具式沟通	发送者将信息、知识、想法、要求传达给接受者，目的是影响和改变接受者的行为
	感情式沟通	沟通双方表达情感，获得对方精神上的同情和谅解，最终改善相互之间的人际关系
行为主体	个体间沟通	组织中个体与个体成员之间进行信息交流和传递的过程
	群体间沟通	又称团队间沟通，是指组织中以工作团队为基础单位进行信息交流和传递的方式
中介或手段	口头沟通、书面沟通、非语言沟通、体态语言沟通、语调沟通和电子媒介沟通等	
组织系统	正式沟通	以企业正式组织系统为渠道的信息传递
	非正式沟通	以企业非正式组织系统或个人为渠道的信息传递
方向	下行沟通	上级将信息传达给下级，是由上而下的沟通
	上行沟通	下级将信息报告给上级，是由下而上的沟通
	平行沟通	同级之间横向的信息传递，也称横向沟通
是否反馈	单向沟通	没有反馈的信息传递
	双向沟通	有反馈的信息传递，是发送者和接受者相互之间进行信息交流的沟通

【知识拓展】各种沟通方式的比较（见表 13–1–2）

表13–1–2 各种沟通方式的比较

沟通方式	举例	优点	缺点
口头	交谈、讲座、讨论会、电话	快速传递、快速反馈、信息量很大	传递中经过层次越多，信息失真越严重、核实越困难
书面	报告、备忘录、信件、文件、内部期刊、布告	持久、有形，可以核实	效率低、缺乏反馈
非语言	声、光信号、体态、语调	信息意义十分明确，内涵丰富，含义隐含灵活	传递距离有限；界限模糊；只能意会，不能言传
电子媒介	传真、闭路电视、计算机网络、电子邮件（E–mail）	快速传递、信息容量大、远程传递一份信息、同时传递多人、廉价	单向传递，电子邮件可以交流，但看不见表情

第二节 组织沟通

课前思考

1. 组织沟通包括哪些内容？
2. 什么是团队沟通？

考点精讲

组织沟通包括个体间沟通、团队沟通、组织间沟通，如表 13–2–1 所示。

表13–2–1 组织沟通的内容

内容	定义
个体间沟通	组织中个体与个体成员之间进行信息交流和传递的过程。在组织中，个体间沟通构成组织沟通最基本的内容
团队沟通	是指组织中以工作团队为基础单位进行信息交流和传递的方式
组织间沟通	就是组织之间的信息交流和传递的过程。目的在于：通过协调共同的资源投入活动，实现各方的共同利益

第三节 沟通管理

课前思考

1. 影响有效沟通的障碍有哪些？
2. 克服沟通中的障碍一般有哪些准则？

考点精讲

一、有效沟通的障碍

在沟通的过程中，由于存在着外界干扰以及其他种种原因，信息往往被丢失或曲解，使得信息的传递不能发挥正常的作用。因此组织的沟通存在无法有效沟通的问题。所谓有效沟通，简单地说就是传递和交流信息的可靠性和准确性高。

影响有效沟通的障碍如表 13-3-1 所示。

表13-3-1 影响有效沟通的障碍因素

影响因素	类型	具体内容
个人因素	有选择地接受	人们拒绝或片面地接受与他们的期望不一致的信息
	沟通技巧的差异	人们运用的沟通技巧也很不相同，有人擅长口头表达，有的人擅长文字描述
人际因素	双方的相互信任	沟通双方的诚意和相互信任至关重要
	信息来源可靠度	信息来源的可靠性由下列四个因素所决定：①诚实；②能力；③热情；④客观。信息来源的可靠性实际上是由接受者主观决定的
	双方的相似程度	沟通双方特征的相似性影响了沟通的难易程度和坦率性
结构因素	地位差别	地位的高低对沟通的方向和频率有很大的影响
	信息传递链	信息通过的等级越多，它到达目的地的时间越长，信息失真程度则越大。这种信息连续地从一个等级到另一个等级时所发生的变化，称为信息链传递现象
	团体规模	当工作团队规模较大时，人与人之间的沟通也相应变得较为困难
	空间约束	空间约束不仅不利于员工之间的交流，而且也限制了他们的沟通
技术因素	语言	语言的不准确性不仅表现为符号多样，它还能激发各种各样的感情，这些感情可能又会更进一步歪曲信息的含义
	非语言暗示	包括身体语言沟通、副语言沟通和物体操纵
	媒介的有效性	管理人员十分关心各种沟通工具的不同效率。书面和口头沟通各有所长，选择何种沟通工具，在很大程度上取决于信息的种类和目的，还与外界环境和沟通双方有关
	信息过量	信息过量不仅使主管人员难以向同事提供有效的、必要的信息，沟通也随之变得困难重重

二、有效沟通的实现

从上述的沟通障碍看，采取适当的行动方式将这些沟通障碍有效消除，就能实现管理的有效沟通。因而，无论是组织中沟通还是组织间沟通，有效沟通的实现取决于对沟通技能的开发和改进。

克服沟通中的障碍一般有以下准则：

（1）明了沟通的重要性，正确对待沟通。

（2）培养“听”的艺术。对管理人员来说，“听”不是件容易的事。要较好地“听”，也就是要积极倾听。

（3）创造一个相互信任、利于沟通的小环境。企业经理人员不仅要获得下属的信任，而且要得到上级和同僚们的信任。

（4）缩短信息传递链，拓宽沟通渠道，保证信息的畅通无阻和完整性。如减少组织机构重叠，在利用正式沟通渠道的同时，开辟高层管理人员至基层管理人员的非正式的沟通渠道，以便于信息的传递。

（5）建立特别委员会，定期加强上下级的沟通。特别委员会由管理人员和第一线的工人组成，定期相互讨论各种问题。

（6）组成非管理工作组。当企业发生重大问题、引起上下关注时，管理人员可以授命组成非管理工作组。该工作组由一部分管理人员和一部分职工自愿参加，利用一定的时间，调查企业的问题，并向最高主管部门汇报。最高管理层也要定期公布他们的报告，就某些重大问题或“热点”问题在全企业范围内进行沟通。

（7）加强平行沟通，促进横向交流。通常，企业内部的沟通以与命令链相符的垂直沟通居多，部门间、车间间、工作小组间的横向交流较少。而平行沟通却能加强横向的合作，且对组织间沟通尤为奏效。

第四节 组织冲突与谈判

课前思考

1. 导致组织冲突的原因有哪些？
2. 有哪几种组织冲突的观点？
3. 如何实现有效谈判？

考点精讲

一、组织内冲突的原因

差异是造成冲突的主要原因。造成组织内冲突的差异主要包括以下几种，如表 13–4–1 所示。

表13–4–1 组织内冲突的原因

差异	具体内容
沟通差异	文化和历史背景不同、语言困难、误解以及沟通过程中的噪声的干扰，都可能造成人们之间意见不一致
结构差异	分工造成了组织结构中垂直方向和水平方向各系统、各层次、各部门、各单位、各不同岗位的分化。为了本单位的利益和荣誉，许多人都会理直气壮地与其他单位甚至上级组织发生冲突
个体差异	每个人不同的社会背景、教育程度、阅历和修养塑造了每个人各不相同的性格、价值观和作风。人们之间这种个体差异造成的合作和沟通的困难往往也容易导致某些冲突

二、冲突的管理

（一）冲突的三种观点（见表 13–4–2）

表13–4–2 冲突的三种观点

观点	具体内容
传统观点	认为冲突对组织无益，是有害的。认为组织应该避免冲突，冲突本身表明组织内部的机能失调
人际关系观点	强调冲突的必然性，在冲突理论中占主导地位。认为冲突是任何组织都不可避免的产物，这一观点认为冲突客观存在，主张接纳冲突，使冲突的存在合理化，并希望将冲突转化为有利于组织的程序

续表

观点	具体内容
冲突管理观点	又称为冲突的相互作用观点，强调冲突对于改进组织运作效率的影响，明确认为冲突不仅可以成为组织中的积极动力，而且其中有些冲突对于组织或组织单元的有效运作是必要的。冲突是组织保持活力的一种有效手段。这种观点鼓励管理者维持一种冲突的最低水平，以便使组织保持创新的激发状态

所以组织应保持适度的冲突，使组织养成批评与自我批评、不断创新、努力进取的风气，创造人心汇聚、奋发向上的局面，让组织保有旺盛的生命力。

（二）优秀管理者管理冲突的方法

优秀管理者管理冲突的方法：

（1）谨慎地选择想处理的冲突。

（2）仔细研究冲突双方的代表人物。

（3）深入了解冲突的根源。

（4）妥善地选择处理方法（处理方法有：回避、迁就、强制、妥协、合作）。

（三）处理冲突的办法（见表13-4-3）

表13-4-3　处理冲突的办法

情景	策略
当冲突无关紧要时，或当冲突双方情绪极为激动，需要时间恢复平静时	回避
当维持和谐关系十分重要时	迁就
当必须对重大事件或紧急事件进行迅速处理时	强制
当冲突双方势均力敌、争执不下，需要采取权宜之计时，只好双方都做出一些让步	妥协
当事件十分重大，双方不可能妥协时，要开诚布公地谈判	合作或双赢

三、有效谈判的实现

（一）谈判的两种基本方法（见表13-4-4）

表13-4-4　谈判的两种基本方法

基本方法	定义
零和谈判	一方所得就是另一方所失的谈判
双赢谈判	双方都有利的谈判

（二）实现有效谈判的原则（见表13-4-5）

表13-4-5　实现有效谈判的原则

原则	具体内容
理性分析谈判的事件	抛弃历史和感情上的纠葛，理性地判别信息、依据的真伪，分析事件的是非曲直，分析双方未来的得失
理解你的谈判对手	他的制约因素是什么？他的真实意图是什么？他的战略是什么？他的兴奋点和抑制点在哪里
抱着诚意开始谈判	态度不卑不亢，条件合情合理，提法易于接受，必要时可主动让步。尽可能寻找双赢的方案
坚定与灵活相结合	对自己目标的基本要求要坚持，对双方最初的意见不必太在意，那多半只是一种试探，有极大的伸缩余地

课后练习

一、单项选择题

1. 当必须对重大事件或紧急事件进行迅速处理时，可采取（ ）策略。

A. 回避　　B. 迁就　　C. 妥协　　D. 强制

2. 在下列选项中，不属于影响有效沟通障碍的人际因素的是（ ）

A. 沟通双方的相互信任　　B. 信息来源的可靠度

C. 媒介的有效性　　D. 发送者与接受者之间的相似程度

3. 按照组织系统划分的沟通类别是（ ）

A. 工具式沟通和感情式沟通　　B. 个体间沟通和群体间沟通

C. 正式沟通和非正式沟通　　D. 上行沟通和下行沟通

4. 按照功能划分，沟通可以分为（ ）

A. 单向沟通和双向沟通　　B. 工具式沟通和感情式沟通

C. 个体间沟通和群体间沟通　　D. 正式沟通和非正式沟通

5. 下级将信息报告给上级，这种由下往上的沟通指的是（ ）

A. 下行沟通　　B. 上行沟通　　C. 横向沟通　　D. 平行沟通

6. 不属于电子媒介沟通的是（ ）

A. 备忘录　　B. 传真　　C. 电子邮件　　D. 计算机网络

7. 在影响有效沟通的障碍因素中，地位差别、信息传递链、团体规模和空间约束属于（ ）

A. 个人因素　　B. 人际因素　　C. 结构因素　　D. 技术因素

8. 明确认为冲突不仅可以成为组织中的积极动力，而且其中有些冲突对于组织或组织单元的有效运作是必要的，属于（ ）

A. 传统观点　　B. 人际关系观点

C. 相互作用观点　　D. 现代观点

二、多项选择题

9. 以下属于影响有效沟通障碍中的人际因素的是（ ）

A. 双方的信任程度　　B. 信息来源的可靠度

C. 双方的相似程度　　D. 双方的地位差别

E. 媒介的有效性

10. 导致组织内冲突的原因大体包括（　）

A. 沟通差异　　B. 结构差异　　C. 个体差异

D. 管理差异　　E. 地域差异

11. 管理冲突通常的处理办法包括（　）

A. 回避　　B. 迁就　　C. 强制

D. 妥协　　E. 合作

12. 按照是否进行反馈，沟通可分为（　）

A. 双向沟通　　B. 正式沟通　　C. 个体间沟通

D. 非正式沟通　　E. 单向沟通

三、名词解释

13. 沟通

14. 非正式沟通

15. 团队沟通

四、简答题

16. 简述优秀的管理者管理冲突的方式。

17. 简述沟通实现的主要目的。

五、论述题

18. 联系实际论述如何实现有效沟通。

扫码获取答案解析

第十四章 ➡ 控制与控制过程

思维导图

- 控制与控制过程
  - ★★管理控制的必要性及其类型
    - 控制的内涵（蔡茂生）
    - 控制的必要性
    - 管理控制的基本原理
    - 管理控制的类型
  - ★★★管理控制的工作内容及其要求
    - 控制的过程
    - 有效控制的要求
  - ★★危机与管理控制
    - 危机的概念与特征
    - 危机的类型
    - 危机的控制

第一节 管理控制的必要性及其类型

课前思考

1. 什么是控制？为什么要进行控制？
2. 控制有哪些作用？管理控制有哪些类型？
3. 如何理解前馈控制、同期控制和反馈控制？

考点精讲

一、控制的内涵（蔡茂生）

控制的内涵主要可以从四个方面理解，即控制的概念、控制的对象、有效控制的基本要求和控制的作用。

（一）控制的概念

控制是监视各项活动以保证它们按计划进行并纠正各种重要偏差的过程。通过控制，按照既定的标准，监督检查计划的执行情况，发现偏差，找出原因，采取措施进行纠正；或者根据已经变化的实际情况调整原计划的某些方面，以确保组织目标的实现。为了更好地理解控制的基本含义，应该把握三个要点，如表 14–1–1 所示。

表14–1–1 控制概念的要点

要点	具体内容
目的	保证组织的实际活动和计划的要求保持一致
手段	“监督”和“纠偏”
其他	控制是一个过程

（二）控制的对象（见表 14–1–2）

表14–1–2 控制的对象

对象	具体内容
组织里的人员	要使员工按照计划的要求去开展工作，就必须对有关人员进行控制
组织的财务	财务状况的控制主要包括审核各期的财务报表，以保证一定的现金存量，确保企业的偿债能力，提高企业的资金利用水平
组织里的作业	所谓作业，就是从劳动力、原材料等资源到最终产品和服务的转换过程，作业控制就是通过对作业过程的控制，来评价并提高作业的效率和效果，从而提高组织提供的产品或服务的数量和质量
信息	组织应该建立起一个管理信息系统，使之能够为管理者提供及时、可靠的信息
组织的绩效	要根据组织完成目标的实际情况并按照目标所设置的标准来衡量组织绩效

（三）控制和计划的关系

控制和计划的关系如下：①计划为控制提供了评价标准；②计划和控制的效果分别依赖于对方；③一切有效的控制方法首先是计划方法；④计划工作本身也必须要有一定的控制。

（四）有效控制的基本要求

有效控制的基本要求如下：①要有明确的目的性；②要易于理解；③要精确和客观；④要及时；⑤要有灵活性；⑥要有指示性；⑦要有经济性；⑧要具备全局观念。

（五）控制的作用

（1）提高组织工作成果的质量。组织特别是生产型组织大力推行全面质量管理，使控制过程得到了极大的改善。

（2）正视组织环境因素的变化。变化是任何组织环境不可回避的一个方面。控制有助于管理者对这些变化带来的威胁或机遇及时做出反应。

（3）加快组织产品和服务的更新。今天的顾客不但要求迅捷，而且要求以客户为本的产品和服务。

（4）提升产品和服务的价值。公司的主要目标应该放在增加其产品或服务的价值上，这样顾客就更愿意买这种产品，而不是竞争对手的产品。在绝大多数情形下，增加的价值表现为高于平均水平的优异质量，并可以通过精确的控制过程得到。

（5）推动授权和团队工作。在传统的集权体制下，绩效的衡量标准和达到标准的方法都由管理者规定。而在新的参与式体制下，管理者与员工就这些标准进行沟通，并允许员工或以个人身份或以工作团队为单位，运用他们的创造力来决定如何解决某些特定问题。

二、控制的必要性

管理控制的必要性主要由下述原因决定，如表 14–1–3 所示。

表14–1–3 管理控制必要性的原因

原因	具体内容
环境的变化	企业所面对的不是完全静态的市场环境，企业外部的一切随时都在发生着变化。这些变化必然要求企业对原定计划以及企业的经营内容做出相应的调整
管理权力的分散	企业规模的扩大，造成企业分权的出现。企业分权程度越高，控制就越有必要
工作能力的差异	由于组织内人员的认识能力和工作能力存在差异，因此加强对成员的工作控制就变得非常有必要

由于上述原因容易造成实际作业动态与计划发生偏离，所以必须要进行控制，纠正偏差，确保计划的完成和目标的实现。

三、管理控制的基本原理

管理控制的基本原理如下：

（1）任何系统都是由因果关系链联结在一起的元素的集合，元素之间的这种关系就叫耦合。控制论就是研究耦合运行系统的控制和调节的。

（2）为了控制耦合系统的运行，必须确定系统的控制标准 Z。控制标准 Z 的值是不断变化的某个参数集的函数，即 $Z=f(S)$。例如为了控制飞机的航行，必须确定航线，飞机在航线上的位置 S 的值是不断变化的，所以控制标准 Z 的值也必然是不断变化的。

（3）可以通过对系统的调节来纠正系统输出与标准值 Z 之间的偏差，从而实现对系统的控制。无论是整个过程还是其中的某个阶段、某个环节，为了得到一定的产出，就必须有一定的投入。通过控制投入生产过程的资金、人力、物资及管理和技术信息，就可控制企业生产经营活动的产出。

企业是一个耦合运行系统，从投入到产出存在因果关系，通过控制投入的人财物等资源就可以控制企业的产出。

四、管理控制的类型

（一）根据确定控制标准 Z 值的方法分类（见表 14–1–4）

表14–1–4 根据确定控制标准Z值的方法分类

类型	特点	例子
程序控制	控制标准Z值是时间t的函数，即$Z=f(t)$	在企业生产经营活动中，大量的管理工作都属于程序控制性质
跟踪控制	控制标准Z值是控制对象所跟踪的先行量W的函数，即$Z=f(W)$	在企业生产经营活动中，税金的缴纳，利润、工资、奖金的分配，资金、材料的供应等都属于跟踪控制性质
自适应控制	没有明确的先行量，控制标准Z值是过去时刻已达状态K_t的函数，即$Z=f(K_t)$	企业最高领导人对企业的发展很难进行程序控制或跟踪控制，而必须进行自适应控制。工程技术中的学习机器人就是一种自适应控制的机器人
最佳控制	控制标准Z值是某一目标函数的最大值或最小值	在企业的生产经营活动中，用最小费用来控制生产批量，用最低成本来控制生产规模，用最大利润率控制投资规模，用最短路程控制运输路线等

（二）根据时机、对象和目的的不同分类（见表 14–1–5）

表14–1–5　根据时机、对象和目的的不同分类

类型	定义
前馈控制	是企业生产经营活动开始之前进行的控制。其目的是防止问题的发生，而不是当问题出现时再补救，也称预先控制或事前控制
同期控制	也称现场控制、事中控制或过程控制。是企业生产经营过程开始后，对在活动中的人、事进行指导和监督
反馈控制	也称事后控制或成果控制，是指在一个时期的生产经营活动已经结束以后，对本期的资源利用状况及其结果进行总结。成果控制主要包括财务分析、成本分析、质量分析、职工成绩评定等内容

【知识拓展】财务分析、成本分析、质量分析、职工成绩评定的内容（见表 14–1–6）

表14–1–6　财务分析、成本分析、质量分析、职工成绩评定的内容

名称	主要内容
财务分析	目的是通过分析反映资金运作过程的各种财务资料，了解本期资金占用和利用的结果，弄清企业的盈利能力、偿债能力、维持营运的能力以及投资能力，以指导企业在下期活动中调整产品结构和生产方向，决定缩小或扩大某种产品的生产
成本分析	通过比较标准成本（预定成本）和实际成本，了解成本计划的完成情况；通过分析成本结构和各成本要素的情况，了解材料、设备、人力等资源的消耗与利用对成本计划执行结果的影响程度，以找出降低成本、提高经济效益的方法
质量分析	通过研究质量控制系统收集的统计数据，判断企业产品的平均等级系数，了解产品质量水平与其费用要求的关系，找出企业质量工作的薄弱环节，为组织下期生产过程中的质量管理和确定关键的质量控制点提供依据
职工成绩评定	通过检查企业职工在本期的工作表现，分析他们的行动是否符合预定要求，判断每个职工对企业提供的劳动数量和质量贡献

（三）按照组织系统分类（见表 14–1–7）

表14–1–7　按照组织系统分类

类型	定义
正式组织控制	由组织机构和相应人员来进行控制，如规划、预算和审计等
非正式组织控制	由非正式组织发展和维持，基于非正式组织群体成员的价值观和行为规则为约束标准的控制（小帮派对成员的控制）
自我控制	个人有意识地按某一行为规范进行自我约束

第二节　管理控制的工作内容及其要求

课前思考

1. 控制有哪几个过程？
2. 影响企业在一定时期经营成果的主要因素有哪些？
3. 有效控制的特征是什么？

考点精讲

一、管理控制的过程

控制的过程包括三个基本环节的工作：①确立标准；②衡量成效；③纠正偏差。

（一）确立标准

标准是人们检查和衡量工作及其结果（包括阶段结果与最终结果）的规范。制定标准是进行控制的基础。没有一套完整的标准，衡量绩效或纠正偏差就失去了客观依据。确立标准的步骤及其具体内容如表 14-2-1 所示。

表14-2-1　确立标准的步骤及具体内容

步骤	具体内容
确定控制对象	标准的具体内容涉及需要控制的对象。影响企业在一定时期经营成果的主要因素有： （1）关于环境特点及其发展趋势的假设。企业在特定时期的经营活动是根据决策者对经营环境的认识和预测来计划和安排的。 （2）资源投入。企业经营成果是通过对一定资源的加工转换得到的。 （3）组织的活动。企业经营成果是通过全体员工在不同时间和空间上利用一定技术和设备对不同资源进行不同内容的加工劳动才最终得到的
选择控制的重点	不是对所有成员的所有活动或所有环节进行控制，而是选择重点进行控制，这些重点是计划的关键点
确定制定标准的方法	企业可以使用的建立标准的方法有三种： （1）利用统计方法来确定预期结果（统计性标准）。 （2）根据经验和判断来估计预期结果（根据评估建立标准）。 （3）在客观的定量分析基础上建立工程标准（工程标准）。 其中，统计性标准也叫历史性标准，是以分析反映企业经营在历史各个时期状况的数据为基础来为未来活动建立的标准

（二）衡量成效

管理者在衡量工作成绩的过程中应注意以下几个问题，如表 14-2-2 所示。

表14-2-2　衡量工作成绩需要注意的问题

需注意的问题	主要内容
通过衡量成绩，检验标准的客观性和有效性	检验标准的客观性和有效性，是要分析通过对标准执行情况的测量能否取得符合控制需要的信息。衡量过程中的检验就是要辨别并剔除这些不能为有效控制提供必需信息、容易产生误导作用的不适宜标准
确定适宜的衡量频度	控制过多或不足都会影响控制的有效性，以什么样的频度、在什么时候对某种活动的绩效进行衡量，这取决于被控制活动的性质
建立信息反馈系统	负有控制责任的管理人员只有及时掌握反映实际工作与预期工作绩效之间偏差的信息，才能迅速采取有效的纠正措施

（三）纠正偏差

为了保证纠偏措施的针对性和有效性，必须在制定和实施纠偏措施的过程中注意下述问题。

1. 找出偏差产生的主要原因

纠正措施的制定是以偏差原因的分析为依据的。而同一偏差则可能由不同的原因造成。不同的原因要求采取不同的纠正措施。

2. 确定纠偏措施实施的对象

需要纠正的可能不仅是企业的实际活动，也可能是组织这些活动的计划或衡量这些活动的标准。

3. 选择恰当的纠偏措施

针对产生偏差的主要原因，就可以制定改进工作或调整计划与标准的纠正方案。纠偏措施的选择和实施过程中要注意以下几方面：

（1）使纠偏方案双重优化。双重优化纠偏方案的目的是找出其中追加投入最少、解决偏差效果最好的方案来给组织实施。

（2）充分考虑原定计划实施的影响。由于客观环境本身发生变化而引起的纠偏需要，可能会导致对原定计划与决策的否定，从而要求企业活动的方向和内容进行重大的调整，这种调整有时被称为“追踪决策”，即当原有决策的实施表明将危及决策目标的实现时，对目标或决策方案所进行的一种根本性修正。初始决策是所选定的方案尚未付诸实施，没有投入任何资源，客观对象与环境尚未受到人的决策的影响和干扰，因此是以零为起点的决策。在制定和选择追踪决策的方案时，要充分考虑到伴随着初始决策的实施已经消耗的资源，以及这种消耗对客观环境造成的种种影响。

（3）注意消除人们对纠偏措施的疑虑。任何纠偏措施都会在不同程度上引起组织的结构、关系和活动的调整，从而会涉及某些组织成员的利益。控制人员要充分考虑到组织成员对纠偏措施的不同态度，特别是要注意消除执行者的疑虑，争取更多的人理解、赞同和支持纠偏措施，以保证避免在纠偏方案的实施过程中可能出现的人为障碍。

二、有效控制的要求

控制的目的是保证企业活动符合计划的要求，以有效地实现预定目标。为此，有效的控制应具有下述特征，如表 14–2–3 所示。

表14–2–3　有效控制的特征

特征	定义
适时控制	企业在经营过程中，要对出现的问题和偏差进行及时解决，避免不利影响扩大。纠正偏差的最理想方法应该是在偏差未产生以前，就注意到偏差产生的可能性，从而预先采取必要的防范措施，以防止偏差的产生。预测偏差的产生，可以通过建立企业经营状况的预警系统来实现，质量控制图（见图14–2–1）是一个简单的预警系统
适度控制	控制的范围、程度和频度要恰到好处。适度控制要注意以下几个方面的问题：①防止控制过多或控制不足；②处理好全面控制与重点控制的关系；③使花费一定费用的控制得到足够的控制收益
客观控制	控制工作应该针对本企业的实际情况，采取必要的纠偏措施，或促进企业活动沿着原先的轨道继续前进
弹性控制	有效的控制应该具有灵活性或弹性，以应对某种突发的或者不可抗拒的变化

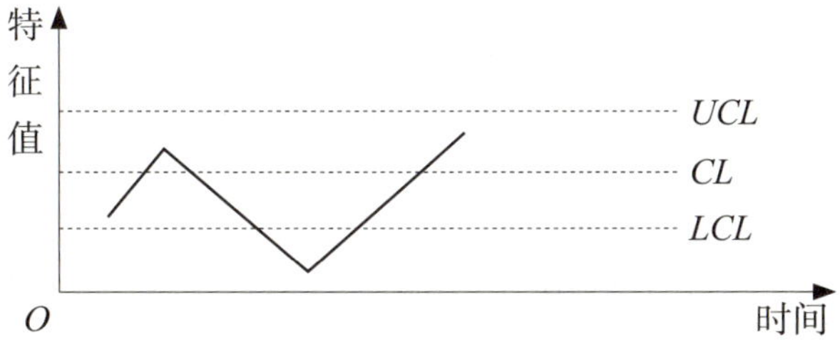

图14–2–1　质量控制图

在图 14-2-1 中，纵轴表示反映产品某个质量特征或某项工作质量完善程度的数值，横轴表示取值（即进行控制）的时间，中心线 *CL* 表示反映质量特征的标准状况，*UCL* 和 *LCL* 分别表示上、下警戒线。反映质量特征的数据如果始终分布在 *CL* 周围，则表示质量“在控制中”；而一旦超越 *UCL* 或 *LCL*，则表示出现了质量问题。在这以前，质量控制人员就应引起警惕，注意质量变化的趋势，并制定或采取必要的纠正措施。

第三节 危机与管理控制

课前思考

1. 何谓危机？危机有哪些特征？
2. 危机有哪几种类型？
3. 危机管理应注意哪些问题？

考点精讲

一、危机的概念及特征

（一）危机的概念

危机是指在企业生产经营活动过程中由于内外部的突发事件而引起的可能危及企业发展甚至危及企业生存的严重问题。

（二）危机的特征（见表 14-3-1）

表14-3-1 危机的特征

特征	具体内容
实质	企业经营中出现的“严重问题”，所谓问题，是指企业经营活动中的实际状况与预定目标之间的一种偏离
影响	具有危机性质的严重问题不仅危及企业的长期发展，而且可能影响企业目前的生存
根源	企业内部或外部的突发性事件

二、危机的类型（见表 14-3-2）

表14-3-2 危机的类型

划分标准	具体分类	内容
诱发危机的原因	外源危机	由于外部环境中的科学发展、技术进步、国家的法律或政府的政策改变以及市场需求的突发性变化对企业经营造成的冲击
	内源危机	企业内部生产组织因管理疏漏而造成的重大事故或因决策严重失误而使企业经营陷入困境
危机涉及领域的宽泛	战略危机	源自企业战略选择的失误，比如说企业过早或过度地多元化，也可能源自企业战略选择后市场发生了企业预料不到的变化
	职能危机	源自企业众多的环节中出现了某个短板

续表

划分标准	具体分类	内容
危机涉及主体对危机的可预见和可控程度	可预见、可控	源自内部的危机在一定程度上是可预料、可控的；诱因累积后的集中爆发在一定程度上是可预料、可控的
	不可预见、不可控	外源性危机通常是企业不可预料、不可控的；瞬间突然引爆的危机是不可预料、不可控的

三、危机的控制

危机爆发前后的管理控制主要包括危机辨识、危机消解、危机沟通以及危机后的学习等方面的工作，如表 14-3-3 所示。

表14-3-3 危机爆发前后的管理控制

管理控制	具体内容
危机辨识	不仅包括危机爆发后迅速识别危机有可能对企业造成的冲击，从而尽可能迅速地采取应对措施以尽量减小危机损失，还应包括危机爆发前捕捉危机信息，尽可能采取早期的预防和消解行动
危机消解	危机性事件一旦爆发，管理层就应迅即采取行动，防止事件产生的负面影响蔓延。要达到缩减危机冲击的目标，行动的迅速性可能比行动的准确性更加重要
危机沟通	危机爆发后，在不影响企业商业机密或技术秘密的前提下，心有诚意地及时迅速传递真实的信息
危机后的学习	从危机中学习，首先是在危机中发现和挖掘机会，同时在危机中学习还意味着要通过危机管理的实践掌握危机管理的一般规律，通过对危机管理的总结，找出企业目前经营中可能还存在的隐患，尽早采取防范措施，为企业今后的健康经营提供保障

课后练习

一、单项选择题

1. 在控制过程中，要想控制更有效，作为控制标准需要（　）

A. 把握所有工作细节　　B. 选择计划的关键点

C. 增加控制条文　　D. 减少控制条文

2. 控制的过程可以表示为（　）

A. 衡量绩效—纠正偏差—确立标准　　B. 衡量绩效—确立标准—纠正偏差

C. 确立标准—纠正偏差—衡量绩效　　D. 确立标准—衡量成效—纠正偏差

3. 将危机划分为战略危机与职能危机的分类标准是（　）

A. 诱发危机的原因　　B. 危机涉及领域的宽泛

C. 危机涉及主体的可预见性　　D. 危机涉及主体的可控程度

4. 以分析反映企业经营在历史各个时期状况的数据为基础，为未来活动建立的标准称之为（　）

A. 统计性标准　　B. 评估性标准　　C. 工程标准　　D. 绩效标准

5. 最佳控制的特点是（　）

A. 控制标准 Z 值是时间 t 的函数

B. 控制标准 Z 值是控制对象所跟踪的先行量 W 的函数

C. 控制标准 Z 值是过去时刻已达到状态 k_t 的函数

D. 控制标准 Z 值由某一目标函数的最大值或最小值构成

6. “控制的范围、程度和频度要恰到好处”所描述的有效控制特征是（　）

A. 适时控制　B. 弹性控制　C. 客观控制　D. 适度控制

二、多项选择题

7. 根据时机、对象和目的分类的控制包括（　）

A. 程序控制　B. 跟踪控制　C. 前馈控制

D. 同期控制　E. 反馈控制

8. 管理控制的必要性主要是因为（　）

A. 环境的变化　B. 管理权力的分散　C. 工作能力的差异

D. 组织规模的大小　E. 员工自觉的程度

9. 有效控制的特征主要包括（　）

A. 适时控制　B. 弹性控制　C. 客观控制

D. 适度控制　E. 有序控制

10. 危机爆发前后的管理控制主要包括（　）

A. 危机辨识　B. 危机消解　C. 危机沟通

D. 危机后的学习　E. 危机的控制

三、名词解释

11. 控制

12. 前馈控制

13. 统计性标准

四、简答题

14. 简述管理者在衡量工作成绩的过程中应注意的问题。

15. 简述控制的作用。

16. 简述影响企业在一定时期经营成果的主要因素。

扫码获取答案解析

第十五章 控制方法

思维导图

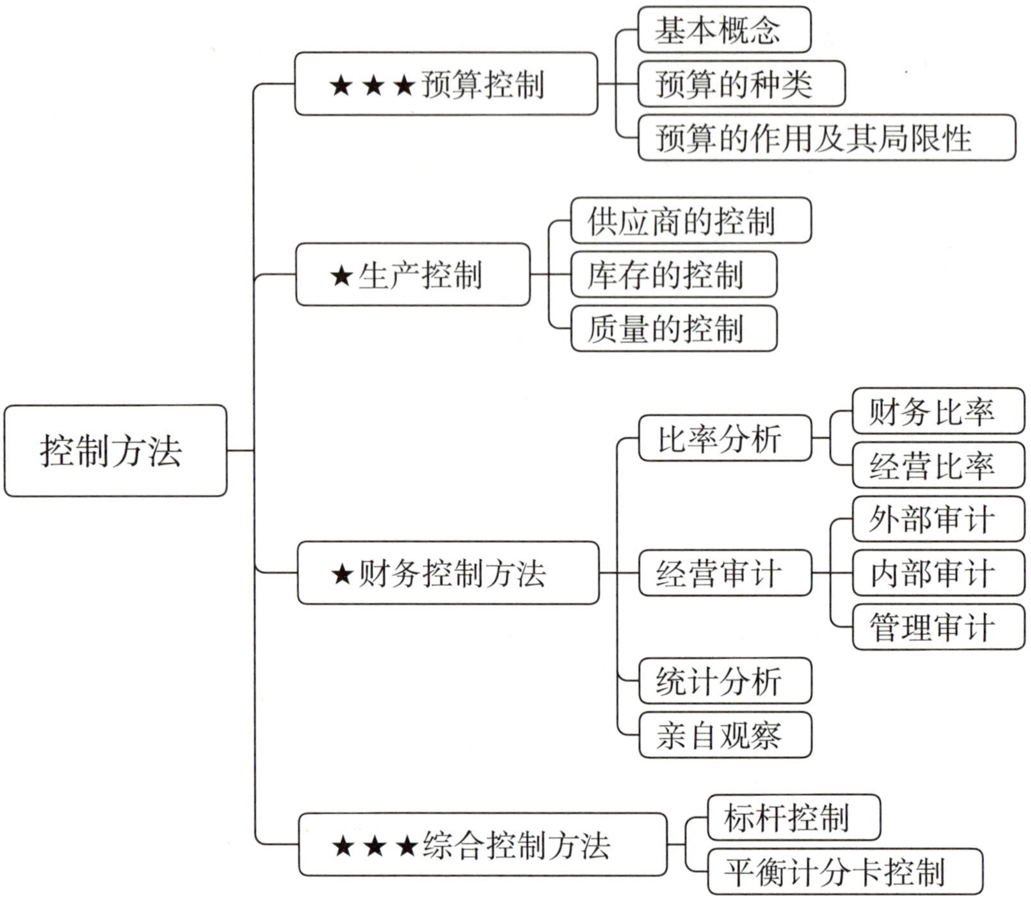

第一节 预算控制

课前思考

1. 什么是预算控制？什么是全面预算？
2. 预算的种类有哪些？
3. 预算有什么优缺点？

考点精讲

一、预算、预算控制、分预算、全面预算的定义（见表15-1-1）

表15-1-1 预算、预算控制、分预算、全面预算的定义

名称	定义
预算	一种以货币和数量表示的计划，是一项关于完成组织目标和计划所需资金的来源和用途的书面说明
预算控制	根据预算规定的收入与支出标准来检查和监督各个部门的生产经营活动，以保证各种活动或各个部门在充分达成既定目标、实现利润的过程中对经营资源的利用，从而使费用的支出受到严格有效的约束
分预算	是按照部门和项目来编制的，它们详细说明了相应部门的收入目标或费用支出的水平，规定了他们在生产活动、销售活动、采购活动、研究开发活动或财务活动中筹措和利用劳力、资金等生产要素的标准
全面预算	又称总体预算，是在对所有部门或项目分预算进行综合平衡的基础上编制而成的，它概括了企业相互联系的各个方面在未来时期的总体目标

【知识拓展】预算的特点（蔡茂生）

预算的特点：①预算是有时间期限的；②预算是数字化的计划；③预算的编制通常是由预算委员会（由高层管理人员和部分专家组成）负责编制；④预算执行情况通常由财务部门负责收集反馈。

二、预算的种类

不同企业，由于生产活动的特点不同，预算表中的项目会有不同程度的差异。但一般来说，预算内容要涉及以下几个方面：收入预算、支出预算、现金预算、资金支出预算、资产负债预算，如表15-1-2所示。

表15-1-2 预算的种类

种类	具体内容	
收入预算	预算在某个时期内的有关收入及其来源即收入预算。由于企业收入主要来源于产品销售，因此收入预算的主要内容是销售预算	
支出预算（企业需要借助一定的劳动力，利用和消耗一定的物质资源）	直接材料预算	根据实现销售收入所需的产品种类和数量，详细分析为了生产这些产品企业必须利用的原材料的种类和数量，它通常以实物单位表示。直接材料预算可以成为采购部门编制采购预算、组织采购活动的基础
	直接人工预算	预计企业为了生产一定数量的产品，需要哪些种类的工人，每种类型的工人在什么时候需要多少数量，以及利用这些人员劳动的直接成本是多少
	附加费用预算	企业的行政管理、营销宣传、人员推销、销售服务、设备维修、固定资产折旧、资金筹措以及税金等，也要耗费企业的资金，对这些费用也需要进行预算
现金预算	对企业未来生产与销售活动中现金流入与流出进行预测，通常由财务部门编制	
资金支出预算	又称为投资预算、长期预算、长期支出预算。资金支出预算的项目包括：用于更新改造或扩充包括厂房、设备在内的生产设施的支出；用于增加品种、完善产品性能或改进工艺的研究与开发的支出；用于提高职工和管理队伍的人事培训与发展的支出；用于广告宣传，寻找顾客的市场发展的支出；新建厂房、购买设备等投资方面的预算等	
资产负债预算	是对企业会计年度末期的财务状况进行预测。其数据来源于别的单项预算，包括资产负债表和资产损益表。资产负债表预测资产、债务和权益，表达了企业财产的具体情况。资产损益表预测收入、支出和利润，表达了企业的经营状况和成果	

三、预算的作用及缺点（见表 15–1–3）

表15–1–3 预算的作用及缺点

名称	要点
作用	（1）由于预算的实质是用统一的货币单位为企业各部门的各项活动编制计划，因此预算使得企业在不同时期的活动效果和不同部门的经营绩效具有可比性，可以使管理者了解企业经营状况的变化趋势，以及组织中的优势部门和问题部门，从而为协调企业活动指明了方向。 （2）通过为不同的职能部门和职能活动编制预算，也为协调企业活动提供了依据。 （3）预算的编制与执行是与控制过程联系在一起的，编制预算为企业的各项活动确立了需遵守的财务标准。 （4）用数量形式的预算标准来对照企业活动的实际效果，大大方便了控制过程中的绩效衡量工作，并使之更加客观可靠。在此基础上，很容易测量出实际活动对预期效果的偏离程度，从而为采取纠正措施奠定了基础
缺点	（1）只注重数字计量，容易忽视企业中不能用数字计量的企业文化、企业形象、企业活力的改善。 （2）容易惯性沿用上期的预算项目，忽视本期活动的实际需要。 （3）预算可能会过度束缚决策者，使企业经营缺乏灵活性和适应性。 （4）项目预算或部门预算也可能会过度束缚项目主管或部门主管，使他们只注重遵守支出预算，而忽视了项目或部门活动的本来目的。 （5）预算可能成为低效管理部门的保护伞

第二节 生产控制

课前思考

1. 生产控制包括哪些内容？
2. 什么是库存控制？
3. 质量控制经历了哪几个阶段？

考点精讲

生产控制包括三方面的内容，如表 15–2–1 所示。

表15–2–1 生产控制的内容

内容	具体要点
对供应商的控制	供应商对企业的最终产品会产生重要的影响，其中包括供货是否及时、质量是否合格、价格是否合理等方面。因此，对供应商的控制是从源头抓起，属于前馈控制
库存控制	（1）定义：对库存的控制主要是为了在保证生产经营活动正常进行的前提下，降低各种与库存有关的成本耗费，提高经济效益。 （2）经济订购批量模型（简称EOQ）能计算最优的订购批量，使订购费用（即每次订货所需的费用，包括通信往来、文件处理、差旅、行政管理费用等）和保管费用（即储存原材料或零部件所需的费用，包括库存、利息、保险、折旧、损坏以及变质损失等费用）之和最小 （3）日本企业发明了精益库存系统（简称JIT），其目的是实现零库存。精益库存系统可以减少库存，降低成本，提高效益。供应商必须在规定的时间，按照规定的质量和数量，将原材料或零部件生产出来，并且准确无误地运送到规定的地点

续表

内容	具体要点
质量控制	（1）狭义的质量指产品的质量，而广义的质量包括：①产品质量主要指产品的使用价值，即满足消费者需要的功能和性质。这些功能和性质可以具体化为下列五个方面：性能、寿命、安全性、可靠性和经济性。②工作质量主要指在生产过程中，围绕保障产品质量而进行的质量管理工作的水平。 （2）质量管理和控制已经经历了三个阶段，即质量检查阶段（工作重点在产品生产出来的质量检查）、统计质量管理阶段（管理人员主要采用统计方法对生产过程加强控制，提高产品质量）和全面质量管理（简称TQM）阶段（以保证产品质量和工作质量为中心，具有多指标、全过程、多环节和综合性的特征）

第三节 财务控制的方法

课前思考

1. 财务控制的方法有哪些？
2. 财务比率、经营比率包括哪些内容？
3. 经营审计的类型有哪些？

考点精讲

财务控制的方法主要包括比率分析、经营审计、统计分析、亲自观察。

一、比率分析

利用财务报表提供的数据，可以列出许多比率，常用的主要有两种类型：财务比率和经营比率。

（一）财务比率

财务比率及其分析可以帮助我们了解企业的偿债能力和盈利能力等财务状况。其类型如表 15–3–1 所示。

表15–3–1 财务比率的类型

类型	具体内容		
流动比率	是流动资产与流动负债之比。它反映了企业偿还现金债务的能力		
速动比率	是流动资产和存货之差与流动负债之比。该比率和流动比率一样，是衡量企业资产流动性的一个指标。当企业有大量存货且这些存货周转率低时，速动比率比流动比率更能精确地反映客观情况		
负债比率	是总负债与总资产之比。它反映了企业所有者提供的资金与外部债权人提供的资金的比率关系。确定合理的债务比率是企业成功举债经营的关键		
盈利比率	是指利润与销售额（或全部资金等相关因素）之比。它反映了企业在一定时期从事某种经营活动的盈利程度及其变化情况		
	常用的比率	销售利润率	销售净利润与销售总额之间的比例关系，它反映企业从一定时期的产品销售中是否获得了足够的利润
		资金利润率	企业在某个经营时期的净利润与该期占用的全部资金之比，它是衡量企业资金利用效果的一个重要指标，反映了企业是否从全部投入资金的利用中实现了足够的净利润

（二）经营比率

经营比率，也称活力比率，是与资源利用有关的几种比例关系。它们反映了企业经营效率的高低和各种资源是否得到了充分利用的情况。其类型如表 15–3–2 所示。

表15–3–2　经营比率的类型

类型	具体内容
库存周转率	库存周转率是销售总额与库存平均价值的比例关系，它反映了与销售收入相比库存数量是否合理，表明了投入库存的流动资金的使用情况
固定资产周转率	固定资产周转率是销售总额与固定资产之比，它反映了单位固定资产能够提供的销售收入，表明了企业固定资产的利用程度
销售收入与销售费用的比率	这个比率表明单位销售费用能够实现的销售收入，在一定程度上反映了企业营销活动的效率。由于销售费用包括了人员推销、广告宣传、销售管理费用等组成部分，因此还可进行更加具体的分析

二、经营审计

审计是对反映企业资金运行过程及其结果的会计记录及财务报表进行审核、鉴定，以判断其真实性和可靠性，从而为控制和决策提供依据。根据审查主体和内容的不同，可将审计划分为三种主要类型，如表 15–3–3 所示。

表15–3–3　经营审计的类型

类型	具体内容
外部审计	由外部审计机构的审计人员进行。主要核对企业财务记录的可靠性和真实性
内部审计	由内部专职人员对企业财务控制系统进行全面评估。对企业政策、工作程序与计划的遵循程度进行测定，并提出必要的改进企业控制系统的对策建议。内部审计有助于推行分权化管理
管理审计	由外部或内部的审计人员对管理政策及其绩效进行评估。管理审计的对象和范围更广，它是一种对企业所有管理工作及其绩效进行全面系统地评价和鉴定的方法。管理审计的方法是利用公开记录的信息，从反映企业管理绩效及其影响因素的若干方面将企业与同行业其他企业或其他行业的著名企业进行比较，以判断企业经营与管理的健康程度。企业通常聘请外部的专家来进行

【知识拓展】反映企业管理绩效及其影响因素

反映企业管理绩效及其影响因素主要有：①经济功能；②企业组织结构；③收入合理性；④研究与开发；⑤财务政策；⑥生产效率；⑦销售能力；⑧对管理当局的评估。

外部审计与内部审计的优缺点如表 15–3–4 所示。

表15–3–4　外部审计与内部审计的优缺点

审计类型	优点	缺点
外部审计	保证审计的独立性和公正性	①外来的审计人员不了解内部的组织结构、生产流程和经营特点，对具体业务的审计过程中可能产生困难；②内部组织成员可能产生抵触情绪，不愿积极配合，这也可能增加审计工作的难度
内部审计	①促使公司政策符合实际，从而更有效地实现组织目标；②有助于推行分权化管理	①在进行深入审计时，费时费钱；②需要对审计人员进行充分的技能训练；③员工心理上会产生抵触情绪

（三）统计分析

管理人员对过去或未来的预测进行统计分析，从中发现规律，对比自己企业的经营实绩，实行有效的控制，这种控制方法称为统计分析。该方法的优点是简单明了，例如用曲线、图表画出的趋势图或历史资料使人一目了然。但缺点是可比性较差，已经发生的未必一定会再发生，对未来的预测准确性不高。

（四）亲自观察

主管人员到车间或办公室实地考察，是最有效的控制方法，也是最简单的控制方法。这种方法有利于主管人员获得来自第一线的信息。

第四节 综合控制方法

课前思考

1. 何谓标杆控制？何谓平衡计分卡？
2. 标杆控制的步骤、作用和缺陷是什么？
3. 平衡计分卡有哪些优点、控制指标和作用？

考点精讲

随着竞争的加剧和经营复杂性的提高，现代企业需要进行控制的组织层面越来越高，所要控制的活动范围越来越广，这就需要企业采用综合的方法对企业运营的整个过程进行控制。在本节中，我们将介绍两种最新的有代表性的控制方法。

一、标杆控制

作为一种学习先进经验的系统、科学、高效的方法，标杆管理和控制在当代企业管理中得到了广泛的应用。

（一）标杆控制的内涵

以竞争力最强的企业作为基准，将本企业与最强的企业进行定量化的对比，分析差距，制定缩小差距的改进措施，积极落实，持续不断反复进行。这样的控制方式称为标杆控制。

（二）标杆控制的步骤（见表 15–4–1）

表15–4–1 标杆控制的步骤

序号	步骤	具体内容
1	确定标杆控制的项目	标杆控制的项目一般是对企业竞争力影响最重要的因素，同时也是企业的薄弱环节
2	确定标杆控制的对象和对比点	这个对象应当是在同组织、同行业、同部门中业绩最佳、效率最高的少数有代表性的对象；对比点应当在标杆控制项目范围内决定，通常为业绩的作业流程、管理实践或关键要素
3	组成工作小组，确定工作计划	企业层次标杆控制活动的组成人员通常由决定竞争力因素的核心部门的能够识别专业流程优劣的人士参加

续表

序号	步骤	具体内容
4	资料收集和调查	首先收集相关项目、调查对象和内容方面已有的研究、调查报告或相关信息，在研究这些已有资料的基础上，拟订实地调查提纲和调查问卷
5	分析比较，找出差距，确定最佳纠偏做法	在对调查所取得的资料进行分类、整理，并进行必要的进一步调查的基础上，进行调查对象之间以及调查数据与自己企业的实际情况的比较研究，确定出各个调查对象所存在的差异，明确差距形成的原因和过程，并确定出最佳做法
6	明确改进方向，制定实施方案	实施方案要明确实施重点和难点，预测可能出现的困难和偏差，确定对实施情况的检查和考核标准
7	沟通与修正方案	利用各种途径，将拟定的方案、所要达到的目标前景同全体成员进行反复交流与沟通，征询意见，争取全体成员的理解和支持，并根据成员建议修正和完善方案，以统一成员思想，使全体成员在方案实施过程中目标一致、行动一致
8	实施与监督	将方案付诸实施，并将实施情况不断和最佳做法进行比较，监督偏差的出现并采取有效的校正措施，以努力达到最佳实践水平，努力超过标杆对象
9	总结经验	在完成了首次标杆控制活动之后，必须对实施效果进行合理的评判，并及时总结经验，对新的情况、新的发现进行进一步的分析
10	进行再标杆循环	针对环境的新变化或新的管理需求，锚定下一次标杆的项目和对象

（三）标杆控制的作用和缺陷（见表 15–4–2）

表15–4–2　标杆控制的作用和缺陷

标杆控制的作用	标杆控制的缺陷
标杆控制通过设立挑战和赶超对象，并以最关键或最薄弱的因素作为改进内容，来全面提升企业的竞争力	（1）标杆管理和控制容易导致企业的竞争战略趋同 （2）标杆控制容易使企业陷入“落后—标杆—又落后—再标杆”的“标杆管理陷阱”之中

二、平衡计分卡控制

由于传统的控制方法偏重于财务性衡量指标，而忽视企业未来长远的经济价值与利益的创造，因此 1992 年卡普兰和诺顿的文章《平衡计分卡：企业绩效的驱动》一经发表，便得到了学术界和企业界的广泛推崇和应用。

（一）平衡计分卡的定义

平衡计分卡是由财务、顾客、内部经营过程、学习和成长四个方面构成的衡量企业、部门和人员的卡片，之所以取名“平衡计分卡”，是因为它的目的在于平衡，兼顾战略与战术、长期和短期目标、财务和非财务衡量方法、滞后和先行指标，如图 15–4–1 所示。

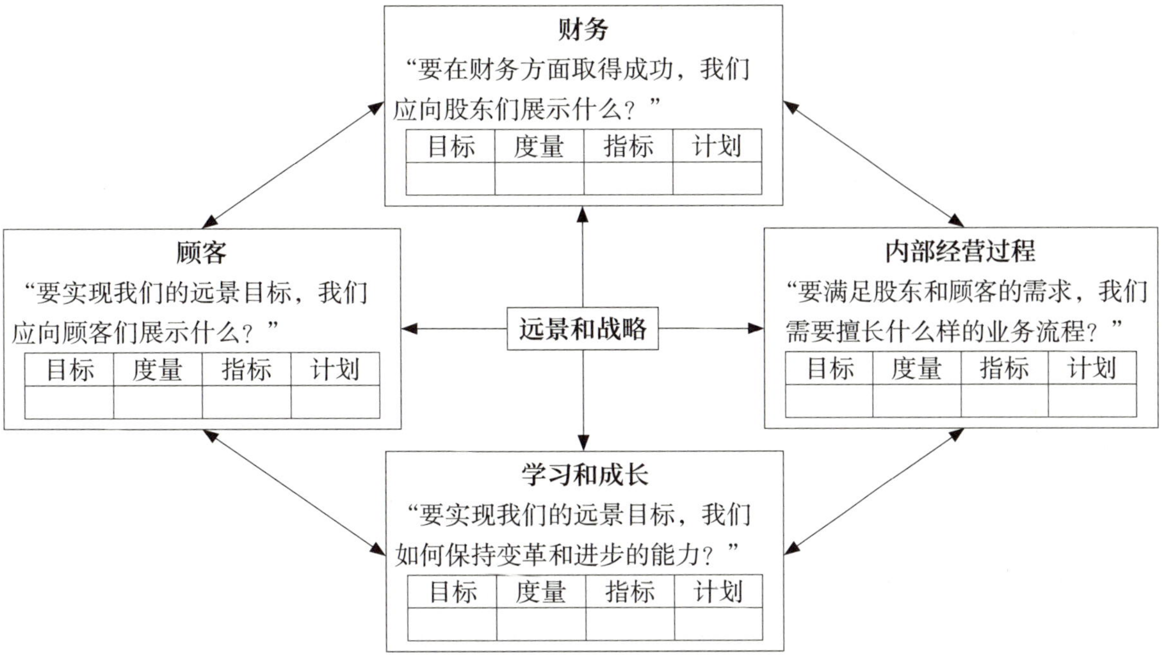

图15-4-1 平衡计分卡控制图

（二）平衡计分卡的优点

平衡计分卡的优点如下：

（1）将企业战略置于核心地位。

（2）使企业战略与各部门和个人的目标联系起来。

（3）使战略目标在各个经营层面达成一致。

（4）有助于短期成果和长远发展的协调和统一。

（三）平衡计分卡的控制指标（见表 15-4-3）

表15-4-3 平衡计分卡的控制指标

控制指标	具体内容
财务方面	不仅是一个单独的衡量方面，还是其他几个衡量方面的出发点和落脚点
客户方面	在客户方面，核心的衡量指标主要包括市场份额、客户回头率、新客户获得率、客户满意度和从客户处所获得的利润率
内部经营过程	在内部经营过程方面，应本着满足客户需要来制定衡量指标。现在的内部经营过程往往是以销定产式，常常要创造全新的流程，它循着“调研—寻找市场—产品设计开发—生产制造—销售与售后服务”的轨迹进行
学习和成长	在学习和成长方面，最关键的因素是人才、信息系统和组织程序，要促进企业的学习和成长，必须改善企业内部的沟通渠道，加强对员工的基于生涯发展的教育和培训，激发员工的积极性，提高员工的满意度

（四）平衡计分卡的控制作用

平衡计分卡的控制作用如下：

（1）阐明战略并在企业内部达成共识。

（2）在整个组织中传播战略。

(3)把部门和个人的目标与这一战略相联系。
(4)把战略目标与战术安排衔接起来。
(5)对战略进行定期和有序的总结。
(6)利用反馈的信息改进战略。

课后练习

一、单项选择题

1. 直接材料预算所属的预算类别是(　　)
A. 收入预算　　B. 支出预算　　C. 资金支出预算　　D. 资产负债预算

2. 经济订购批量是指在一定时期内订货总量不变的前提下,达到(　　)
A. 固定成本和可变成本之和最小　　B. 订购费用最小
C. 订购费用和保管费用之和最小　　D. 毛利率最大

3. 与资源利用有关并被称为活力比率的是(　　)
A. 流动比率　　B. 速动比率　　C. 盈利比率　　D. 经营比率

4. 标杆控制工作步骤的起点是(　　)
A. 资料收集和调查　　B. 确定标杆控制的项目
C. 组成工作小组　　D. 确定标杆控制的对象

5. 全面质量管理阶段的英文简称是(　　)
A.TQM　　B.EOQ　　C.JIT　　D.ERP

6. 企业的流动资产和存货之差与流动负债之比是(　　)
A. 流动比率　　B. 速动比率　　C. 负债比率　　D. 盈利比率

7. 有助于推行分权化管理的审计是(　　)
A. 经营审计　　B. 外部审计　　C. 内部审计　　D. 管理审计

二、多项选择题

8. 财务控制方法包括(　　)
A. 库存控制　　B. 亲自观察　　C. 比率分析
D. 经营审计　　E. 统计分析

9. 经营比率包括(　　)
A. 负债比率　　B. 盈利比率　　C. 库存周转率
D. 固定资产周转率　　E. 销售收入与销售费用比率

10. 以下属于财务比率的是（　　）

A. 流动比率　　B. 速动比率　　C. 经营比率

D. 盈利比率　　E. 负债比率

11. 平衡计分卡控制指标涉及范围包括（　　）

A. 财务　　B. 客户　　C. 内部经营

D. 学习成长　　E. 对手

三、名词解释

12. 全面预算

13. 库存控制

四、简答题

14. 简述预算的作用。

15. 简述平衡计分卡的作用。

16. 简述预算的种类。

五、论述题

17. 论述标杆控制的步骤、作用和缺陷。

扫码获取答案解析

第六篇 创新

第十六章 管理的创新职能

思维导图

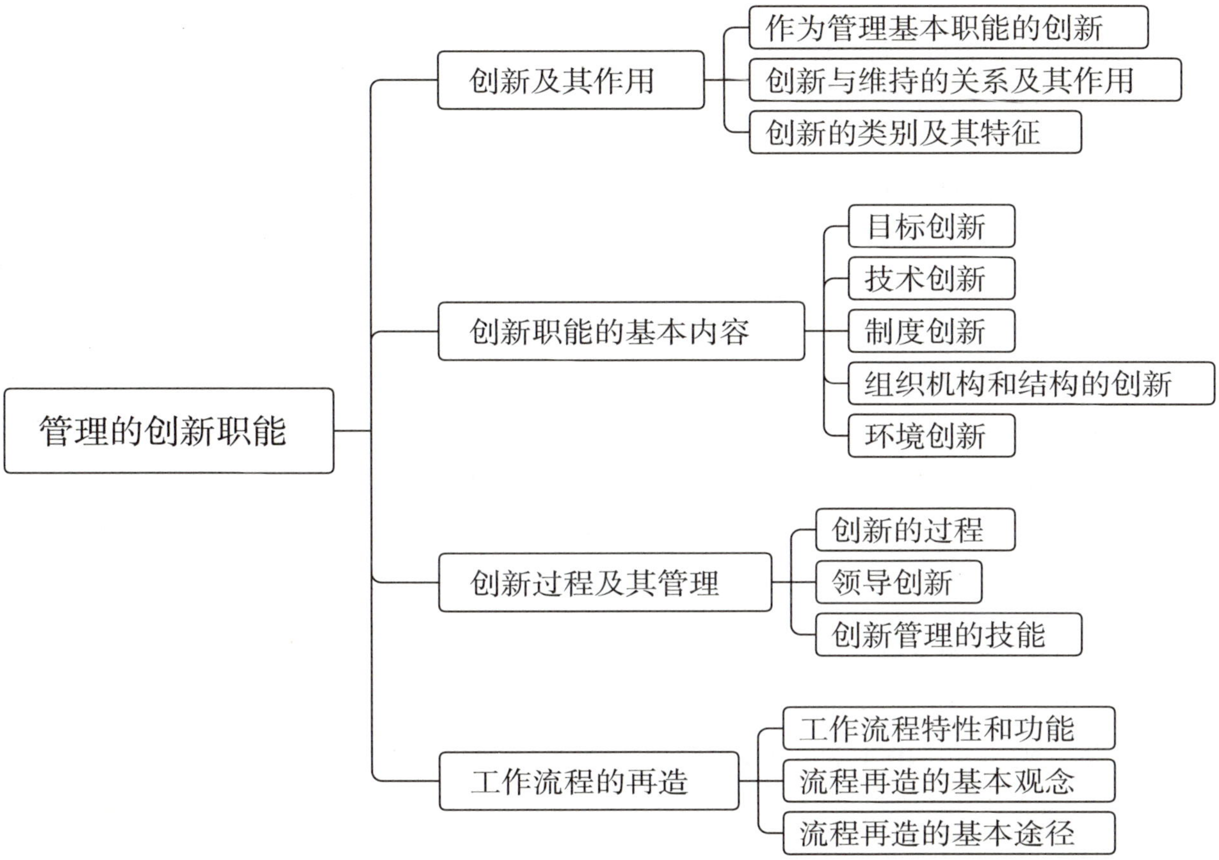

第一节 创新及其作用

课前思考

1. 何谓创新?
2. 创新与维持在管理过程中的作用有何联系和区别?
3. 创新有哪些类别?它们有什么特征?

考点精讲

一、作为管理基本职能的创新

创新首先是一种思想及在这种思想指导下的实践，是一种原则以及在这种原则指导下的具体活动，是管理的一种基本职能。创新工作作为管理的职能表现在它本身就是管理工作的一个环节，它对于任何组织来说都是一种重要的活动；创新工作也和其他管理职能一样，有其内在逻辑性，建构在其逻辑性基础上的工作原则，可以使创新活动有计划、有步骤地进行。

（一）创新工作是管理过程的重要一环

从逻辑顺序上来考察，在特定时期内对某一社会经济系统（组织）的管理工作主要包括下述内容：

（1）确立系统的目标，即人们从事某项活动希望达到的状况和水平。

（2）制定并选择可实现目标的行动方案。

（3）分解目标活动，据此设计系统所需要的职务、岗位，并加以组合，规定它们之间的相互关系，形成一定的系统结构。

（4）根据各岗位的工作要求，招聘和调配工作人员。

（5）发布工作指令，组织供应各环节活动所需的物质和信息条件，使系统运行起来。

（6）在系统运转过程中，协调各部分的关系，使他们的工作相互衔接、平衡地进行。

（7）检查和控制各部门的工作，纠正实际工作中的失误和偏差，使之符合预定的要求。

（8）注视内外条件的变化，寻找并利用变革的机会，计划并组织实施系统的变化和发展。

上述管理工作可以概括为：设计系统的目标、结构和运行规划，启动并监视系统的运行，使之符合预定的规则操作；分析系统运行中的变化，进行局部或全局的调整，使系统不断呈现新的状态。显然，概述后管理内容的核心就是：维持与创新。任何组织系统的任何管理工作无不包含在“维持”或“创新”中。维持和创新是管理的本质内容，有效的管理在于适度的维持与适度的创新的组合。

（二）创新工作是重要管理活动

创新对于组织来说是至关重要的，这首先是因为创新是组织发展的基础，是组织获取经济增长的源泉。其次，创新是组织谋取竞争优势的利器。最后，创新是组织摆脱发展危机的途径。

（三）创新工作具有逻辑结构

实践和理论研究都表明组织的创新工作经历了内外因素分析、创新计划和决策、组织和实施创新活动等几个环节，组织创新的环节及其内容如表 16–1–1 所示。

表16–1–1　组织创新的环节及其内容

组织创新的环节	主要内容
内外因素分析	分析公司所面对的内外环境因素、分析组织的创新需求、明确组织可创新的问题、认知创新活动的利弊得失
创新的计划和决策	确定公司新的愿景和战略，制订创新的计划，如创新的内容、创新的深度和力度、创新的切入点、创新的时间进度和预期达到的目标
创新的组织和实施	组建创新团队，培训创新的骨干，进行组织重构和重新分配资源，进行创新进程的控制和评估创新的成果，并将获得的成果加以推广和应用

于是，组织进入了新的管理阶段，其目标是保持和巩固创新的结果，使得创新活动带动组织绩效全面提升。创新工作就是在如此逻辑下持续进行，永无止境。

二、创新与维持的关系及其作用

管理的维持职能便是要严格地按预定的规划来监视和修正系统的运行，尽力避免各子系统之间的摩擦，或减少因摩擦而产生的结构内耗，以保持系统的有序性。

为适应系统内外变化而进行的局部和全局的调整，便是管理的创新职能。

系统自诞生被社会承认开始到消亡被社会淘汰结束的时期称为系统的寿命周期。一般社会经济系统在寿命周期中要经历孕育、成长、成熟、蜕变以及消亡五个阶段。

管理创新与维持的关系：

（1）作为管理的两个基本职能，维持与创新对系统的生存发展都是非常重要的，它们是相互联系、不可或缺的。

（2）创新是在维持基础上的发展，而维持则是创新的逻辑延续；维持是为了实现创新的成果，而创新则是为更高层次的维持提供依托和框架。

（3）任何管理工作，都应围绕着系统运转的维持和创新而展开。

（4）只有创新没有维持，系统会一直呈现混乱状态，而只有维持没有创新，系统就会缺乏活力，最终会被环境淘汰。

（5）卓越的管理是实现维持与创新最优组合的管理。

三、创新的类别与特征（见表 16–1–2）

表16–1–2 创新的类别与特征

划分标准	具体分类	特征
创新的规模以及对系统的影响程度	局部创新	局部创新是指在系统性质和目标不变的前提下，系统活动的某些内容或某些要素的性质或其相互组合的方式、系统的社会贡献的形式或方式等发生变动
	整体创新	整体创新则往往改变系统的目标和使命，涉及系统的目标和运行方式，影响系统的社会贡献的性质
创新与环境的关系	消极防御型创新	防御型创新是指由于外部环境的变化对系统的存在和运行造成了某种程度的威胁，为了避免威胁或由此造成的系统损失扩大，系统在内部展开的局部或全局性调整
	积极攻击型创新	攻击型创新是在观察外部世界运动的过程中，敏锐地预测到未来环境可能提供的某种有利机会，从而主动地调整系统的战略和技术，以积极地开发和利用这种机会，谋求系统的发展
创新发生的时期	系统初建期的创新	系统的组建本身就是社会的一项创新活动。系统的创建者在一张白纸上绘制系统的目标、结构、运行规划等蓝图，这本身就要求有创新的思想和意识，创造一个全然不同于现有社会（经济组织）的新系统，寻找最满意的方案，取得最优秀的要素，并以最合理方式组合，使系统进行活动
	运行中的创新	创新活动更大量地存在于系统组建完毕并开始运转以后。系统的管理者要不断地在系统运行的过程中寻找、发现和利用新的创业机会，更新系统的活动内容，调整系统的结构，扩展系统的规模
创新的组织程度	自发创新	各子系统的调整有的是正确的，而另一些则是错误的
	有组织的创新	鉴于创新的重要性和自发创新结果的不确定性，有效的管理要求有组织地进行创新

与自发创新相对应的，是有组织的创新。有组织的创新包含下列两层意思：

（1）系统的管理人员根据创新的客观要求和创新活动本身的客观规律，制度化地研究外部环境状况和内部工作，寻求和利用创新机会，计划和组织创新活动。

（2）在这同时，系统的管理人员要积极地引导和利用各要素的自发创新，使之相互协调并与系统有计划的创新活动相配合，使整个系统内的创新活动有计划、有组织地展开。只有有组织的创新，才能给系统带来预期的、积极的、比较确定的结果。

鉴于创新的重要性和自发创新结果的不确定性，有效的管理要求有组织地进行创新。为此，必须研究创新的规律，分析创新的内容，揭示创新过程的影响因素。

第二节 创新职能的基本内容

课前思考

1. 创新职能的基本内容包括哪些内容？
2. 什么是技术创新？其包括哪些内容？
3. 什么是制度创新？企业制度包括哪些内容？

考点精讲

创新职能的基本内容包括：目标创新、技术创新、制度创新、组织机构和结构的创新、环境创新。

一、目标创新

一旦环境发生变化，要求企业的生产方向、经营目标以及企业在生产过程中与其他社会经济组织的关系进行相应的调整。

二、技术创新

技术创新是企业创新的主要内容，企业的技术创新主要表现在要素创新、要素组合方法创新以及要素组合结果创新三个方面。

（一）要素创新

企业的生产过程是一定的劳动者利用一定的劳动手段作用于劳动对象使之改变物理、化学形式或性质的过程。参与这个过程的要素创新包括材料创新和设备创新两类，如表 16–2–1 所示。

表16–2–1 要素创新的内容

要素创新的内容	具体要点
材料创新	材料创新的内容包括：开辟新的来源，以保证企业扩大再生产的需要；开发和利用大量廉价的普通材料（或寻找普通材料的新用途），替代量少价昂的稀缺材料，以降低产品的生产成本；改进材料的质量和性能，以保证和促进产品质量的提高。现代材料科学的迅速发展，为企业的原材料创新提供了广阔的前景

续表

要素创新的内容	具体要点
设备创新	主要表现在下述几个方面：①通过利用新的设备，减少手工劳动的比重，以提高企业生产过程的机械化和自动化的程度；②通过将先进的科学技术成果用于改造和革新原有设备，延长其技术寿命，提高其效能；③有计划地进行设备更新，以更先进、更经济的设备来取代陈旧的、过时的老设备，使企业建立在先进的物质技术基础上

（二）要素组合方法创新

利用一定的方式将不同的生产要素加以组合，这是形成产品的先决条件。要素的组合包括生产工艺和生产过程的时空组织两个方面，如表 16–2–2 所示。

表16–2–2　要素组合方法创新的内容

要素组合方法创新的内容	具体要点
生产工艺创新	是劳动者利用劳动手段加工劳动对象的方法，包括工艺过程、工艺配方、工艺参数等内容。工艺创新既要根据新设备的要求，改变原材料、半成品的加工方法，也要在不改变现有设备的前提下，不断研究和改进操作技术和生产方法，以求使现有设备得到更充分的利用，使现有材料得到更合理的加工
生产过程创新	包括设备、工艺装备、在制品以及劳动者在空间上的布置和时间上的组合

（三）要素组合结果创新

生产过程中各种要素组合的结果是形成企业向社会贡献的产品。企业是通过生产和提供产品来求得社会承认、证明其存在的价值，也是通过销售产品来补偿生产消耗，取得盈余，实现其社会存在的。产品是企业的生命，企业只有不断地创新产品，才能更好地生存和发展。物质产品创新主要包括品种和结构的创新，如表 16–2–3 所示。

表16–2–3　物质产品创新的内容

物质产品创新的内容	具体要点
品种创新	要求企业根据市场需要的变化，根据消费者偏好的转移，及时地调整企业的生产方向和生产结构，不断开发出用户欢迎的适销对路的产品
产品结构创新	不改变原有品种的基本性能，对现在生产的各种产品进行改进和改造，找出更加合理的产品结构，使其生产成本更低、性能更加完善、使用更安全，从而更具市场竞争力

产品创新是企业技术创新的核心内容，它既受制于技术创新的其他方面，又影响其他技术创新效果的发挥：新的产品、产品的新的结构，往往要求企业利用新的机器设备和新的工艺方法；而新设备、新工艺的运用又为产品的创新提供了更优越的物质条件。

三、制度创新

要素组合的创新主要是从技术角度分析了人、机、料等各种结合方式的改进和更新，而制度创新则需要从社会经济角度来分析企业系统中各成员间的正式关系的调整和变革。

制度是组织运行方式的原则规定。企业制度主要包括产权制度、经营制度和管理制度三个方面的内容，如表 16–2–4 所示。

表16-2-4 企业制度的类型及其内容

类型	具体内容
产权制度	是决定企业其他制度的根本性制度，它规定着企业最重要的生产要素的所有者对企业的权力、利益和责任
经营制度	是有关经营权的归属及其行使条件、范围、限制等方面的原则规定
管理制度	是行使经营权、组织企业日常经营的各种具体规则的总称，包括对材料、设备、人员及资金等各种要素的取得和使用的规定
三者关系	（1）产权制度、经营制度、管理制度这三者之间的关系是错综复杂的 （2）一定的产权制度决定相应的经营制度 （3）在产权制度不变的情况下，企业具体的经营方式可以不断进行调整；同样，在经营制度不变时，具体的管理规则和方法也可以不断改进。而当管理制度的改进发展到一定程度，则会要求经营制度做相应的调整；经营制度的不断调整，必然会引起产权制度的革命 （4）管理制度的变化会反作用于经营制度；经营制度的变化也会反作用于产权制度 （5）企业制度创新的方向是不断调整和优化企业所有者、经营者、劳动者三者之间的关系，使各个方面的权力和利益得到充分的体现，使组织的各种成员的作用得到充分的发挥

四、组织机构和结构的创新

所谓机构是指企业在构建组织时，根据一定的标准，将那些类似的或为实现同一目标而有密切关系的职务或岗位归并到一起，形成不同的管理部门。它主要涉及管理劳动的横向分工的问题，即把对企业生产经营业务的管理活动分成不同部门的任务。而结构则与各管理部门之间，特别是与不同层次的管理部门之间的关系有关，它主要涉及管理劳动的纵向分工问题，即所谓的集权和分权（管理权力的集中或分散）问题。

不同的企业，有不同的组织形式；同一企业，在不同的时期，随着经营活动的变化，也要求组织的机构和结构不断调整。组织创新的目的在于更合理地组织管理人员的工作，提高管理劳动的效率。

五、环境创新

环境创新是指通过企业积极的创新活动去改造环境，去引导环境朝着有利于企业经营的方向变化。例如，通过企业的公关活动，影响社区政府政策的制定；通过企业的技术创新，影响社会技术进步的方向，等等。就企业来说，环境创新的主要内容是市场创新。

市场创新主要是指通过企业的活动去引导消费，创造需求。

第三节 创新过程及其管理

课前思考

1. 组织抵制创新的原因有哪些？
2. 创新活动的过程有几个步骤？
3. 如何进行领导创新和管理技能创新？

考点精讲

一、创新的过程

（一）抵制创新的原因

大多数的创新都会遇到组织内外的抵触情绪，这些消极因素追求安于现状。组织中对于创新的抵触力来自复杂的系统因素，组织的文化、既定的发展战略、组织的结构、技术水平、领导的风格、成员的因素都可能使创新受到阻碍。人的因素是创新抵触力中最活跃的因素。造成组织成员抵触情绪的基本原因包括以下几方面：①个人利益；②缺乏了解；③评价差异；④惰性；⑤团体心理压力。

（二）创新活动的过程

创新活动的过程包括：①寻找机会；②提出构想；③迅速行动；④坚持不懈。

二、领导创新

创新工作的重要内容就是根据创新与变革活动的规律，领导与组织创新与变革活动。

管理学家 J. 科特提出成功的变革与创新的领导包括八个环节：

（1）树立紧迫感是创新工作的一项关键责任。

（2）建立强有力领导联盟是创新工作必须要有的组织保障。

（3）构建愿景规划能够引导创新的方向。

（4）沟通创新愿景就是利用各种可用的媒介工具，与其他人沟通新的愿景规划和战略，通过领导联盟的示范传授新的行为。

（5）广泛的授权运动是实现组织创新愿景的基础。

（6）夺取短期胜利就是不是只等待愿景的完全实现，而是计划取得一些小的胜利，让每个人都能看到进步。

（7）巩固已有成果、深化创新就是利用对前一阶段成果的良好信任，改革与愿景规划不相适应的体制、结构、政策；培养、任用、晋升能执行愿景规划的员工；选用新项目、新观点和创新推动者，再次激活整个创新过程。

（8）将创新成果制度化就是将创新的活动融入组织文化之中，展示创新的积极成果，表明新的行为方式和改进结果之间的联系，不断地寻找新的变革力量和领导者，不断吸引创新先导者共同对变革和创新负起责任。

三、创新管理的技能

有效的创新工作需要管理者能够为部属的创新提供条件、创造环境，有效地组织系统内部的创新。创新管理的技能包括以下内容：①正确理解和扮演“管理者”的角色；②创造促进创新的组织氛围；③制订有弹性的计划；④正确地对待失败；⑤建立合理的奖酬制度。

第四节 工作流程的再造

课前思考

1. 什么是工作流程再造（BPR）？其特性和功能是什么？
2. 组织工作流程构成的影响因素有哪些？
3. 流程再造的基本途径有哪些？

考点精讲

美国管理学者迈克尔·哈默和詹姆斯·钱皮首先提出了工作流程再造（BPR）的思想，它强调以流程导向来代替传统的职能导向的组织形式，它追求流程的改造和创新，为组织的创新工作提供了全新的思路。

一、工作流程特性和功能

（一）组织基本流程的类型

组织中基本的工作流程按照其在组织结构中的不同可以分成战略流程、经营流程和保障流程三个基本层次，如表 16–4–1 所示。

表16–4–1 组织基本流程的类型及其功能

类型	具体内容
战略流程	包括战略规划、产品与服务的开发以及新流程开发等。计划决策流程是战略流程中的主要流程之一，它的基本功能是确定企业长远发展的目标、投资方向、重大投资项目以及如何实施、如何执行，确保企业明确自己未来的共同理想
经营流程	用于实现组织的日常功能，例如赢得顾客、满足顾客、顾客支持、现金与收支管理、财务报告等。生产作业流程、营销流程和资金核算流程是经营的三个流程。①生产作业流程是企业最基本的流程，其基本功能是确保投入产出的有效进行，使得生产成本低、资源配置效率高、产出尽量多，从而产生良好的经济效益；②营销流程是指需求预测、产品设计、产品推广、渠道选择、售后服务等营销活动的全过程；③资金核算流程主要是对生产经营过程中的成本费用、资金占用等进行核定，以达到成本控制的目的
保障流程	是为了保障战略流程和经营流程顺利实施而提供保障的流程，例如人力资源管理、信息收集、资金筹措等。①人力资源管理流程的基本功能是为企业运作准备人力资源，开发人力资源，并在工作中评价、考核员工，调动其工作积极性，防止差错；②信息收集流程就是指企业的信息管理部门如何到外界各部门各方面收集、处理、汇总、传递信息的全过程；③资金筹措流程是指企业到资本市场上进行信用融资、权益融资的全过程。保障流程的功能是为企业很好地筹措经营运作所需要的长期资金和短期资金，保证企业资金的正常周转运作

（二）组织工作流程构成的影响因素

1. 工作流程的构成

组织工作流程作为完成一项任务的全过程，它的构成因素是离不开工作本身和工作各环节的先后次序（逻辑关系）和各环节间的转换关系的。工作流程的构成及其内容如表 16–4–2 所示。

表16-4-2 工作流程的构成及其内容

工作流程的构成	具体内容
工作	组织的工作流程由一些具体工作或步骤所组成，任务的特性决定每个流程中具体工作的内容及要求
逻辑关系	是指流程中具体工作步骤之间客观存在着先后顺序的关系
转换关系	任何流程从上一个工作环节到下一个工作环节的转换都会受到时间、空间、各种物理条件和社会条件的限制，转换关系是对这些限制的描述

2. 影响工作流程构成的因素

在工作流程中，无论是流程的工作步骤划分，还是工作步骤的逻辑关系与转换关系的确定，事实上都受到组织文化、工艺技术特征、管理风格等因素的制约，如表 16-4-3 所示。

表16-4-3 影响工作流程构成的因素

影响工作流程构成的因素	具体内容
组织文化	组织文化特别是组织的价值观念会导致工作环节和工作步骤的明显的差异，进而可能产生不同的效率
工艺技术特征	工艺技术特征对于组织流程的影响是在于它决定了组织工作流程中物质、能量和信息传递的内容。不同的工艺和技术要求不同的设备、不同的人员素质、不同的原材料的投入
管理风格	管理风格由领导的风格和方式、企业的组织结构和组织战略特性所决定，管理的风格与工作流程有着密切关系。管理风格的差异会导致对工作环节的不同设置。管理风格也影响着逻辑关系的选择和转换关系的安排

二、流程再造的基本观念

组织工作流程再造的根本目标是追求在既定组织目标与组织文化、工艺技术和管理风格下的组织的效率，因此，在动态的环境下，各种内外环境因素的变化都要求对组织的流程加以变革和再造，只有如此才能实现组织目标、技术和人的动态的平衡。

（一）组织企业实施业务流程再造是企业长期可持续发展的战略需要

在激烈的市场竞争下，为了争夺有限的顾客资源，企业要立于不败之地就必须提高其工作流程的效率，来获取竞争的优势；企业技术变革速度加快、产品的生命周期缩短、消费需求日益多样化和个性化都要求不断地对战略工作流程、经营工作流程和保障工作流程加以再造，以适应时代的发展和社会的需要。

组织工作流程再造（BPR）是根据组织发展的战略规划，对企业各项运作活动及其细节进行重构、设定与阐述的系统工程。组织流程再造必须以组织的发展战略为指导，这样才能明确组织再造的方向，提供组织再造的动力。

（二）组织工作流程再造的根本目标是建立顾客满意的工作流程

顾客需求是企业一切活动的目标和中心。现实生活中大多数企业缺乏真正鼓励员工们去全面满足顾客需求的制度与激励机制。

BPR 提倡以顾客为导向进行组织变通，鼓励给员工授权和正确运用信息技术，以达到适应快速变动的环境的目的。其根本目的就是要为企业构建“把顾客需要放在中心地位”的流程体系。

（三）组织工作流程再造追求实现目标、技术和人的动态平衡

组织的共同目标和人们的协作意愿要通过信息沟通来连接才能成为动态的过程，由信息传递技术所决定的传递渠道、体系、覆盖面及密度在很大程度上影响着组织的结构。现代信息技术已经使信息的快速处理、实时传输与全方位共享成为可能，这意味着，它使企业实现资源跨时空限制的协同控制与分布式管理成为可能。BPR 的核心任务正是要将现代信息技术和人这两个关键要素有效运作在工作流程的再设计与重构活动之中，从而推进企业组织的技术性（如技术、标准、程序、结构、控制等）和社会性（如组织文化、政策、行为规范、作业风格、激励方式等）发展，以适应企业整体绩效改进和长远发展的需要。

三、流程再造的基本途径

国内研究者也给出了一些类似的三阶段九步骤的 BPR 项目实施步骤，如表 16–4–4 所示。

表16–4–4　流程再造的实施步骤

阶段	步骤
发现与准备	步骤一：在回顾企业战略、结构、业务流程，重新定义发展目标的基础上，明确企业定位，确定可开展的项目群
	步骤二：进行初步分析，分析再造给企业带来的变化
	步骤三：选择前期项目切入点并明确其范围，或选择典型的样板、示范项目
重新设计	步骤四：运用业务活动图示法等工具对业务流程进行细致的区分
	步骤五：设计多种体现简化、整合自动化原则的新业务流程方案
	步骤六：对各个方案进行投入—产出或成本—效益分析与评价
具体实施	步骤七：选取合适方案，并准备好应急方案
	步骤八：方案实施
	步骤九：更新相关数据，为下一步工作做准备

面对多种多样的 BPR 实施程序，可将企业经常采用的 BPR 运作程序大致划分为四大类，如表 16–4–5 所示。

表16–4–5　BPR运作程序类型及其内容

BPR 运作程序类型	具体内容
描述项目（确定项目边界）	设立远景，价值观和目标；再设计业务流程和相关工具、模型评估概念；制定实施方案；实施再设计；通过绩效衡量来实现持续性的流程改进
项目界定	建立AS–IS流程模型，即对现有流程进行诊断；再设计业务流程；进行成本—收益分析；计划并实施新的流程体系；评估流程绩效
项目界定，确定项目理想目标	向业务相关人员（顾客、合作者、业内标杆、技术领先者）学习；建立远景，并设计新的业务流程模型；开发相配套的技术支持系统和组织结构；实施改进分析，并准备跟踪业务的成本收益变化；定义流程、系统，开展必要的培训，并实施计划；开发解决方案；实施解决方案并衡量绩效改进效果
项目界定并组建项目团队	运用头脑风暴法来发掘新的流程和技术；分析并优化改进的可能性（收益分析）；机会择优，并设计解决方案；开发新的业务流程、信息系统和可用工具；制订实施计划并执行解决方案；绩效衡量

管理的过程由维持与创新两个部分构成。作为管理职能的创新具有其内在的逻辑结构。维持活动保证了系统活动的顺利进行，创新活动则为更高层次的维持提供依据和框架。目标创新、技术创新、制度创新、组织机构和结构创新是组织创新活动的主要内容。创新与变革既需要考虑成功可能给组织带来的变化，同时也要考虑失败可能给组织带来的额外损失。成功创新与变革的活动需要合理安排创新与变革各阶段的活动，进行有效的组织和领导活动。工作流程再造为组织创新提供了全新的思想。流程再造的基本精神可能会给组织创新与变革活动提供有益的启迪。

课后练习

一、单项选择题

1. 下列选项中，不属于生产工艺的内容的是（　　）

A. 工艺装备的时空组合　　B. 工艺参数

C. 工艺配方　　D. 工艺过程

2.（　　）是企业的生命，是企业求得社会承认、证明其存在的价值的基础。

A. 技术　　B. 产品　　C. 人才　　D. 资本

3.（　　）的目的在于更合理地组织管理人员的工作，提高管理劳动的效率。

A. 制度创新　　B. 目标创新　　C. 技术创新　　D. 组织创新

4. 组织中用于实现组织的日常功能的基本工作流程是（　　）

A. 战略流程　　B. 经营流程　　C. 决策流程　　D. 保障流程

5.（　　）是企业最基本的流程。

A. 生产作业流程　　B. 营销流程　　C. 资金核算流程　　D. 计划决策流程

二、多项选择题

6. 创新对于组织来说是至关重要的，这是因为（　　）

A. 创新是组织发展的基础，是组织获取经济增长的源泉

B. 创新是组织谋取竞争优势的利器

C. 创新是组织摆脱发展危机的途径

D. 没有创新就没有绩效

7. 下列关于创新与维持的关系的说法中，正确的是（　　）

A. 维持是在创新基础上的发展　　B. 创新是维持的逻辑延续

C. 维持是为了实现创新的成果　　D. 创新则是为更高层次的维持提供依托和框架

8. 从创新发生的时期来看，可将其分为（　　）

A. 系统初建期的创新　　B. 运行中的创新

C. 局部创新　　D. 整体创新

9. 创新职能的基本内容是指（　）

A. 目标创新　B. 技术创新　C. 制度创新　D. 组织机构和结构创新

10. 企业制度主要包括（　）

A. 产权制度　B. 经营制度　C. 管理制度　D. 薪酬制度

三、名词解释题

11. 创新

12. 积极攻击型创新

13. 工作流程再造

四、简答题

14. 简述创新管理技能的内容。

15. 简述创新活动的过程。

扫码获取答案解析

第十七章 企业技术创新

思维导图

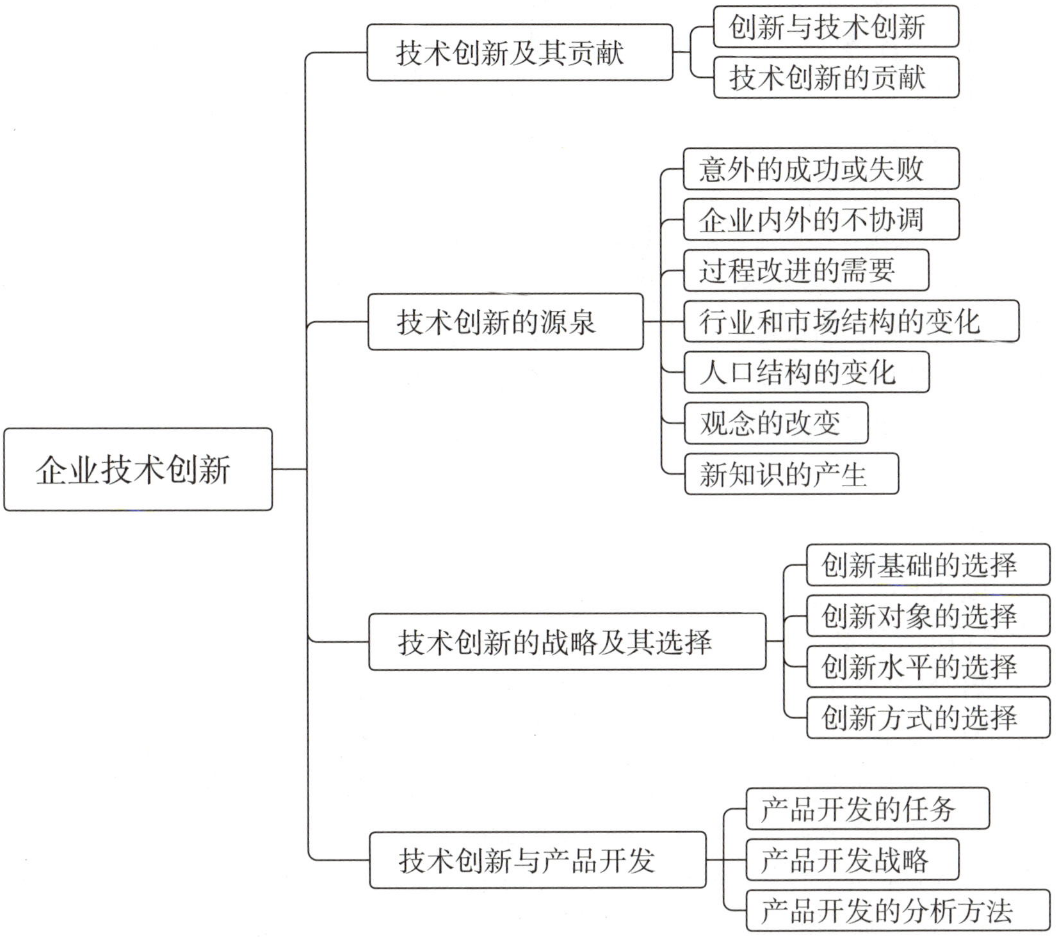

第一节 技术创新及其贡献

课前思考

1. 在熊彼特的理论中，何谓创新？创新包括哪些方面的内容？
2. 技术创新的贡献有哪些？

考点精讲

一、创新与技术创新

经济学家熊彼特曾在《经济发展理论》一书中把创新定义为企业家的职能，并认为企业家之所以能成为企业家，并不是因为其拥有资本，而是因为他拥有创新精神并实际地组织了创新。根据熊彼特的观点，一个国家或地区经济发展速度的快慢和发展水平的高低，在很大程度上取决于该国或该地区拥有创新精神的企业家的数量以及这些企业家在实践中的创新努力。正是由于某个或某些企业家的率先创新、众多企业家的迅速模仿，才推动了经济的发展。

在熊彼特的理论中，创新是对生产要素的重新组合，它包括五个方面：①生产一种新的产品；②采用一种新的生产方法；③开辟一个新的市场；④掠取或控制原材料和半成品的一种新的来源；⑤实现一种新的工业组织。

后人在此基础上研究企业创新时，把它们分成两类：制度创新和技术创新。后者主要与生产制造有关，前者主要涉及管理和管理体制，即主要涉及生产制造的制度环境。

创新的概念要远比发明宽泛；发明是一种创新，但创新绝不仅仅是发明。

二、技术创新的贡献

技术创新的贡献如下：

（1）技术创新有利于提高产品和企业的竞争力。

（2）技术创新促进企业竞争力的提高便是通过影响产品的成本或特色而起作用的。产品竞争力主要表现为产品的成本竞争力与产品的特色竞争力，具体有以下几点：

①材料的创新不仅为企业提供了以数量丰富、价格低廉的原材料去取代价格昂贵的稀缺资源的机会，而且有可能通过材质的改善而促进企业产品质量的提高；

②产品创新既可使企业为消费者带来新的满足，亦可使企业原先生产的产品表现出新的吸引力；

③工艺创新既可为产品质量的形成提供更可靠的保证，亦可能降低产品的生产成本；

④物质生产条件的创新则直接带来劳动强度的下降和劳动生产率的提高，从而直接促进产品生产成本的下降和价格竞争力的增强。

（3）技术创新使企业产品在市场上更具价格竞争优势，使产品对消费者更具特色吸引力，从而在整体上推动着企业竞争不断提高。

第二节 技术创新的源泉

课前思考

技术创新的来源有哪些？

考点精讲

美国学者德鲁克把诱发企业创新的不同因素归纳成七种不同的创新来源：①意外的成功或失败；

②企业内外的不协调；③过程改进的需要；④行业和市场结构的变化；⑤人口结构的变化；⑥观念的改变；⑦新知识的产生等。

一、意外的成功或失败

意外的成功通常能够为企业创新提供非常丰富的机会。这些机会的利用要求企业投入的代价以及承担的风险都相对较小。

二、企业内外的不协调

当企业对外部经营环境或内部经营条件的假设与现实相冲突，或当企业经营的实际状况与理想状况不相一致时，便出现了不协调的状况。这种不协调既可能是已经发生了的某种变化的结果，亦可能是某种将要发生的变化的征兆。

根据产生的原因不同，不协调亦可分成不同的类型。

（1）宏观经济或行业经济景气状况与企业经营绩效的不协调。如整个宏观经济形势很好，对行业产品的需求逐渐上升，同行业中的其他经济单位也在不断成长，但本企业的销售额却不能上升，市场份额因此而不断萎缩。

（2）假设和实际的不协调。假设如果不能被实际所证实，那么企业战略投资或日常经营就可能是朝着一个错误的方向努力。企业对消费者价值观的判断与消费者实际价值观的不一致是假设与现实不协调的典型类型，是最为常见的，也是企业常犯的一种重要错误。其对企业的不利影响也是最为严重的。根据错误的假设来组织生产，企业的产品始终不可能真正满足消费者的需要，从而生产耗费难以得到补偿，企业的生存危机迟早会出现。

三、过程改进的需要

意外事件与不协调是从企业与外部的关系这个角度来进行分析的，过程改进的需要则与企业内部的工作（内部的生产经营过程）有关。由这种需要引发的创新是对现已存在的过程（特别是工艺过程）进行改善，把原有的某个薄弱环节去掉，代之以利用新知识、新技术、重新设计的新工艺、新方法，以提高效率、保证质量、降低成本。

与前两个因素相联系，过程的改进以及与此相联系的技术创新也可能是由外部的某个或某些因素的变化而引起的。比如，劳动力资源的匮乏以及由此造成的劳动力成本的增加促使企业努力推进生产过程的机械化和自动化。

四、行业和市场结构的变化

行业结构主要指行业中不同企业的相对规模和竞争力结构以及由此决定的行业集中或分散度；市场结构主要与消费者的需求特点有关。

因此，面对市场以及行业结构的变化，关键是要迅速地组织创新的行动，至于创新努力的形式和方向则可以是多样的。

五、人口结构的变化

作为企业经营中一种必不可少的资源，人口结构的变化直接决定着劳动力市场的供给，从而影响企业的生产成本；作为企业产品的最终用户，人口的数量及其构成确定了市场的结构及其规模。有鉴于此，人口结构的变化有可能为企业的技术创新提供契机。

分析人口数量对企业创新机会的影响，不仅要考察人口的总量指标，而且要分析各种人口构成的统计资料。

六、观念的改变

消费者观念上的改变影响着不同产品的市场销路，为企业提供着不同的创新机会。

从企业创新的角度来说，观念的改变既可意味着消费者本身的有关认识的改变，亦可意味着企业对消费者某种行为或态度的认识的改变。

以观念转变为基础的创新必须及时组织，才可能给企业带来发展和增长的机会。

七、新知识的产生

与其他类型的创新相比，知识性创新具有最为漫长的前置期。从新知识的产生到应用技术的出现、最后到产品的市场化，这个过程通常需要很长的时间。

知识性创新的第二个特点是这类创新不是以某单一因素为基础，而是以好几种不同类型的知识的组合为条件。

前置期较长和对相关知识的集合性要求不仅决定了企业必须在早期投入大量的资金，而且由于即便投入许多资源新知识可能也不会出现或难以齐全，因此与其他创新相比，以新知识为基础的创新需要承担更大的风险。

第三节 技术创新的战略及其选择

课前思考

1. 企业创新有哪些可以选择的对象？
2. 先发制人有哪些贡献与烦恼？

考点精讲

任何企业都在执行一套符合自己特点的技术创新战略。技术创新战略是一系列选择的综合结果。这些选择一般涉及创新的基础、创新的对象、创新的水平、创新的方式以及创新实现的时机等多个方面。

一、创新基础的选择

创新基础的选择需要解决在何种层次上进行组织创新的问题：①进行应用性研究：包括利用现有知识，对目前的生产工艺、作业方法、产品结构进行创新；②进行基础研究，包括开发新的知识，为具有新功能的新产品开发提供基础。创新基础的选择及其内容如表 17-3-1 所示。

表17-3-1　创新基础的选择及其内容

创新基础的选择	具体内容
应用性研究	利用现有知识，对目前的生产工艺、作业方法、产品结构进行创新
基础研究	开发新的知识，为具有新功能的新产品开发提供基础
两者区别	（1）基础研究可为企业提供广阔的市场前景，使企业具有独特的竞争能力与优势，但有较大的风险，而且要求企业能够提供长期的、强有力的资金以及人力上的支持。 （2）应用性研究只需企业利用现有的知识和技术去开发一种新产品或者探寻一种新工艺，所需时间相对较短、资金要求相对较少、创新的风险也相对较小。当然，与之相应地，对企业竞争优势的贡献程度也相对要小一些

二、创新对象的选择

技术创新主要涉及材料、产品、工艺、手段等不同方面。企业生产所需要的原材料主要是从外部获取的，因此材料创新主要是在外部进行的（这种创新实际上是上游企业的产品创新），所以企业可供选择的创新对象主要涉及产品、工艺以及生产手段三个领域，如表 17-3-2 所示。

表17-3-2　创新对象及其内容

创新对象	具体内容
产品	使得产品在结构或性能上有所改进，甚至全部创新，这不仅可能给消费者带来一种全新的享受，而且可以降低产品的生产成本或者减少产品在使用过程中的使用费用，所以给企业带来的不仅可以是特色的形成，而且可能是成本的优势
工艺	既可能为产品质量的提高提供更加可靠的保证，从而加强企业的特色优势，亦可能促进生产成本的降低，从而使企业产品在市场上更具价格竞争力。产品与工艺的创新主要是由企业完成的，外部一般很难替代企业来从事这项工作
生产手段	生产手段的创新需借助外部的力量来完成

三、创新水平的选择

“先发制人”是在行动上“先人一步”。目的是在市场竞争中“高人一筹”。先人一步行动，率先开发出某种产品或某种新的生产工艺，采用这种战略的意图是很明显的，即在技术上领先同行业内的其他企业，以获得市场竞争中至少是在某段时期内的垄断地位。先发制人给企业带来的贡献与烦恼如表 17-3-3 所示。

表17-3-3　先发制人的贡献与烦恼

贡献	烦恼
（1）可给企业带来良好的声誉 （2）可使企业占据有利的市场地位 （3）可使企业进入最有利的销售渠道 （4）可使企业获得有利的要素来源 （5）可使企业获取高额的垄断利润	（1）要求企业付出高额的市场开发费用 （2）需求的不确定性 （3）技术的不确定性

四、创新方式的选择

不论技术创新的水平和对象如何，企业在技术创新活动的组织中都可以有两种不同的选择：利用自己的力量独家进行开发，或者与外部的生产、科研机构联合起来共同开发。

独自开发与联合研究要求企业具备不同的条件，需要企业投入不同程度的努力，当然也会使企业不同程度地受益。

影响企业在开发方式上的选择的，不仅是企业的自身资源可支配状况以及开发对象的特点要求，对市场经济条件下竞争与合作的必要性认识的不同可能是其深层次的原因。

第四节 技术创新与产品开发

课前思考

1. 企业产品开发的任务是什么？
2. 产品竞争战略有哪些？
3. 产品寿命周期经历哪几个阶段？其每个阶段的特征以及产品开发的对策是什么？

考点精讲

产品是企业的标志。企业技术创新的具体工作最终都将落实到产品的开发上：不论是要素创新还是工艺创新，最终不是影响产品的质量，即产品功能的完整或完善程度，就是影响产品的生产与销售成本。因此，企业技术创新应围绕产品开发这个中心来进行。

一、产品开发的任务

围绕产品开发的技术创新决策需要回答三个基本问题：企业生产何种产品；企业提供何等质量的这种产品；在上述两个问题解决的基础上确定企业是对原先已经生产的产品进行改造和完善还是开发新的产品。产品开发的任务及其内容如表 17–4–1 所示。

表17–4–1 产品开发的任务及其内容

产品开发的任务	具体内容
产品性质的确定	生产何种性质的产品是企业自建立起就已提出并在企业存在过程中需要不断提出的问题。企业生产何种产品最终取决于消费者对市场的需要和企业满足这种需要的能力以及是否可以从中获取足够利益的认识
产品质量的确定	消费者需要的是具有一定质量的产品。企业提供的产品如果不符合消费者的质量要求，那么产品的生产虽然耗费了一定的成本和费用，但不具有消费者所需要的完全的使用价值，因此也不会受到消费者的光顾。企业要通过不断的技术创新生产高质量的产品，以提高声誉、争取用户、扩大市场

续表

产品开发的任务	具体内容
新产品开发	新产品是指在结构、性能、材质、技术特征等一方面或几方面都有显著改进与提高或独创的产品。新产品开发通常需要回答如下问题： （1）如何开发？ （2）新产品开发在研制阶段结束后是否立即组织批量生产、投放市场？在决定对技术开发成功的新产品是否组织市场开发时，需要考虑以下因素：①市场前景。新产品有无销路？特别是未来的市场需求状况如何？②收益性。新产品获利能力如何？能否迅速收回批量生产所需的投资？③竞争性。生产技术是否复杂？是否会迅速出现竞争对手？④资源条件是否允许？⑤与本企业目前生产和销售的产品是相互替代还是互为补充？⑥销售可能性。能否利用企业现有的销售渠道和网络迅速打开市场？ （3）如何投放市场？新产品在批量投入市场以前是否要进行试销？ （4）何时投放

二、产品开发战略

企业之间的竞争首先表现为不同企业利用各具特色的产品对相同用户的争夺。企业竞争的实质是产品竞争。在这种持续不断的竞争中，企业可以采取三种不同的产品开发战略：领先战略、追随战略以及模仿战略，如表 17–4–2 所示。

表17–4–2 产品开发战略

产品开发战略	具体内容
领先战略	领先战略亦称“先发制人”战略。这种战略是企业力图在本行业发展中始终居于领先地位。企业能否采用领先战略，不仅要分析目前的条件，而且更应注意未来的持续发展
追随战略	追随战略亦称“后发制人”战略。这种战略是指企业紧紧追随在领先企业的后面采用新技术，并对别人已经采用的技术加以改进和提高，特别是在降低产品成本和完善产品质量上付出更多的努力。采用这种战略，要求企业能了解先导企业的产品和市场发展动向，迅速对先导企业的研究成果加以利用和改进，以避免自己的市场地位受到威胁。这种战略不仅可以帮助企业减少研究费用，又可使企业保护自己，防止竞争对手的技术进步对自己构成威胁，甚至能帮助企业后来居上，开发出技术性能更加先进的产品
模仿战略	靠购买专利、利用别人的研究成果来改进自己的产品。实施这种战略可节省费用，并可迅速地获得新技术。技术力量薄弱的企业通常采用这种战略

企业采用追随战略的优缺点：后发者在时间上、在用户心目中技术水平的形象上可能处于稍微不利的地位，但它可以：①分享先期行动者投入大量费用而开发出的行业市场；②根据已基本稳定的需求进行投资；③在率先行动者技术创新的基础上进一步完善，使之更加符合市场的要求。

三、产品开发的分析方法

在确定具体产品的开发战略时，要分析产品在市场上的地位和它能够带来的利润水平。这时可借助产品组合分析法和产品寿命周期理论。产品组合分析法，或称经营单位组合分析法。产品寿命周期理论是美国经济学家李维特 1965 年在《哈佛商业评论》的一篇文章中首先提出来的。李维特认为，产品也同人一样，要经历从诞生到成长、最后死亡的生命过程。对产品来说，其寿命周期是指投入市场开始到完全退出市场为止所延续的时间。

产品寿命周期的长短主要受到技术进步和市场竞争等因素的影响。技术进步使许多新技术、新工艺、新材料不断出现，从而促进比原有产品性能更好、成本更低、使用更方便的新产品的出现。这种物美价廉的新产品进入市场必然会把老产品排挤出去。因此，技术进步的速度愈快，产品的寿命周期就愈短。

市场竞争的激烈程度或其他因素也会加速或延缓新产品进入市场的时间，从而可以缩短或延长产品寿命周期，但不可能从根本上改变新老产品市场更替的趋势。

产品在寿命周期中通常要经历投入、成长、成熟和衰退四个阶段。在不同的寿命周期阶段，产品表现出不同的特征，企业应据此采取不同的产品开发对策，如表 17–4–3 所示。

表17–4–3　产品不同寿命周期阶段的特征及其对策

阶段	特征及对策
投入期	（1）特征：投入期亦称投放期或引入期，是产品刚刚试制成功、刚投入市场、销售量最低的一段时间。成本较高、利润较少，甚至还没有利润 （2）对策：对于投入期的产品成本，企业应及时了解市场和用户的意见与建议，并据此对产品结构和生产工艺进行改进完善；同时，企业应广泛展开促销活动，以激发消费者对新产品的注意、兴趣以及消费欲望，以便迅速打开销路
成长期	（1）特征：产品经过试销和改进，结构和工艺已经定型，产品质量基本稳定，生产能力也逐步形成 （2）对策：成长期是产品开发的决定性阶段，企业应努力稳定产品质量，精心维护产品声誉，加速扩大生产能力，组织好销售工作，保证充分供应，绝不使产品在市场上脱销，谨防竞争对手乘虚而入
成熟期	（1）特征：产品经过成长期逐渐趋向成熟，这时市场已渐渐饱和，销售量增长缓慢，甚至停滞不前 （2）对策：成熟期的长短直接影响产品开发经济效益的大小，因此要尽可能延长产品成熟期的时间。为此，要努力降低产品成本，争取价格优势，以维持市场占有份额；同时还要加强广告宣传和用户服务工作，在不丢掉老客户的同时，努力扩大新用户，最根本的措施是对老产品进行改造，以提供具有活力的更新型产品，形成市场和用户扩张的新势头
衰退期	（1）特征：在这个时期，产品销售数量和利润急剧下降，出现负增长的趋势。当销售增长率降到一定程度后，有时可能会出现某种回升，这通常是由于某些用户出于习惯或其他原因所进行的更新性购买 （2）对策：对于处在衰退期的产品，企业应积极转移市场，努力在新的地区开拓对该产品的需求；或在不改变产品基本结构和性能的前提下，寻找新的用途，开发新的用户，力求在新的领域代替其他产品，以使产品起死回生。如果发现衰退产品既无新用途，也无新市场，就应当机立断，有步骤地迅速予以淘汰

课后练习

一、单项选择题

1.（ ）是市场经济的第一原则。

A. 竞争　　B. 合作　　C. 双赢　　D. 妥协

2. 企业如果有雄厚的资金实力，有强大的研究与开发部门，能独立进行研究。就可以采取（ ）

A. 领先战略　　B. 追随战略　　C. 模仿战略　　D. 目标集聚战略

3. 可以帮助企业减少研究费用，又可使企业保护自己，防止竞争对手的技术进步对自己构成威胁的是（ ）

A. 领先战略　　B. 追随战略　　C. 模仿战略　　D. 目标集聚战略

4.（ ）是产品开发的决定性阶段，企业应努力稳定产品质量，精心维护产品声誉，加快扩大生产能力，组织好销售工作。

A. 投入期　　B. 成长期　　C. 成熟期　　D. 衰退期

二、多项选择题

5. 技术创新（ ）

A. 是企业创新的重要内容

B. 就是技术发明

C. 是企业增强自己在市场上竞争力的重要途径

D. 既可能是全新技术的开发，也可能是原有技术的改善

6. 熊彼特的理论内容包括（ ）

A. 生产一种新的产品

B. 采用一种新的生产方法

C. 开辟一个新的市场

D. 掠取或控制原材料和半成品的一种新的来源

7. 企业可供选择的创新对象主要涉及（ ）这几个领域。

A. 产品　　B. 工艺　　C. 生产手段　　D. 基础研究

8. 产品开发战略包括（ ）

A. 先发制人战略　　B. 剥离战略

C. 后发制人战略　　D. 模仿战略

三、名词解释题

9. 追随战略

10. 领先战略

四、简答题

11. 简述诱发企业创新的源泉。

12. 简述先发制人的贡献。

扫码获取答案解析

第十八章 企业组织创新

思维导图

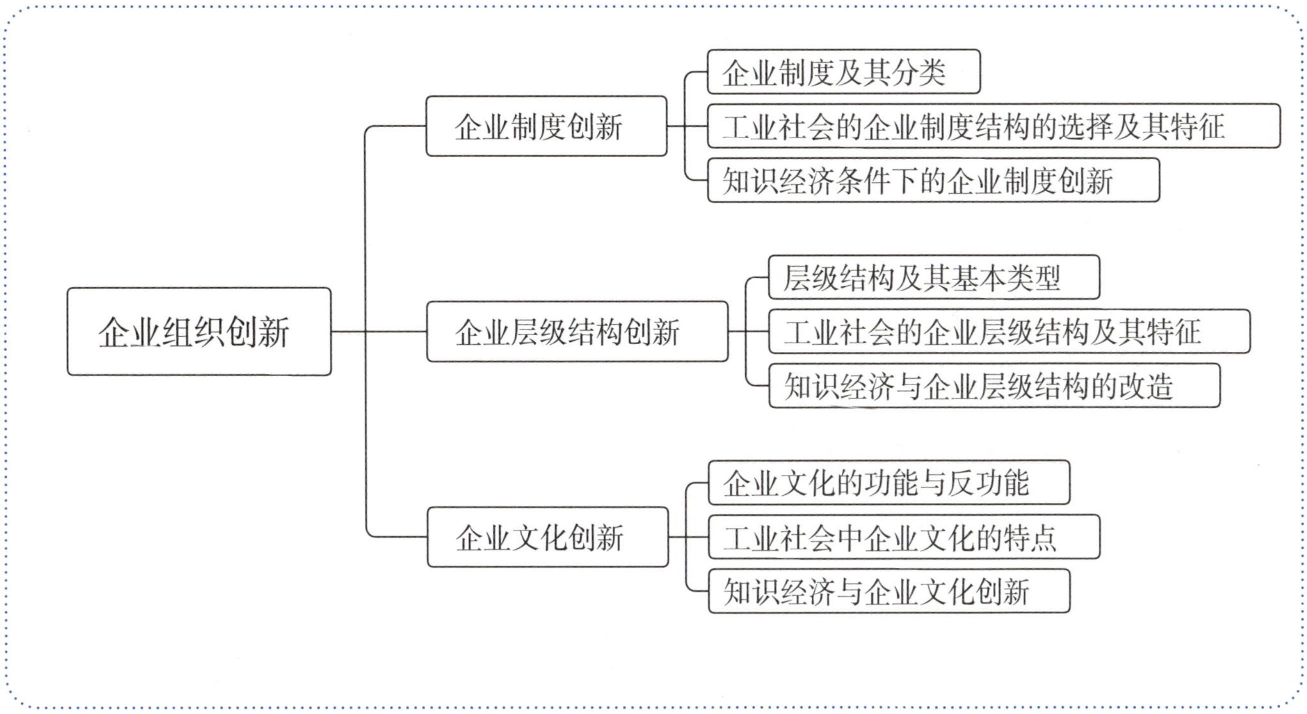

企业是人的集合体。

从企业组织分析的角度，知识经济表现出以下三个方面的基本特点：

第一，知识要素在企业生产经营活动中的相对重要性大大提高。资本的相对稀缺性、资本的货币形态的可转换性等特点决定了资本是工业社会的最为重要的生产要素。资本市场的发展、融资手段的不断完善以及与此同时企业生产过程的渐趋复杂使得知识正逐渐取代资本成为企业生产经营的第一要素。

第二，生产者与最重要的生产要素的重新结合。产业革命的发展伴随着劳动生产者与物质生产条件的分离。由于某种原因被剥夺了物质生产条件的劳动者只能通过出卖自己的劳动力来谋求生存条件，从而为工业经济的发展提供了大量的廉价劳动力。被企业雇用后，他们只能根据雇主或其代表或者代理的要求来表现符合其利益的行为。整个工业经济时代，企业组织的构造都是以劳动者与其物质生产条件的分离为基本假设的。然而，当知识成为最重要的生产要素后，情况发生了变化：知识作为人脑的产物，本质上是不可能与其拥有者相分离的。知识经济时代，企业的组织设计不能不考虑知识的这种特点以及由此决定的劳动者与其最重要的生产要素重新结合的现象。

第三，由于信息技术的广泛运用，知识创新和传播的速度大大加快。从某种意义上说，任何知识都是与人的活动有关的。与企业经营有关的知识是在企业经营过程中生成与发展的。知识形成、积累、创新的速度影响着企业生产过程的组织方式，影响着不同知识所有者的相对重要性，从而决定着企业参与者在这个过程中的相互关系。信息技术的广泛运用加速了知识的生成与发展进程，从而引导着企业组织的创新，影响着企业组织的结构化或再结构化。

第一节 企业制度创新

课前思考

1. 何谓企业制度？
2. 企业制度的基本功能是什么？
3. 企业制度分类有哪些线索？企业制度有哪些类型？

考点精讲

一、企业制度及其分类

（一）企业制度及其功能

企业制度的定义：调节企业中不同参与者相互关系的原则和标准的总和。

企业是通过生产和销售产品来表现其社会存在的。为了向社会提供这些产品，企业必须在一定时空集中一定数量的生产资源，并利用一定方式对这些资源进行加工、组合和转换。这样，企业的经营过程便表现为资源筹措、加工转换和产品销售的不断循环。

企业经营过程循环的条件：①企业能够投入经营活动中的资源是有限的，对企业来说，这种有限性是双重的；②企业经营的直接目的不是为了取得产品的使用价值，而是为了实现其价值；③企业是人的集合体，企业经营有赖于不同参与者在不同的环节和方面提供不同的贡献。

企业要实现有效经营，必须解决三个基本问题：①选择正确的经营方向、内容和规模，使企业产品符合社会需要，以保证产品价值的实现；②充分利用能够筹集到的各种资源，使有限的投入获得尽可能多的有效产出；③引导参与者的行为选择，诱发他们提供企业所需的贡献，形成实现企业目标所需的合力。促进这些问题的有效解决，是企业制度的基本功能。企业的功能主要有三种：导向功能、激励功能、协调功能，如表 18–1–1 所示。

表18–1–1　企业的功能

企业的功能	定义
导向功能	指企业制度指导企业经营方向的选择、引导稀缺资源的配置和使用的功能
激励功能	指企业制度诱导各类参与者提供符合企业要求的贡献的功能
协调功能	指通过制度安排，使各类参与者在企业经营的不同时空朝着共同的方向努力，使他们提供的不同贡献形成有利于实现企业目标的合力的功能

（二）企业制度分类的线索

1. 企业制度分类的参与者因子

企业经营中不可或缺的要素称为“元要素”，元要素具有两个基本特征：①它是企业经营所必需的最基本的要素，离开了这种要素或这种要素供应者的服务，企业活动便无法进行；②利用这种要素，人们可以很方便地取得组织企业经营所需的其他要素或者可以很方便地取得能够换回其他要素的手段。

在企业存在的不同时期，或在不同的社会背景下的企业中，劳动、资本以及组织企业经营所需的有关知识可能分别或同时具有元要素的性质。

企业制度分类的参与因子包括：

（1）劳动与劳动者。

（2）资本与资本供应者。

（3）知识与经营者。

企业活动中所需利用的知识分成三种类型：作业知识、技术知识以及经营管理知识，如表 18–1–2 所示。

表18–1–2 企业活动中所需利用的三种知识

类型	具体内容
作业知识	作业知识是关于如何具体地操作生产手段、加工劳动对象的知识
技术知识	技术知识是与作业方法、制造工艺、生产程序以及产品功能与结构等方面的设计和改进有关的知识
经营管理知识	经营管理知识则是把上述两种知识，或者更准确地说是把具有上述两种知识的人提供的服务组织起来用于实现有益目标（如改善效率、提高产出、降低成本等）所需的知识类型

2. 企业制度分类的关系因子

（1）权力关系。权力是影响他人行为的一种能力。来源可分成以下几类：

①具有某种为组织集体活动所需的知识和技术；

②在组织的过去活动中，取得过明显的成功，表现出丰富的经验和能力；

③办事公正，待人诚恳，表现出被普遍赞誉的个人品质；

④在组织中所担任的职位提供了某种奖励或惩罚他人的可能性。

我们把产生于职位的权力称作正式权力，把来自知识、经验以及品质等个人因素的影响力称为非正式权力。

（2）利益关系。不同企业制度下各类参与者的利益实现方式不外乎以下三种：

①作为生产经营中的预付成本，在企业最终成果形成以前实现；

②通过占有企业的最终经营成果，即通过占有销售收入扣除各种成本耗费后的剩余，在一定时期的经营活动结束以后实现；

③前两种实现方式的结合，即部分经济利益在经营过程中通过企业以支付成本的形式实现，另一部分经济利益则在这个过程结束后通过分享最终成果而获得。

（3）权力关系与利益关系的“逻辑”一致性：作为不同参与者类群之间相互关系的两个主要方面，企业制度所调节的权力关系和利益关系是相互联系、相互映照的。

（三）企业制度的不同类型

不同企业制度的区别主要表现为不同参与者类群在企业经营中相互间权、利关系特点的差异。企业制度的模式至少可以有以下四种类型，如表 18–1–3 所示。

表18–1–3 企业制度的类型

类型	具体内容
资本逻辑	在这种类型的企业制度中，权力派生于资本的供应，利益归属于资本所有者。资本的供应是行使权力、占有成果的唯一依据。资本所有者既是权力主体又是利益主体。劳动者和经营者在这种制度中的利益实现方式具有成本费用的性质

续表

类型	具体内容
劳动逻辑	“权力派生于劳动、利益归属于劳动者”是这种企业制度的基本特征。劳动者既是权力和利益的主体，又是经营者组织生产活动所需利用的一种要素。经营者根据劳动者集体的委托，提供组织日常经营所需的服务，并以这种服务为依据参与经营成果的分配。资本供应者的利益实现与企业经营成果的高低没有任何直接联系，他们对影响这个成果形成的各种权力的运用也无权过问
知识逻辑	“权力派生于知识，经营成果的分配服从经营者的意志”是这种企业制度的基本特征。经营者因为拥有专门知识而实际掌握和行使着组织企业活动所需的各种权力，是权力和利益的主体。不论是劳动者还是资本的供应者，他们从企业获得的与其服务相应的报酬，相对于一定时期的经营活动结束后形成的归经营者实际支配的最终成果来说，都是具有成本性质的支出
综合逻辑	这是各参与者类群在权力以及利益关系中均处于相互平等的地位的企业制度。“权力共使、利益分享、风险同担”是这种企业制度的基本原则

二、工业社会的企业制度结构选择及其特征

在迄今为止的工业社会，相对于其他要素来说，资本是最为重要也是最为稀缺的。工业生产过程主要是资本与劳动结合的过程。一般等价物使资本具有流动性的特点。

三、知识经济条件下的企业制度创新

知识在现代企业经营中相对作用的加强使得权力的行使以及对成果分配的控制正在逐渐变成知识工作者的“专利”。人们在企业中的活动可以分为两类：一类是人作用于物的活动（劳动者利用一定的劳动工具、借助一定的方法对劳动对象进行加工转换，生产出符合要求的某种产品的劳动），另一类是一些人作用于另一些人的劳动（主要指管理人员对作用于物的劳动者的工作安排以及工作中的指挥与协调）。人们作用于物的劳动主要需要与操作有关的知识（包括作业知识与技术知识），而作用于其他人的劳动则主要需要与协调有关的知识。知识因此而可以分为两种类型：有关操作的知识与有关协调的知识。

知识正变为最重要的资源，企业内部的权、利关系正朝向知识拥有者的方向变化，企业的制度结构正从“资本的逻辑”转向我们所称的“知识的逻辑”。

第二节 企业层级结构创新

课前思考

1. 何谓层级组织？锥形层级结构与扁平层级结构有哪些优缺点？
2. 工业经济和知识经济背景下的企业层级组织有哪些特征？
3. 网络化的层级组织是什么样的相互对立特点的统一？

考点精讲

一、层级结构及其基本类型

所谓层级组织，是按照分层授权的原则来设计组织中的职务、机构以及结构，以此为框架来整合组织中的各项活动，特别是组织中的管理活动。

管理幅度与管理层级的反比关系决定了组织的层级结构可能表现为两种基本形态：相对比较集权的锥形形态与相对比较分权的扁平形态，其优缺点如表 18-2-1 所示。

表18-2-1 锥形与扁平层级结构的优缺点

基本类型	优缺点
锥形层级结构	（1）优点：①管理幅度较小、管理层次较多，每个层次上的每个机构和岗位之间分工精细、权责明确；②由于每个主管直接管辖的下属的数量有限，因此不仅可以对下属直接进行有效的指挥和指导，促进下属管理素质与能力的改进，而且接收到的信息相对明确，识别、处理以及利用有限信息的质量也因此而比较高。 （2）缺点：①反映基层活动情况的相关信息需要经过较多的层次才能传递到组织的高层，经过的中间环节多，因此不仅传递的速度慢，而且在传递的过程中可能会因某些层级的过滤、加工而失真；②由于主管直接管辖的下属数量有限，虽可对每位下属进行充分的指导，但也可能对他们的工作安排过细、指挥过多、控制过死，从而影响下属积极性和主观能动性的发挥，从而不利于其成长
扁平层级结构	（1）优点：①由于主管直接控制的下属数量较多，因此下属自主行动的空间相对较大，从而有利于他们主观能动性的发挥，有利于其能力的培养；②管理层级的减少也使得信息传递的速度加快，并可避免中间环节过多可能对信息传递的干扰。 （2）缺点：①管理幅度相对较大，层级相对而言较少，各层次上各机构与岗位间的分工相对比较粗；②较大的管理幅度既可能使得主管难以对每位下属进行细致的指导，也可能使这些主管收到的信息量过大，影响对这些信息价值的正确识别和及时利用，从而影响决策的准确性和及时性

二、工业社会的企业层级结构及其特征

作为工业企业的主要组织形式，层级结构曾表现出如下主要特征：

1. 直线指挥，分层授权

在层级结构中，企业组织便成为一个等级结构的金字塔。金字塔中的每一个层次都根据直线上级的要求，组织完成相应的工作任务，并行使相关的权力。同时又将接收到的任务分解给下一个层次去完成，并利用受托行使的权力去安排下属的工作。层级组织的基本特征便是利用直线指挥与分层授权来规范成员间的关系，影响他们在企业活动中的行为表现。

2. 分工细致，权责明确

工业企业的层级结构实行细致的劳动分工。分工原则不仅体现在与产品制造过程相关的生产劳动中，而且体现在与生产过程协调有关的管理劳动中。分工劳动使得生产者与管理者的知识和技能不断完善，相关劳动的熟练程度不断提高，从而促进了组织劳动生产率的增长。分工劳动不仅严格规定了组织成员应该履行的职责，而且明确了相应职务的工作人员为履行职责而可以行使的权力。

3. 标准统一，关系正式

标准统一首先是作业方法的标准化，逐渐被移植到管理劳动的组织中。不论是谁，在处理同类的管理业务时，都按照一套标准的程序和方法来操作。其次，标准统一还表现为企业政策的一致性。制

约管理人员行动及其行为的政策和规则是由企业最高权力机构统一制定、统一推行的。层级结构中的工作人员必须严格遵循这些政策和规则。企业的“组织框架图”和“说明书”确定了每个成员应该扮演的角色，每个角色扮演者应该以理智，而非以感情的方式来完成其职责。组织所倚重的是角色间的正式关系，而非个人间的非正式关系。

层级结构的这些特征曾经促进了工业企业的成功：直线指挥、分层授权保证了企业行动的迅速；分工细致、权责明确促进了效率的提高；而标准统一和正式的角色关系则保证了企业活动的有序性。但是层级结构发挥作用并取得成功是以一定的环境条件和假设作为前提条件的。

三、知识经济与企业层级结构的改造

网络结构是适应型的、学习型的组织结构。知识经济带来的变化可能是对现存的层级组织进行网络化的改造：用网络结构来补充层级结构，而不是将后者完全取代。

网络结构主要表现出如下主要特征：

（1）它在构成上是“由各工作单位组成的联盟，而非严格的等级排列”。

这些工作单位相互依赖，在关键技术和如何解决难题上相互帮助。它们的地位与核心机构平等。核心机构只选择与调整企业的战略方向，设计各部分共享的组织基础，创造促成向心力的企业文化，保证各部分的相互合作，而各项工作则由各工作单元来完成。

（2）企业成员在网络组织中的角色不是固定的，而是动态变化的。

网络中的工作单元可能是稳定的，但单元之间的关系则是为了完成一定的项目而设计的。一旦项目完成，单元之间的关系则可能需要重组。由于企业活动的项目及其进展情况是在不断变化的，因此网络结构也需要不断地调整。

（3）企业成员在网络结构中的权力地位不是取决于其职位（因为职位大多是平行的，而非纵向排列的），而是来自他们拥有的不同知识。“在层级组织中，你拥有的职位决定你的权力。在分权的网络化的组织中，你的权力来源于你了解的知识和你认识的人。”

未来的组织应该是“网络化的层级组织”：层级支持着组织活动的有序性，而网络则促进组织的适应性。网络化的层级组织应该是三个相互对立的特点的统一：

（1）集权和分权的统一。

知识经济条件下的企业固然需要保持分散、差异和分权，以具有主动和迅速反应的创造能力，但同时也需要严格的集中管理，以保持战略的统一、行动的迅速以及相互依存的各工作单元间相互关系的协调。因此，网络化的层级组织应该是既集权又分权的。说它是集权的，是因为管理中枢在战略方向选择以及不同工作单元自主性劳动的范围与边界确定等问题上有着无法替代的作用；说它是分权的，是因为工作单元内的一线人员有权在企业战略参数的范围内自主地处理可能出现的紧急情况。

（2）稳定与变化的统一。

在知识经济条件下，面对逐渐成熟的消费者不断变化的个性化需求，企业如不能及时做出适应性调整，就可能被市场淘汰；而变化过于频繁又可能引起组织的混乱。网络化的层级结构在组织整体保持相对稳定的同时，使各个工作单元能迅速调整层级结构，从而组织框架以及决定这个框架的经营领域是相对稳定的，而框架中的各个工作单元的工作内容和方式则可以经常进行适应性调整。

（3）一元性与多元性的统一。

主要表现在三个方面：层级组织既保存了统一指挥的管理中枢，又允许相互依存的各工作单元相当自主地运行；既通过统一的基本政策规范着整体企业的战略经营，同时又允许各工作单元的活动标准与原则有一定的差异；既确定了明确的组织宗旨和使命，倡导着主导的价值观念，又允许甚至鼓励异质价值观念和行为准则的存在。

第三节 企业文化创新

课前思考

1. 企业文化有哪些功能？什么是企业文化的反功能？
2. 工业社会中的企业文化有哪些特点？
3. 知识经济促使文化进行了哪些方面的调整？

考点精讲

一、企业文化的功能与反功能

（一）企业文化的功能

企业文化对企业成员的行为影响具体表现在行为导向、行为激励以及行为协调等三个方面。因此，我们认为企业文化具有的基本功能如表 18–3–1 所示。

表18–3–1 企业文化的功能及其内容

功能	具体内容
行为导向功能	企业文化通过价值观念与行为准则的形成引导企业成员选择符合企业利益的行为方向。企业文化正是通过影响个人决策的价值前提来发挥作用的
行为激励功能	企业文化正是通过树立某种价值观或创造一定的氛围，影响甚至改变人们对不同需要和要求得到满足的迫切程度来影响或引导员工表现出符合企业需要的行为的
行为协调功能	企业活动目标的达成需要整合不同员工在企业生产经营活动过程中不同时空的不同努力

（二）企业文化的反功能

当企业战略随外部环境的变化（比如由于竞争对手或市场需求特征的变化）而需要进行调整时，企业文化也必须进行相应的改造，否则人们所熟悉的价值观和行为准则就可能导致人们在行为选择上的惯性，从而严重阻滞企业的战略调整，企业文化因此而表现出制约企业发展的反功能或负功能。

二、工业社会中企业文化的特点

工业社会中企业文化的特点如下：

（1）企业文化是作为企业经营的一种副产品而出现的。凡成功的企业都有一个强有力的企业文化起支持作用，但这些成功的企业文化是企业经营者，甚至是几代经营者在企业实践中通过自己的领导风格与行为方式对企业员工的行为产生了潜移默化的影响，从而促成了一种价值观念和行为准则被企业员工广泛认同的结果。

（2）企业文化基本上反映了企业组织的记忆。文化是一个历史的概念，是在企业经营的过程中，随岁月流逝逐渐积累而成的。在历史上形成的企业文化，是在企业经营过程中被实践证明是一种成功的行为方式，以及这种行为方式所体现的行为准则和价值观念。所以用企业文化来引导员工的行为，实际上是用过去的经验来指导员工今天的行动。

（3）企业文化是作为一种辅助手段而发挥作用的。企业文化是作为一种补充，主要在制度结构和层级结构不能触及的地方发挥作用。

（4）企业文化是一元的。在历史上形成的企业文化倡导一种被共同认可的价值观以及由这种价值观所决定的行为准则，具有异种价值观的员工是难以融入企业文化氛围的，其行为通常难以被企业的其他员工所接受。

三、知识经济与企业文化创新

知识经济将改变工业社会企业文化，从而可能促使企业文化有以下四个方面的调整：

（1）企业文化将成为知识经济条件下企业管理重要的，甚至是主要的手段。

（2）企业文化将是人们自觉创造的结果，而不是企业生产经营中的一种副产品。

（3）作为人们自觉行为结果的企业文化不仅是记忆型的，而且是学习型的，或者更准确地说，主要不是记忆型的，而是学习型的。知识经济条件下的企业在客观上需要行为准则和行为方式的不断创新。这种创新要求企业文化必须是学习型的。

（4）企业文化将在强调主导价值观与行为准则的同时，允许异质价值观和行为准则的存在。文化的多元化必然会促进企业文化的不断创新，从而必然会不断促进知识经济条件下的企业走向繁荣。

课后练习

一、单项选择题

1. 以下不属于知识经济的特点有（　　）

A. 知识要素在企业生产经营活动中的相对重要性大大提高

B. 生产者与最重要的生产要素的重新结合

C. 由于信息技术的广泛运用，知识创新和传播的速度大大加快

D. 脑力劳动者比体力劳动者更重要

2. 以下不属于企业制度分类的参与者因子有（　　）

A. 劳动与劳动者　　B. 资本与资本供应者　　C. 知识与经营者　　D. 原材料与供应商

3. 下列说法中，属于资本逻辑的企业制度的特点是（　　）

A. 权力派生于劳动，利益归属于劳动者

B. 权力派生于知识，利益归属于知识管理者

C. 权力派生于资本的供应，利益归属于资本所有者

D. 权力共使、利益分享、风险同担

4. 在工业社会，最为稀缺的要素是（ ）

A. 资本　B. 劳动　C. 知识　D. 技术

二、多项选择题

5. 作为工业企业的主要组织形式，层级结构曾表现出的主要特征有（ ）

A. 直线指挥，分层授权　B. 分工细致，权责明确

C. 层级分明，结构统一　D. 标准统一，关系正式

6. 网络化的层级组织应该是哪几个相互对立的特点的统一？（ ）

A. 集权和分权的统一　B. 上级与下级的统一

C. 稳定与变化的统一　D. 一元性与多元性的统一

7. 工业社会中企业文化的功能与特点包括（ ）

A. 企业文化是作为企业经营的一种副产品而出现的

B. 企业文化作为一种主要手段发挥作用

C. 企业文化基本上反映了企业组织的记忆

D. 企业文化是多元的

8. 在知识经济下，企业文化将会（ ）

A. 成为知识经济条件下企业管理重要的甚至是主要的手段

B. 是人们自觉创造的结果，而不是企业生产经营中的一种副产品

C. 不仅是记忆型的，而且是学习型的

D. 允许异质价值观和行为准则的存在

三、名词解释题

9. 企业制度

10. 层级组织

四、简答题

11. 简述工业社会中企业文化的特点。

12. 简述知识经济促使企业文化调整的内容。

扫码获取答案解析